KB268806

동사 중심으로

쉽게 배우는 스페인어

EL ESPAÑOL FÁCIL

(문법·회화·작문)

김 충 식 저

쉽게 배우는 스페인어

초판 발행 : 2007년 6월 5일
초판 인쇄 : 2007년 6월 10일
저   자 : 김 충 식
발행인 : 서 덕 일
펴낸곳 : 도서출판 **문예림**
등   록 : 1962. 7. 12 제2-110호

주   소 : 서울시 광진구 군자동 1-13 문예하우스 101호
전   화 : (02)499-1281~2
팩   스 : (02)499-1283
http://www.bookmoon.co.kr
E-mail : book1281@hanmail.net

ISBN 978-89-7482-374-0(13770)

＊잘못된 책이나 파본은 교환해 드립니다.

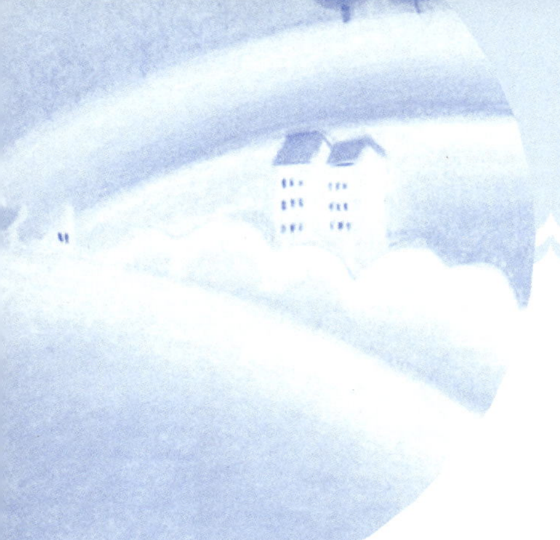

머 리 말

　현재 스페인어 문법책들이 상당히 다양하게 출판되고 있어 스페인어를 공부하는 분들에게 많은 도움이 되고 있는 것은 사실이다. 그런데 스페인어를 공부하기 위해서는 다른 문법들도 중요하지만, 특히 동사의 활용에 신경을 써야 한다는 것이 본 저자의 지론이다. 다시 말하면 스페인어 공부의 생명은 동사에 달려 있다고 생각하면 별로 틀리지 않을 것이다. 그래서 이번 문법책은 동사 위주로 구성을 해 보았다. 동사의 예문을 되도록 많이 수록하여 반복적으로 연습하게 하기 위해서다.

　또 동사의 문법 이외에도 독해와 회화와 작문을 병용했기 때문에 문법과 작문과 회화를 삼위일체로 공부할 수 있도록 했다. 해설은 동사를 위주로 하되, 관용적 표현이나 문법적 해설을 첨가해 독자들이 쉽게 이해하도록 했다. 특히 초보 과정을 공부한 학생에게는 어느 문법책보다 많은 예문과 쉽게 표현된 설명을 읽고 이해하게 하려고 노력을 했다.

　독자들의 이해를 돕도록 부록으로 동사의 활용표와 스페인어-한글 단어편도 첨가했으므로 참고가 될 것이다. 아무쪼록 이 책을 통해 스페인어를 더 쉽게 접하고, 읽을 수 있었으면 한다. 어려운 중에도 이 책을 출판해 준 도서출판 문예림에 감사하며 편집하느라 애를 쓴 편집 담당자에게도 감사드린다.

2007. 3.

저자 김 충 식

>>차 례

불규칙 동사 ser의 직설법 현재

El presente del indicativo del verbo irregular SER

ser		
	soy	somos
	eres	sois
	es	son

Yo soy coreano/na.　　　나는 한국 사람이다.

Tú eres coreano/na.　　　너는 한국 사람이다.

Él es coreano.　　　그는 한국 사람이다.

Ella es coreana.　　　그녀는 한국 사람이다.

Usted es coreano/na.　　　당신은 한국 사람이다.

Nosotros somos coreanos.　　　우리는 한국 사람이다.

Vosotros sois coreanos.　　　너희들은 한국 남자다.

Ellos son coreanos.　　　그들은 한국 사람이다.

Ellas son coreanas.　　　그녀들은 한국 여자다.

Ustedes son coreanos.　　　당신들은 한국 남자다.

Ustedes son coreanas.　　　당신들은 한국 여자이다.

>> 용 법

01 보어인 형용사와 함께 영속적이거나 타고난 성격을 나타낸다

El cielo es azul.	하늘은 푸르다.
La vida es dura.	인생은 고달프다.
Luis es bajo y moreno.	루이스는 키가 작고 검다.
María es pálida.	마리아는 얼굴이 창백하다.
Ella es mala.	그녀는 나쁜 사람이다.
El cuarto es oscuro.	방은 (원래) 어둡다.
Tus primas son rubias.	네 사촌 누이들은 금발이다.
Los dos hermanos son altos y guapos.	두 형제는 키가 크고 잘생겼다.
La casa es pequeña y oscura.	그 집은 작고 어둡다.

02 보어가 명사, 대명사, 수 · 소유 형용사 등 일 때 주어와 보어를 연결하기 위해

Su hermana es enfermera.	당신의 누이는 간호사이다.
Su padre es médico.	그의 아버지는 의사이다.
Su madre es profesora.	그의 어머니는 교수이다.
Mi tío es abogado.	내 삼촌은 변호사이다.
Ese cuaderno no es tuyo, es mío.	그 공책은 네 것이 아니다. 내 것이다.
¿Cuántos son dos y tres?	2 더하기 3은 몇이냐?
El Sr. Kim es un científico famoso.	김 선생은 유명한 과학자이다.
Eres un ángel.	너는 천사이다.
Este dinero no es mucho.	이 돈은 많지 않다.

Es muy temprano.	시간이 매우 이르다.
Es la una en punto.	정각 한 시이다.
Son las diez de la noche.	밤 열 시이다.
Hoy es martes.	오늘은 화요일이다.
Mañana es el 3 de agosto.	내일은 8월 3일이다.
Deben ser las cuatro de la mañana.	새벽 네 시임에 틀림없다.
Es tarde para ir al cine.	극장에 가기에는 늦었다.
Eran las cinco cuando me levanté.	내가 일어났을 때가 다섯 시였다.
Ya es hora.	벌써 시간이 다 되었다

04 (사건 등이) 일어나다, (행사 등이) 개최되다(ocurrir, tener lugar, celebrarse)의 뜻으로 쓰인다.

La conferencia **no** es aquí **sino**[1] en la sala de al lado.	강연은 여기가 아니고 옆방에서 열립니다.
La reunión **será**[2] esta noche a las siete y media.	모임은 오늘 밤 7시 반에 열립니다.
El concierto **fue**[3] anoche.	연주회는 어젯밤이었다.
Los exámenes **fueron**[4] la semana pasada.	시험은 지난 주에 있었다.
Tu cumpleaños es la semana que viene.	네 생일은 다음 주다.

해설

① **no A sino B** : A가 아니고 B다.
② **será** : ser 동사의 미래 3인칭 단수형.
③ **fue** : ser 동사의 직설법 부정 과거 3인칭 단수형.
④ **fueron** : ser 동사의 직설법 부정 과거 3인칭 복수형.

Es necesario estudiar más.　　　　　더 공부하는 것이 필요하다.

(영어) It's necessary to study more.

Es necesario que yo estudie más.　　나는 더 공부하는 것이 필요하다.

(영어) It's necessary that I study more.

Me es necesario estudiar más.　　　나는 더 공부하는 것이 필요하다.

(영어) It's necessary for me to study more.

El regalo es de Luisa.　　　　　　선물은 루이사의 것이다.

La muñeca es de Julia.　　　　　　인형은 훌리아의 것이다.

El lápiz es de Moisés.　　　　　　연필은 모세의 것이다.

La casa blanca es de Kim.　　　　그 하얀 집은 김의 것이다.

El ordenador es de mi hijo.　　　컴퓨터는 내 아들의 것이다.

El paraguas es de Juan.　　　　　우산은 후안 것이다.

El parasol es de tu compañero.　　우산은 네 동료의 것이다.

El bolígrafo es de su profesor.　　볼펜은 당신의 선생님의 것이다.

El móvil es de usted.　　　　　　휴대전화는 당신의 것이다.

Los guantes **serán**[1] de José.　　장갑은 호세의 것일 것이다.

해설

① **serán** : ser 동사의 직설법 미래 3인칭 복수형.

07 **ser de**+장소 : 사람이나 물건의 유래, 출신, 태생을 나타낸다

Yo soy de Corea.	나는 한국 태생이다.
José es de España.	호세는 스페인 태생이다.
Su novia es del Perú.	그의 약혼녀는 페루 태생이다.
¿De dónde eres tú?	너는 어디 태생이냐?
Soy de Corea del Sur.	나는 남한 태생이다.
¿De dónde es usted?	당신은 어디 사람입니까?
Soy de Colombia.	콜롬비아 사람입니다.
¿De dónde son esos zapatos?	그 구두는 어디 것이냐?
Son de España.	스페인의 것이다.

08 **ser de**+재료 : 물건이 만들어진 재료를 나타낸다.

¿De qué es su casa? —Es de piedra.	그의 집은 재료가 무엇이냐? 석재(石材)다.
El edificio es de ladrillo.	건물은 벽돌로 지어졌다.
Esos zapatos son de cuero.	그 구두는 가죽 제품이다.
Esta corbata es de seda.	이 넥타이는 실크 제품이다.
Las medias son de algodón.	스타킹은 면제품이다.
Los calcetines son de nilón.	양말은 나이론 제품이다.
Los vasos son de vidrio.	잔은 유리 제품이다.
Las servilletas son de papel.	네프킨은 종이 제품이다.
Esta mesa no es de madera;	이 테이블은 나무가 아니다
es de plástico.	플라스틱이다.

해설

ser de : … 제품이다, …제다, …로 만들어지다.

09   ser para+사람 · 물건 : 대상 · 목적을 나타낸다

El regalo es para usted.	선물은 당신 몫이다.
El chocolate es para mi hija.	초콜릿은 딸아이 것이다.
La corbata es para mi marido.	넥타이는 남편용이다.
¿Para quién es esta taza de café?	이것은 누구의 커피 잔이냐?
¿Para mí?	내 잔이니?
—Sí, es para ti.	그래, 네 잔이야.
¿Para qué es este plato?	이 접시는 무엇을 놓을 거냐?
¿Para los bocadillos o para la torta?	샌드위치 용이냐 또르따 용이냐?
—Es para los bocadillos.	샌드위치 놓을 거다.

10   ser para+동사 원형 : 목적을 나타낸다

La fruta es para comer.	과일은 먹을 것이다.
El libro es para leer.	책은 읽기 위해 있다.
El **miente**[1] para disculparse.	그는 변명하기 위해 거짓말을 한다.
Hay que[2] trabajar para vivir.	살기 위해서는 일을 해야 한다.

해설

① **miente** : mentir 동사의 직설법 현재 3인칭 단수형.
② **Hay que**+「동사 원형」 : (사람들은) …해야 한다.

La carta **fue**[1] escrita por la secretaria del señor Kim.	김 선생의 여비서가 편지를 썼다.
La novela **será**[2] publicada el año que viene.	소설은 내년에 출판된다.
Todas las comidas **fueron**[3] preparadas por mi madre.	모든 음식은 내 어머님이 준비하셨다.
La puerta **fue**[1] abierta por mi hijo.	내 아들이 문을 열었다.
¿Cuándo **será**[2] elegido **el nuevo presidente**?	신임 대통령 선거는 언제입니까?
El rey es amado de todos.	왕은 모든 사람의 사랑을 받고 있다.

해설

① **fue** : ser 동사의 직설법 부정 과거 3인칭 단수형.
② **será** : ser 동사의 직설법 미래 3인칭 단수형.
③ **fueron** : ser 동사의 직설법 부정 과거 3인칭 복수형.

Me llamo[1] Ramón Muñoz Alba.

Soy español pero vivo en Chile.

Soy médico. / Trabajo en un hospital de Santiago.

Tengo cincuenta **años**[2]. / Ahora yo **voy**[3] a España con mi familia.

Vamos[4] de vacaciones. / **Vamos**[4] en avión.

Yo **estoy**[5] al lado de Julia, mi mujer. / Es española también.

Tiene cuarenta y cuatro **años**[2]. / Es profesora de francés.

Detrás de Julia está Marisol, mi hija. / **Tiene** dieciséis **años**[2].

Quiere[6] ser actriz. / Al lado de Marisol está mi madre.

Se llama[7] doña Cristina y **tiene** setenta y dos **años**[2].

Mi hijo, Luis, nos espera en el aeropuerto.

Luis vive en Madrid. / Es estudiante en la universidad.

Tiene **veintiún**[8] años. / ¡Ah, por fin llegamos a Madrid!

해설

① **me llamo**(내 이름은 …이다) : llamarse의 직설법 1인칭 단수형.
② **tener …años** : … 살이다, 나이가 …이다.
③ **voy**(나는 간다) : ir(가다) 동사의 직설법 현재 1인칭 단수형.
　　ir 동사의 현재는 **voy, vas, va, vamos, vais, van**으로 활용됨.

내 이름은 라몬 무뇨스 알바입니다.

나는 스페인 사람이지만 칠레에서 살고 있다.

나는 의사이다. / 나는 산띠아고의 한 병원에서 근무한다.

나는 쉰 살이다. / 지금 나는 내 가족과 스페인에 간다.

우리는 휴가차 간다. / 우리는 비행기로 간다.

나는 내 아내 훌리아 옆에 있다. / 그녀도 스페인 사람이다.

그녀는 마흔네 살이다. / 그녀는 프랑스어 교사이다.

훌리아 뒤에 내 딸 마리솔이 있다. / 그 아이는 열여섯 살이다.

그 아이는 여배우가 되고 싶어한다. / 마리솔 옆에 내 어머님이 계신다.

이름은 끄리스띠나이며 일흔두 살이시다.

내 아들 루이스는 공항에서 우리를 기다린다.

루이스는 마드리드에서 살고 있다. / 그는 대학생이다.

그는 스물한 살이다. / 아, 드디어 우리들은 스페인에 도착했구나!

해설

④ **vamos** : 우리는 간다. ir(가다) 동사의 직설법 현재 1인칭 복수형.
⑤ **estoy** : estar 동사의 직설법 현재 1인칭 단수형.
⑥ **quiere** : querer+동사 원형= …하고 싶다.
⑦ **se llama** : 그(녀)의 이름은 …이다.
⑧ **veintiún** : veintiuno(21)가 남성 복수 명사 앞에서 o탈락되고 **ú**처럼
   악센트가 찍힘.

A : ¿Quién es esa chica? ¿La conoces?

B : Es nueva. **Acaba de**[1] llegar. Y aquel chico también es nuevo.

Vamos a[2] hablar con ellos.

Mira, te **presento**[3] a Andrea : es alemana y **va a**[4] estudiar con

nosotros. Éste es Daniel.

A : **Mucho gusto**[5]. **Me llamo**[6] Gianni. Soy italiano.

C : **Encantado**[7]. **Me llamo**[6] Pierre y soy francés.

해설

① **acabar de**+동사 원형 : 방금 …했다.
② **Vamos a**+동사 원형 : …하자.
③ **presento**(나는 소개한다) : presentar 동사의 현재 1인칭 단수형.
④ **va a**+동사 원형 : 그는 …할 것이다. ir a+동사 원형.
⑤ **Mucho gusto** : 처음 뵙겠습니다, 반갑습니다.
⑥ **Me llamo** : 내 이름은 …이다.
⑦ **Encantado** : 처음 뵙겠습니다, 반갑습니다. 여자는 Encantada.

번 역

A : 그 아가씨는 누구니? 너 인사했니?

B : 새로온 아가씨야. 방금 왔어. 그리고 저 소년도 새로 왔어.

그들과 이야기하자.

이봐, 너에게 안드레스를 소개하겠어. 독일 아가씨인데 우리와 공부할 거야.

이 아이는 다니엘이야.

A : 반갑다. 내 이름은 지안니고 이탈리아 사람이야.

C : 반갑다. 내 이름은 삐에르이고 프랑스 사람이야.

Tradúzcanse el coreano al español.

1. 나는 한국 사람이다.

   나는 대한민국(República de Corea) 서울 태생이다.

2. 당신은 매우 친절하(amable)십니다.

3. 교실(la sala de clase)은 크고 밝다(ser claro).

4. 그녀는 의사이고 그녀의 숙모는 스페인어 교수이다.

5. 아나 마리아는 어디 태생입니까? ㅡ아르헨티나이다.

6. 집은 목재이고 금고(la caja fuerte)는 강철재이다.

7. 내 스승은 엄격하(severo)시고, 근면하(diligente)시며, 정직하(honrado)시다.

8. 스페인어 문법(la gramática española)은 나한테는(para mí) 쉽지 않다.

9. 대한민국은 유엔(la Organización de las Naciones Unidas)의 회원국(el país miembro)이다.

10. 당신은 간호사(enfermera)입니까? ㅡ아닙니다. 저는 침술사(acupunturista)입니다.

번 역

1. Yo soy coreano/coreana.

   Yo soy de Seúl, República de Corea.

2. Usted es muy amable.

3. La sala de clase es grande y clara.

4. Ella es médica y su tía es profesor de español.

5. ¿De dónde es Ana María? ㅡEs de la Argentina.

6. La casa es de madera y la caja fuerte es de acero.

7. Mi maestro es severo, diligente y honrado.

8. La gramática española no es fácil para mí.

9. La República de Corea es el país miembro de la ONU.

10. ¿Es usted enfermera? ㅡNo, soy acupunturista.

스페인 마드리드, 스페인 광장의 돈끼호떼와 산초 빤사의 동상

　　마드리드에 여행 가면 맨 처음 찾아가 보고 싶은 곳이 바로 스페인 광장이다. 이 곳에는 세르반떼스의 불후의 명작 El ingenioso hidalgo don Quijote de la Mancha(라 만차 마을의 재치 있는 시골 양반 돈 끼호떼)의 두 주인공 끼호떼와 산초의 동상이 우리를 기다리고 있기 때문이다. 필자도 마드리드에 갈 때마다 꼭 들려 잠깐 쉬면서 작품 구상을 하곤 했다.

02

El presente de indicativo del verbo irrgular ESTAR

estar

estoy	estamos
estás	estáis
está	están

>> 용 법

01 있다 : 장소를 뜻하는 부사, 부사구와 함께 (영구성이나 일시성).

Yo estoy en Corea.	나는 한국에 있다.
Tú estás en Madrid.	너는 마드리드에 있다.
El está en la escuela.	그는 학교에 있다.
Ella está en la clase.	그녀는 교실에 있다.
Usted está en México.	당신은 멕시코에 있다.
Madrid está en España.	마드리드는 스페인에 있다.
María está en el cuarto.	마리아는 방에 있다.
El sillón está cerca de la ventana.	안락의자가 창문 가까이에 있다.
Nosotros estamos en Seúl.	우리는 서울에 있다.
Vosotros estáis en Chile.	너희들은 칠레에 있다.
Ellos están en el Perú.	그들은 페루에 있다.
Ellas están en casa.	그녀들은 집에 있다.
Ustedes están en el tren.	당신들은 기차 안에 있다.
¿Dónde **está Sevilla**?	세비야는 어디에 있느냐?
Está en el sur de España.	스페인의 남부에 있다.
¿Dónde **están mis gafas**? Aquí **están**.	내 안경은 어디 있느냐? 여기 있다.
Están en el cajón.	서랍에 있다.
¿Dónde **estáis**, hijos?	애들아, 너희들 어디 있니?
Aquí **estamos**.	우리 여기 있습니다.
¿Dónde **estás** ahora?	너 지금 어디 있니?
Estoy en la oficina.	나는 사무실에 있다.
¿Dónde **están sus padres**?	당신의 부모님은 어디 계시냐?
Están en el extranjero.	외국에 계십니다.

¿Cómo **estás tú?**	어떻게 지내느냐?
—**Estoy** bien, gracias, ¿y tú?	덕분에 잘 있다, 그런데 너는?
—Así, así. **Estoy** algo cansado.	그저 그래. 나는 약간 피곤하다.
Luisa está muy pálida hoy.	루이사는 오늘 무척 창백하군.
Los dos están muy contentos.	두 사람은 무척 만족해 한다.
¿Está enferma **Rosa?**	로사는 아프니?
—Sí, **está** enferma.	그래, 아파.
—No, no **está** enferma.	아니, 아프지 않아.
La sopa está fría.	수프가 차다.
La niña está de rodillas jugando en la arena.	소녀가 무릎을 꿇고 모래에서 놀고 있다.
El café está caliente.	커피가 뜨겁다.
El cuarto está oscuro.	방이 어둡다.
Estoy satisfecho.	잘 먹었습니다.
Estoy muy lleno.	무척 많이 먹었습니다.
Estoy harto.	물리도록 먹었습니다.
¿Está usted ocupado?	바쁘십니까?
—Sí, **estoy** muy ocupado.	예, 무척 바쁩니다.
—No, no **estoy** ocupado.	아닙니다, 바쁘지 않습니다.
—**Estoy** libre.	나는 한가합니다.

해설

주어와 보어는 성과 수가 일치해야 한다. 즉, -o로 끝나는 모든 형용사는 주어가 남성 단수면 보어인 형용사도 남성 단수형 -o로, 주어가 여성 단수면 보어도 여성 단수형 -a로, 주어가 남성 복수면 보어가 남성 복수형 -os로, 주어가 여성 복수면 보어는 당연히 여성 복수형 -as로 바뀌어야 한다.

03 과거 분사와 함께 쓰여 사전 행동의 결과로 존재하는 상황이나 상태를 나타내 번역은 …**해 있다** 로 한다.

Juan está resfriado.	후안은 감기 걸려 있다.
Julia eatá resfriada.	훌리아는 감기 걸려 있다.
La puerta está abierta.	문이 열려 있다.
Las tiendas están abiertas.	가게들이 열려 있다.
Las ventanas están cerradas.	창문들이 닫혀 있다.
Los cajones están cerrados.	서랍들이 닫혀 있다.
Los niños están dormidos.	아이들이 잠들어 있다.
La botella está rota.	병이 깨져 있다.

04 estar+현재 분사＝진행형

¿Qué estás **estudiando**[1]?	너는 무엇을 공부하고 있느냐?
—Estoy **estudiando**[1] el español.	나는 스페인 어를 공부하고 있다.
¿Qué está **haciendo**[2] María?	마리아는 무엇을 하고 있느냐?
—Está **bañándose**[3].	목욕을 하고 있다.
¿Qué estáis **comiendo**[4]?	너희들은 무엇을 먹고 있느냐?
—Estamos **comiendo**[4] la paella.	우리들은 빠에야를 먹고 있다.
¿Está **lloviendo**[5]?	지금 비가 내리고 있습니까?
—No, está **nevando**[6].	아닙니다, 눈이 내리고 있습니다.

해설

① **estudiando** : estudiar 동사의 현재 분사. **현재 진행형은 estar의 현재형+** 현재 분사를 조합하여 만든다.

② **haciendo** : hacer 동사의 현재 분사.

③ **bañándose** : bañarse (목욕하다) 동사의 현재 분사.

④ **comiendo** : comer 동사의 현재 분사.

⑤ **lloviendo** : llover (비가 내리다) 동사의 현재 분사.

스페인 MADRID의
Puerta del Sol 광장

　　스페인 수도 Madrid 의 중심지에 있는 광장이다. 중심지에 있기 때문에 새벽부터 밤 중까지 종일 사람으로 붐비는 곳이다. 보통, 사람을 만날 때는 마드리드의 상징인 곰 상이 이곳에 있기 때문에 곰 상 앞에서 약속을 하면 틀림이 없다. 또 이곳에 지하철 SOL 역이 있고 다음 역이 LA GRAN VIA여서 SOL 역과 LA GRAN VIA 역은 종일 사람이 붐벼 관광할 때는 소매치기에 조심해야 한다. (필자 촬영)

Ya estamos en Madrid : capital de España.

Conocemos[1] **la capital**[2] bien. / Nos gusta mucho.

Vamos a[3] estar en Madrid dos o tres días.

Tenemos[4] habitaciones en el Hotel Cibeles.

Es un edificio muy alto. **Tiene**[5] veinte pisos.

En el último piso hay una piscina. / La vista desde allí es magnífica.

Las habitaciones **tienen**[6] cuarto de baño, teléfono y ordenador.

Tienen[6] también calefacción central y agua caliente.

Y como es un hotel de lujo **cuestan**[7] mucho.

¡Qué **voy a**[8] hacer! Estamos de vacaciones.

Hay mucha **gente**[9] en el hotel.

Además de[10] españoles, hay americanos.

Hay también ingleses, franceses, italianos,

alemanes, coreanos, suizos, suecos, etcétera.

Luis **vive**[11] en una pensión.

La pensión está en la calle Princesa, **cerca del**[12] hotel.

해설

① **conocemos**(우리는 안다) : conocer 동사의 직설법 1인칭 단수형.
② **la capital**(수도, 서울) : el capital은 자본. 성이 다르므로 뜻이 다른 명사.
③ **vamos a**+동사 원형 : 우리는 …하려고 한다.
④ **tenemos**(우리는 가지고 있다) : tener 동사의 직석법 현재 1인칭 복수형.
⑤ **tiene** : tener 동사의 직설법 현재 3인칭 단수형.
⑥ **tienen** : tener 동사의 직설법 현재 3인칭 복수형.

이제 우리는 스페인의 수도, 마드리드에 와 있다.

우리는 수도를 잘 알고 있다. / 무척 우리 마음에 든다.

우리는 마드리드에서 이삼일 있을 예정이다.

우리는 시벨레스 호텔에 방을 가지고 있다.

매우 높은 건물이다. 20층이다.

마지막 층에는 수영장이 있다. / 그곳에서 보는 전망은 훌륭하다.

방에는 욕실과 전화와 컴퓨터가 있다.

중앙 난방 장치와 뜨거운 물도 나온다.

그리고 고급 호텔이라 무척 비싸다.

나는 무엇을 해야 할지! 우리는 휴가 중이다.

호텔에는 사람들이 많다.

스페인 사람들 이외에 미국 사람들이 있다.

또 영국 사람, 프랑스 사람, 이탈리아 사람,

독일 사람, 한국 사람, 스위스 사람, 스웨덴 사람 등도 있다.

루이스는 하숙을 하고 있다.

하숙집은 호텔에서 가까운 쁘린세사 가에 있다.

해설

⑦ **cuestan** : costar 동사의 직설법 현재 3인칭 복수형.

⑧ **voy a+동사 원형** : 나는 …하려고 한다.

⑨ **la gente** (사람) : 여성 명사이니 정관사와 함께 외운다.

⑩ **además de** : … 이외에.

⑪ **vive** : vivir (살다) 동사의 직설법 현재 3인칭 단수형.

⑫ **cerca de** : …의 가까이.

A : Mamá, no me gusta la habitación.

Es pequeña y la ducha no funciona bien.

B : Vamos a ver, niña. Tienes una habitación muy bonita. Hay una cama

muy cómoda, dos butacas, un armario, la mesita de noche . . .

¿Qué más **quieres**[1]?

A : **Quiero**[2] otra habitación. No me gusta la ventana y hay mucho ruido.

B : No es posible. El hotel **está lleno**[3].

¿Por qué no **vas a la cama**[4]? Estás cansada.

해설

① **quieres** : querer (원하다) 동사의 직설법 현재 2인칭 단수형.
② **quiero** : querer 동사의 직설법 현재 1인칭 단수형.
③ **estar lleno** : 가득 차 있다, 만원이다.
④ **ir a la cama** : 잠자리에 들다.

번 역

A : 엄마, 나 방이 마음에 안 들어요.

작고 샤워는 잘 작동하지 않아요.

B : 애야, 어디 보자. 네 방은 아주 예쁘구나. 아주 편한 침대와 안락의자 2개,

옷장 하나, 야간 탁자가 있군 그래… 뭘 더 바라니?

A : 다른 방을 원합니다. 창문이 마음에 안 들고 소음이 많습니다.

B : 불가능하다. 호텔은 만원이야. 잠자리에 들지 그러니? 피곤한데.

1. 바쁘십니까? —아닙니다. 한가합니다.

2. 스페인은 이베리아 반도(la Península Ibérica)에 있다.

3. 내 아내는 아파(estar enfermo)서 병원에 있습니다.

4. 피곤하(estar cansado)십니까? —예, 무척 피곤합니다.

5. 그들은 감기에 걸려 있다(estar resfriado).

6. 커피는 뜨겁고(caliente), 홍차는 미지근하고(tibio), 물은 차다.

7. 우리는 여름 휴가(vacaciones de verano) 중이다.

8. 다음 주(la próxima semana) 그녀들은 여행 중일 것이다(estar de viaje).

9. 결혼하(estar casado)셨습니까? —아닙니다. 아직 결혼하지 않았습니다.
   독신(soltero)입니다.

10. 한여름에(en el pleno verano) 해변은 발 디딜 곳이 없다(estar de bote en bote).

11. [찾아온 손님에게] 편히 하십시오.

번 역

1. ¿Está usted ocupado? —No, estoy libre.

2. España está en la Península Ibérica.

3. Mi mujer está en el hospital, porque está enferma,

4. ¿Está usted cansado? —Sí, estoy muy cansado.

5. Ellos están resfriados.

6. El café está caliente, el té tibio y el agua fría.

7. Nosotros estamos de vacaciones de verano.

8. Ellas están de viaje durante la próxima semana.

9. ¿Está usted casado? —No, todavía no (estoy casado). Soy soltero.

10. En el pleno verano la playa está de bote en bote.

11. Está usted en su casa.

스페인 SEGOVIA의
수도교(水道橋)

　　세계적으로 유명한 로마 시대의 수도교이다. 규모도 엄청나지만 미적으로도 감탄을 자아내게 하는 명물 중의 명물이다. 엽서에는 더 아름답게 찍혀 팔리지만 필자가 찍은 것이라 예술적 감각이 줄어들었을지 몰라도 그래도 아름답기만 하다. 보라, 얼마전에 건설된 현대적 교량 같지 않은가. 스페인에는 지역마다 특색이 있는 유적지가 얼마나 많은지 몇 번 보아도 항상 항상 새롭게 느껴지는 관광의 나라 스페인이 부럽다.(필자 촬영)

hay 있다, no hay 없다

03

hay는 **haber**의 3인칭 단수형으로, 주어를 쓸 수 없는 무인칭 동사이다. 그래서 **hay** 다음에는 정관사가 붙는 명사가 쓰일 수 없으며, 이럴 경우에는 **estar**를 쓴다. 또 **hay** 다음에는 부정 관사가 붙는 명사, 관사 없는 명사, 수사와 함께 쓰이는 명사 등이 올 수 있다. **Hay** 는 영어의 **there is** 나 **there are**에 해당된다.

Hay un libro en la mesa.　　책상 위에 책이 한 권 있다.

El libro está en la mesa.　　그 책은 책상 위에 있다.

Aquí **hay un bocadillo**.　　여기에 샌드위치가 하나 있다.

Aquí **está el bocadillo**.　　여기에 그 샌드위치가 있다.

Hay unos niños en el patio.　　뜰에 아이들이 몇 명 있다.

Los niños están en el patio.　　그 아이들은 뜰에 있다.

Aquí **hay unos documentos**.　　여기에 서류가 몇 장 있다.

Los documentos están aquí.　　여기에 그 서류가 있다.

¿**Hay huevos**?　　달걀 있습니까?

Sí, **hay mucho**.　　예, 많이 있습니다.

No, no **hay**.　　아닙니다, 없습니다.

¿Dónde **hay un hotel**?　　호텔은 어디 있습니까?

No **hay hotel** por aquí.　　이쪽에는 호텔이 없습니다.

¿Dónde **está el hotel**?　　그 호텔은 어디에 있습니까?

El hotel está en la esquina.　　그 호텔은 모퉁이에 있습니다.

¿**Qué hay** en la nevera?　　냉장고에 무엇이 있습니까?

Hay pollo.　　통닭이 있습니다.

Hay hamburguesa.　　햄버거가 있다.

Hay pescados asados.　　구운 생선이 있습니다.

Hay salmones congelados.　　냉동 연어가 있습니다.

Hay bocadillo de calamar.　　오징어 샌드위치가 있습니다.

규칙 변화를 하는 -ar 동사의 직설법 현재

04

Los verbos que cambian regularmente en el tiempo presente de indicativo

-ar 로 끝나는 규칙 동사는 어간에 <u>-o, -as, -a, -amos, -áis, -an</u>을 붙여 인칭과 수를 나타낸다.

comprar 사다

yo	compr**o**	nosotros/as	compr**amos**
tú	compr**as**	vosotros/as	compr**áis**
usted, él, ella	compr**a**	ustedes, ellos, ellas	compr**an**

 주

comprar 동사에서 어미 앞 부분인 compr를 어간 혹은 어근이라 하고 ar를 어미라 한다. 다시 말하지만 규칙 동사란 어간은 변하지 않고 어미가 정해진 대로만 변화하는 동사를 말한다.

adorar	열애하다	adornar	장식하다
amar	사랑하다	atar	묶다
avisar	알리다	ayudar	돕다
buscar	찾다	cantar	노래하다
cambiar	바꾸다	comprar	사다
contestar	대답하다	cuidar	조심하다
descansar	쉬다	desear	원하다
determinar	결정하다	doblar	접다, 개다
donar	기부하다	dibujar	그리다
enseñar	가르치다	entrar	들어가다
escuchar	듣다	esperar	기다리다
estudiar	공부하다	felicitar	축하하다
gozar	소유하다	gritar	외치다
hablar	말하다	hallar	발견하다
invitar	초대하다	limpiar	청소하다
llamar	부르다	llegar	도착하다
llevar	가지고 가다	mudar	이전하다
olvidar	잊다	preparar	준비하다
regalar	선물하다	señalar	가리키다
separar	나누다	terminar	끝내다
tomar	먹다, 마시다	usar	사용하다
viajar	여행하다	visitar	방문하다

Yo compro una fruta.	나는 과일을 산다.
Tú compras un mango.	너는 망고를 산다.
El compra un plátano.	그는 바나나를 산다.
Ella compra una manzana.	그녀는 사과를 산다.
Usted compra las uvas.	당신은 포도를 산다.
Nosotros compramos una casa.	우리는 집을 산다.
Vosotros compráis los platos.	너희들은 접시를 산다.
Ellas compran las medias.	그녀들은 스타킹을 산다.
Ustedes compran los zapatos.	당신들은 구두를 산다.
Yo trabajo en la oficina.	나는 사무소에서 일한다.
Tú trabajas en la oficina.	너는 사무소에서 일한다.
El trabaja en la la oficina.	그는 사무소에서 일한다.
Usted trabaja en la oficina.	당신은 사무소에서 일한다.
Trabajamos en una compañía.	우리는 한 회사에서 일한다.
Trabajáis en una compañía.	너희들은 한 회사에서 일한다.
Ellos trabajan en una compañía.	그들은 한 회사에서 일한다.
Yo amo a mis padres.	나는 부모님을 사랑한다.
Tú amas a tus hijos.	너는 네 아이들을 사랑한다
Usted ama a su esposa.	당신은 당신의 아내를 사랑한다.
Él ama a su familia.	그는 그의 가족을 사랑한다.
Ella ama a su amigo.	그녀는 그녀의 친구를 사랑한다.
Amamos a nuestros vecinos.	우리는 우리의 이웃을 사랑한다.
Amáis a vuestras familias.	너희들은 너희들의 가족을 사랑한다.
Ellas aman a sus novios.	그녀들은 연인들을 사랑한다.

¿**Habla usted** español?　　당신은 스페인어를 말하십니까?

−Sí, **hablo** un poco.　　−예, 조금 합니다.

¿**Habla usted** coreano?　　당신은 한국어를 말하십니까?

−Sí, **hablo** coreano.　　−예, 한국어를 합니다.

−No, no **hablo** coreano.　　−아닙니다, 한국어를 못 합니다.

¿**Hablas tú** inglés?　　너는 영어를 말하니?

−No, no **hablo** inglés.　　−아니, 나는 영어를 못해.

Ella habla en inglés.　　그녀는 영어로 말한다.

¿Qúe **estudias tú**?　　너는 무엇을 공부하느냐?

−**Estudio** francés.　　−나는 프랑스 어를 공부합니다.

¿**Qué estudia** usted?　　당신은 무엇을 공부하십니까?

−**Estudio** alemán.　　−독일어를 공부합니다.

¿Qué **estudia Luisa**?　　루이사는 무엇을 공부합니까?

−**Ella estudia** latín.　　−라틴 어를 공부합니다.

¿Qué **estudian ustedes**?　　당신들은 무엇을 공부하십니까?

−**Estudiamos** chino.　　−우리는 중국어를 공부합니다.

¿Qué **desea** comprar **ella**?　　그녀는 무엇을 사기를 원하느냐?

−**Desea** comprar un libro.　　−그녀는 책을 사기를 원한다.

¿Qué **busca usted**?　　무엇을 찾고 계십니까?

−**Busco** un diccionario.　　−사전을 찾고 있습니다.

¿**Quién invita** a Juan?　　누가 후안을 초대합니까?

−**Yo** le **invito**.　　−내가 그를 초대합니다.

¿A quién **visita María**?　　마리아는 누구를 방문합니까?

−**Ella visita** a su maestro.　　−그녀는 스승을 방문합니다.

¿**Quién** te **espera**?　　누가 너를 기다리느냐?

−**Mi amiga** me **espera**.　　−내 여자 친구가 나를 기다린다.

멕시코에서 과테말라로
도강하면서

  멕시코에서 과테말라 가는 길은 몇 군데 있지만 필자는 늘 멕시코 Palenque에서 약 5시간 정도 미니버스를 타고 국경까지 와서 다시 위의 배로 도강을 해서 과테말라를 가곤 했다. 나는 수차례 쿠바의 La Habana에서 멕시코 Cancún을 거쳐 Palenque에서 1박 하고 과테말라로 넘어갔기 때문이다. 배에는 필자 말고도 유럽의 관광객이 보인다. 나와 함께 Palenque에서부터 과테말라로 가고 있다.

Buenos días, amigos.

Me llamo[1] Julia Romero de Muñoz.

Soy **la mujer**[2] de Ramón y la madre de Luis y Marisol.

Nací[3] en Zaragoza, en el norte de España.

Sé[4] hablar **francés**[5].

También hablo **italiano**[6] y **un poco de**[7] alemán.

Me **gusta**[8] mucho pintar.

Es mi pasatiempo favorito;

también me **gusta**[8] **ir al teatro**[9].

¡Qué alegría estar en Madrid **otra vez**[10]!

Conozco[11] Madrid muy bien. ¡Me **gusta**[8] tanto!

Esta mañana voy[12] a visitar **el museo del Prado**[13].

Luis **va**[14] también. El **conoce**[15] bien el museo.

Los demás conocen[16] poco el museo.

Ellos no **tienen** mucho **interés por**[17] la pintura.

해설

① **Me llamo** : 내 이름은 …이다.
② **la mujer**(아내) : 스페인에서는 특히 자신의 아내를 말한다.
③ **nací**(나는 태어났다) : nacer 동사의 부정 과거 1인칭 단수형.
④ **sé**(나는 안다) : saber(알다) 동사의 현재 1인칭 단수형.
⑤ **francés**(프랑스어) : hablar 동사 직후에 언어가 오면 관사 생략.
⑥ **italiano**(이탈리아어) : hablar 동사 직후에 언어가 오면 관사 생략.
⑦ **un poco de** : 약간의.
⑧ **gusta** : gustar 동사의 현재 3인칭 단수형.
⑨ **ir al teatro** : 오페라 극장에 가다.

안녕하세요, 친구들.

내 이름은 훌리아 로메로 데 무뇨스입니다.

나는 라몬의 아내이며 루이스와 마리솔의 어머니입니다.

나는 스페인 북부에 있는 사라고사에서 태어났습니다.

나는 프랑스어를 할 줄 압니다.

이탈리아어도 하고 독일어도 조금 합니다.

나는 그림 그리는 것을 무척 좋아합니다.

그것은 내가 좋아하는 취미입니다.

또 오페라 극장에 가기를 좋아합니다.

다시 마드리드에 오게 되어 정말 기쁩니다!

나는 마드리드를 구석구석까지 알고 있습니다. 나는 무척 좋아합니다!

오늘 오전 나는 쁘라도 미술관을 관람할 겁니다.

루이스도 갑니다. 그는 미술관을 많이 다녔습니다.

다른 사람들은 미술관을 거의 관람해 보지 않았습니다.

그들은 그림에 별로 관심이 없습니다.

해설

⑩ **otra vez** : 다시.

⑪ **conozco** : conocer(알다) 동사의 현재 1인칭 단수형.

⑫ **voy** : ir(가다) 동사의 현재 1인칭 단수형.

⑬ **el museo del Prado** : 쁘라도 미술관.

⑭ **va** : ir(가다) 동사의 현재 3인칭 단수형.

⑮ **conoce** : conocer 동사의 현재 3인칭 단수형.

⑯ **conocen** : conocer 동사의 현재 3인칭 복수형.

⑰ **tener interés por** : …에 관심이 있다.

A : ¡Mozo, mozo!

B : Yo no soy el mozo. Soy el recepcionista.

A : ¡Ah! **Perdón**[1]. ¿Dónde está el ascensor?

B : **Al final de**[2]l pasillo, **a la derecha**[3].

A : ¡Uf! **Voy a**[4] poner el equipaje en el ascensor.

B : **Imposible**[5]. El ascensor no **funciona**[6].

해설

① **Perdón** : 죄송합니다(Perdone, Perdóneme).
② **al final de** : …의 끝에.
③ **a la derecha** : 오른쪽에. a la izquierda 왼쪽에.
④ **Voy a**+동사 원형 : 나는 …하려고 한다.
⑤ **Imposible** =Es imposible.
⑥ **funciona** : funcionar (작동하다) 동사의 직설법 3인칭 단수형.

번 역

A : 종업원, 종업원!

B : 저는 웨이터가 아닙니다. 저는 접수원입니다.

A : 아이구! 죄송합니다. 승강기는 어디에 있습니까?

B : 복도 끝, 오른쪽에 있습니다.

A : 아이쿠! 승강기에 짐을 넣으려고 합니다.

B : 불가능합니다. 승강기가 작동하지 않습니다.

>> 회 화 4

A : **Limpia**[1], ¿cuánto tiempo va a **tardar en**[2]

   limpiar los zapatos? **Tengo prisa**[3].

B : Diez minutos.

A : No tengo tiempo. Tengo una cita a las dos y media.

B : ¿A las dos y media? ¿Hoy o mañana? Son las tres y cuarto.

A : ¿Las tres y cuarto? ¡Caramba! Mi reloj, otra vez. Hasta la vista.

B : Hasta pronto.

해설

① **limpia** : limpiabotas (구두닦이) 의 준말.
② **tardar en**＋동사 원형 : …하는데 시간이 걸리다.
③ **Tengo prisa** : 나는 급하다. tener prisa 급하다.

번 역

A : 닦이, 구두 닦는데 얼마나 걸리지요? 급합니다.

B : 10분 걸립니다.

A : 시간이 없습니다. 2시 반에 약속이 있어요.

B : 2시 반이요? 오늘이요 내일이요? 3시 15분입니다.

A : 3시 15분이요? 빌어먹을! 네 시계가 또. 또 봅시다.

B : 곧 또 봅시다.

1. 민수는 스페인어와 프랑스어와 이탈리아어를 말한다.

2. 너는 영어를 공부하느냐? ─예, 조금(un poco) 합니다.

3. 그 아가씨는 유행가(la canción popular)를 부른다(cantar).

4. 너희들은 친구를 초대하느냐? ─예, 그들을 초대합니다.

5. 우리는 일요일을 제외하고(excepto, menos) 매일(todos los días) 일한다.

6. 누가 그 책을 찾고 있느냐? ─내 동생이 찾고 있다.

7. 당신들은 언제 선생님을 방문합니까? ─오늘 오후에 방문합니다.

8. 당신은 누구에게 독일어를 가르치고(enseñar) 있습니까?

   ─대학생들(los universitarios)에게 가르치고 있습니다.

9. 너는 부모님을 사랑하느냐? ─예, 진심으로(con todo cariño) 사랑합니다.

10. 해는 동쪽으로(por el este) 뜬다(salir).

번 역

1. Minsu habla español, francés e italiano.

2. ¿Estudias el inglés? ─Sí, lo estudio un poco.

3. La señorita canta la canción popular.

4. ¿Invitáis a los amigos? ─Sí, los invitamos.

5. Trabajamos todos los días excepto los domingos.

6. ¿Quién busca el libro? ─Mi hermano lo busca.

7. ¿Cuándo visitan a su maestro? ─Esta tarde le visitamos.

8. ¿A quiénes enseña usted el alemán?

   ─Lo enseño a los universitarios.

9. ¿Amas tú a tus padres? ─Sí, los amo con todo cariño.

10. El sol sale por el este.

규칙 변화를 하는 **-er** 동사의 직설법 현재

05

**Los verbos que cambian regularmente
en el tiempo presente de indicativo**

-**er**로 끝나는 모든 규칙 동사의 직설법 현재의 변화는 어간에 -**o, -es, -e,
-emos, -éis, -en**을 붙여 인칭 · 수를 나타낸다.

vend**er** 팔다

yo vend**o**	nosotros/tras	vend**emos**
tú vend**es**	vosotros/tras	vend**éis**
usted, él, ella vend**e**	ustedes, ellos, ellas	vend**en**

deber	빚지다	aprender	배우다
beber	마시다	comer	먹다
comprender	이해하다	correr	달리다
creer	믿다	leer	읽다
meter	넣다	prometer	약속하다
responder	대답하다	venerar	존경하다
sorber	빨아들이다	reprender	꾸짖다
lamer	핥다	poseer	소유하다

예 문

Yo vendo la tienda.   나는 가게를 판다.

Tú vendes la tienda.   너는 가게를 판다.

El vende el edificio.   그는 건물을 판다.

Ella vende el edificio.   그녀는 건물을 판다.

Usted vende la flor.   당신은 꽃을 판다.

Nosotros vendemos la casa.   우리는 집을 판다.

Vosotros vendéis la casa.   너희들은 집을 판다.

Ustedes venden los relojes.   당신들은 시계를 판다.

Yo como la hamburguesa.   나는 햄버거를 먹는다.

Tú comes la hamburguesa.   너는 햄버거를 먹는다.

Usted come el bocadillo.   당신은 샌드위치를 먹는다.

El come el bocadillo.   그는 샌드위치를 먹는다.

Nosotros comemos el pan.	우리는 빵을 먹는다.
Vosotros coméis el pan.	너희들은 빵을 먹는다.
Ustedes comen la paella.	당신들은 빠에야를 먹는다.
Ellos comen la paella.	그들은 빠에야를 먹는다.
¿Come ella mucho?	그녀는 많이 먹습니까?
−Sí, **ella come** mucho.	−예, 그녀는 많이 먹습니다.
−No, **ella** no **come** mucho.	−아닙니다, 그녀는 많이 먹지 않습니다.
Ella come un poco.	그녀는 조금 먹습니다.
Ella come poco.	그녀는 거의 먹지 않는다.
Ella no **come** nada.	그녀는 아무것도 먹지 않는다.
¿Qué **comen ustedes**?	당신들은 무엇을 드십니까?
−No **comemos** nada.	−아무것도 먹지 않습니다.
¿Dónde **comemos**?	우리 어디서 식사합니까?
−**Comemos** en casa.	−우리는 집에서 식사한다.

¿Qué **aprende usted**?	당신은 무엇을 배우십니까?
−**Yo aprendo** el español.	나는 스페인어를 배운다.
Tú aprendes el francés.	너는 불어를 배운다.
Usted aprende el inglés.	당신은 영어를 배운다.
El aprende el latín.	그는 라틴어를 배운다.
Ella aprende el italiano.	그녀는 이태리어를 배운다.
Aprendemos el chino.	우리는 중국어를 배운다.
Aprendéis el árabe.	너희들은 아랍어를 배운다.
Ustedes aprenden el ruso.	당신들은 러시아어를 배운다.
Ellos aprenden el portugués.	그들은 포르투갈어를 배운다.
Ellas aprenden el alemán.	그녀들은 독일어를 배운다.

¿Qué **aprendes tú**?	너는 무엇을 배우느냐?
Yo aprendo el inglés.	나는 영어를 배웁니다.
¿Qué **aprende ella**?	그녀는 무엇을 배우느냐?
Ella aprende el japonés.	그녀는 일본어 배웁니다.

¿Qué **bebe usted**?	당신을 무엇을 마십니까?
—**Yo bebo** la leche.	나는 우유를 마신다.
Tú bebes el café solo.	너는 블랙커피를 마신다.
Usted bebe el café con leche.	당신은 밀크커피를 마신다.
El bebe la tequila.	그는 떼낄라를 마신다.
Ella bebe el ron.	그녀는 럼주를 마신다.
Bebemos la cerveza.	우리는 맥주를 마신다.
Bebéis el güisqui.	너희들은 위스키를 마신다.
Ustedes beben el daiquiri.	당신들은 다이끼리를 마신다.
Ellos beben el vino tinto.	그들은 적포도주를 마신다.
Ellas beben el vino blanco.	그녀들은 백포도주를 마신다.
Tú y yo no **bebemos** nada.	너와 나는 아무것도 안 마신다.
Mis amigos beben el soju.	내 친구들은 소주를 마신다.

¿Qué **lee usted**?	당신은 무엇을 읽습니까?
—**Yo leo** el Quijote.	나는 돈 끼호떼를 읽습니다.
Nosotros leemos una novela.	우리는 소설을 읽고 있습니다.
¿**Leen ustedes** muchos libros?	당신들은 많은 책을 읽습니까?
—Sí, **leemos** muchos libros.	—예, 많은 책을 읽고 있습니다.
—No, no **leemos** muchos libros.	—아닙니다, 많은 책을 읽지 않습니다.
—No, casi no **leemos**.	—아닙니다, 거의 읽지 못하고 있습니다.

Ellos leen una novela policíaca.　　그들은 탐정소설을 읽고 있다.

¿Me **comprende usted**?　　내 말을 이해하시겠습니까?

−Sí, yo **le**[1] comprendo.　　−예, 당신 말을 이해합니다.

−No, no **le**[1] comprendo todavía.　　−아니오, 아직 당신 말을 이해 못합니다.

¿No **me**[2] crees?　　너 내 말을 믿지 않니?

−Sí, **te**[3] creo.　　−아니, 네 말을 믿어.

−No, no **te**[3] creo.　　−그래, 네 말을 믿지 않아.

해설

① **le** (당신을) : 직접 목적 대명사로 스페인에서 3인칭 단수 남자를 받아 「그를, 당신을」의 뜻이다. 중남미에서는 주로 lo를 사용한다. 영어의 you, him. 여성을 받을 때는 사람이거나 사물이 같아 la (그녀를, 당신을, 그것을) 이다. lo는 사물이 남성 명사일 때도 받는다. 뜻은 「그것을」이다.

② **me** (나를) : 직접 목적 대명사. 영어의 me.

③ **te** (너를) : 직접 목적 대명사. 영어의 you. 직접 목적 대명사를 정리해 보자. **me** (나를), **te** (너를), **le** (그를, 당신을 : 남자, 스페인에서), **lo** (그를. 당신을 : 남자, 중남미에서; 그것을 : 스페인 · 중남미에서), **nos** (우리를), **os** (너희들을), **los** (그들을, 당신들을, 그것들을 : 남성 복수 사람이나 사물을 받는다), **las** (그녀들을, 당신들을, 그것들을 : 여성 복수 사람이나 사물을 받는다), **les** (그들을, 당신들을; 남자)는 일부에서 사용되고 있으나 그다지 많이 사용되지 않는다.

Mi nombre es[2] Luis. / Mis **apellidos**[3] son Muñoz y Romero.

Estudio[4] económicas.

Espero **terminar**[5] la carrera **el año que viene**[6].

Espero, pero no **estudio**[4] mucho.

Para ir a la facultad **tomo el autobús**[7].

Pero no voy siempre.

A veces[8] **tengo sueño**[9] y **prefiero**[10] dormir.

Me **gustan**[11] mucho el esquí y el alpinismo.

También me **gusta**[12] ir al fútbol **de vez en cuando**[13].

Pero **sobre todo**[14] me **gustan**[11] las chicas.

Me **gustan**[11] todas las chicas : pero no tengo novia.

Mi familia **acaba de**[15] llegar a Madrid.

Hoy **vamos a**[1] comer en un restaurante **que conozco**[16].

Este restaurante es bastante caro pero paga mi padre.

해설

① **Vamos a+동사 원형** : 우리는 …하려고 한다.
② **Mi nombre es**(내 이름은 …이다) =Me llamo.
③ **apellidos**(성들) : 아버지의 성과 어머니의 성.
④ **estudio** : estudiar 동사의 직설법 현재 1인칭 단수형.
⑤ **terminar** : espero의 목적어. 동사 원형은 주어, 보어, 목적어도 된다.
⑥ **el año que viene** : 내년. que viene 오는, 다음.
⑦ **tomar el autobús** : 버스를 타다.
⑧ **a veces** : 가끔(de cuando a cuando, de vez en cuando)
⑨ **tener sueño** : 졸리다.

내 이름은 루이스입니다. / 내 성은 무뇨스와 로메로입니다.

나는 경제학을 공부하고 있습니다.

나는 내년에 과정을 끝내기를 원합니다.

바라지만 공부는 열심히 하지 않습니다.

대학에 가기 위해 나는 버스를 탑니다.

그러나 늘 가지는 않습니다.

가끔 나는 졸려서 자는 걸 좋아합니다.

나는 스키와 등산을 무척 좋아합니다.

가끔 축구 구경 가는 것도 좋아합니다.

그러나 나는 특히 아가씨들을 좋아합니다.

나는 모든 아가씨들을 좋아하지만 애인은 없습니다.

내 가족은 방금 마드리드에 도착했습니다.

오늘 우리는 내가 알고 있는 식당에서 식사를 할 겁니다.

이 식당은 꽤 비싸지만 내 아버지께서 돈을 내실 겁니다.

해설

⑩ **prefiero** : preferir 동사의 직설법 현재 1인칭 단수형.

⑪ **gustan** : gustar 동사의 직설법 현재 3인칭 복수형.

⑫ **gusta** : gustar 동사의 직설법 현재 3인칭 단수형.

⑬ **de vez en cuando** : 가끔(a veces).

⑭ **sobre todo** : 더욱이, 특히.

⑮ **acabar de+동사 원형** : 방금 …했다.

⑯ **que conozco**(내가 알고 있는) : restaurante를 수식하는 형용사절.

    conozco : conocer(알다) 동사의 직설법 현재 1인칭 단수형.

A : Buenos días, señor. ¿**Quiere**[1] ver el menú?

B : Sí, gracias.

Camarero, **traiga**[2] **una paella**[3] **a la valenciana**[4], **por favor**[5].

¡Ah! **Traiga**[2] también una botella de **tinto**[6], **por favor**[5].

A : **En seguida**[7], señor.

¿**Necesita**[8] usted algo más?

B : No, nada más.

해설

① ¿**Quiere (usted)+동사 원형?** : …하시겠습니까?
② **Traiga** : 가져오십시오. traer 동사의 존칭 명령.
③ **una paellla**(빠에야) : 스페인의 요리 중의 하나.
④ **a la valenciana**(발렌시아식으로) : a la＋형용사＝…식으로.
⑤ **por favor** : 명령 뒤에 쓰여 부탁한 것을 다시 한 번 부탁하는 말.
⑥ **el tinto**(적포도주) ＝el vino tinto.
⑦ **en seguida** : 즉시, 바로, 곧.
⑧ **necesita** : necesitar(필요하다) 동사의 직설법 현재 3인칭 단수형.

번 역

A : 어서 오십시오, 선생님. 메뉴 보시겠습니까?

B : 예, 감사합니다.

발렌시아식 빠에야 가져오세요. 아! 적포도주도 한 병 부탁합니다.

A : 바로 가져오겠습니다, 선생님.

더 필요한 것 있습니까?

B : 아닙니다. 그것 뿐입니다.

1. 학생들은 소설(la novela)을 읽는다(leer).

2. 우리들은 신(Dios)을 두려워한다(temer).

3. 그 소녀는 화장품(los cosméticos)을 판다(vender)

4. 나는 버터 바른 빵(pan con mantequilla)을 먹고(comer) 우유 한 컵(un vaso de leche)을 마신다(beber)

5. 내 아버님은 아침마다(todas las mañanas) 신문(el periódico)을 읽으신다.

6. 제 말을 이해하시(comprender)겠습니까?

  −예, 당신 말을(le) 잘(perfectamente) 이해하겠습니다.

7. 나는 그 소식(la noticia)이 사실(verdad)이라는 것을 믿는다(creer).

8. 그는 친구들을 데리고 와(traer)서 스페인어와 영어를 배운다(aprender)

9. 당신은 왜 대답을 하(responder)지 않습니까?

  −어떻게 대답해야(qué responder) 좋을지 모르(no saber)기 때문입니다.

번 역

1. Los estudiantes leen la novela.

2. Nosotros tememos a Dios.

3. La chica vende los cosméticos.

4. Yo como pan con mantequilla y bebo un vaso de leche.

5. Mi padre lee el periódico todas las mañanas.

6. ¿Me comprende usted? −Sí, le comprendo perfectamente.

7. Yo creo que la noticia es verdad.

8. El trae a sus amigos y aprenden español e inglés.

9. ¿Por qué no responde usted? −Porque no sé qué responder.

과테말라 국경에서

    과테말라 국경에 도착해 검문소에 가는 길이다. 검문소에서 입국 비자를 받기 위해서다. 한국인은 입국세로 10불을 지불하면 자기가 원하는 기간 동안의 체류를 할 수 있다. 지금은 3개월은 무비자이기 때문에 큰 문제는 없지만 입국세는 지불해야 한다. 과테말라는 곳곳에 마야의 유적이 있기 때문에 라틴 아메리카 여행에서 빼놓을 수 없는 곳이다. 멕시코 여행자는 꼭 과테말라도 들려 마야의 유적과 과테말라 특유의 원주민 문화를 체험하길 바란다. (봉재춘 목사님 촬영)

06

규칙 변화를 하는 **-ir** 동사의 직설법 현재

-**ir**로 끝나는 규칙 동사의 변화는 어간에 <u>**-o, -es, -e, imos, -ís, -en**</u>을 붙여 인칭과 수를 나타낸다.

abrir 열다

yo	abr**o**	nosotros/as	abr**imos**
tu	abr**es**	vosotros/as	abr**ís**
usted, él, ella	abr**e**	ustedes, ellos, ellas	abr**en**

añadir	보태다	asistir	참석하다
cubrir	덮다	escribir	쓰다
decidir	결정하다	difundir	방송하다
existir	존재하다	partir	출발하다
omitir	생략하다	permitir	허가하다
recibir	받다	subir	오르다
sacudir	흔들다	vivir	살다

예 문

¿Quién abre la puerta?	누가 문을 엽니까?
Yo abro la puerta.	제가 문을 엽니다.
(Yo **la** abro).	(내가 **그것을** 엽니다).
Tú abres la puerta.	네가 문을 연다.
Luisa abre la puerta.	루이사가 문을 연다.
Usted abre la puerta.	당신이 문을 연다.
El abre la puerta.	그가 문을 연다.
¿Quién abre las ventanas?	누가 창문들을 엽니까?
Nosotros abrimos las ventanas.	우리가 창문들을 엽니다.
(Nosotos **las** abrimos).	(우리가 **그것들을** 엽니다).
Vosotros abrís las ventanas.	너희들이 창문들을 연다.
Ustedes abren las ventanas.	당신들이 창문들을 연다.
Ellos abren las ventanas.	그들이 창문들을 연다.
Ellas abren las ventanas.	그녀들이 창문들을 연다.

¿**Quién escribe** una postal?   누가 엽서를 쓰느냐?

Yo escribo una postal.   나는 엽서를 쓴다.

¿**Quién escribe** una carta?   누가 편지를 쓰느냐?

Tú escribes una carta.   네가 편지를 쓴다.

¿**Quién escribe** la tesis?   누가 논문을 씁니까?

Usted escribe la tesis.   당신이 논문을 쓴다.

¿Con qué **escribe él**?   그는 무엇으로 씁니까?

El escribe con estilográfica.   그는 만년필로 쓴다.

Nosotros escribimos con lápiz.   우리는 연필로 쓴다.

Vosotros escribís con pluma.   너희들은 펜으로 쓴다.

Ustedes escriben con bolígrafo.   당신들은 볼펜으로 쓴다.

Ellos escriben a mano.   그들은 손으로 쓴다.

Ellas escriben a máquina.   그녀들은 타자를 친다.

¿Dónde **vives tú**?   너는 어디서 사니?

—**Yo vivo** en Seúl, Corea.   나는 한국, 서울에서 삽니다.

¿Dónde **vive María**?   마리아는 어디서 사느냐?

—**Ella vive** en Barcelona.   그녀는 바르셀로나에서 산다.

¿Dónde **vivís vosotros**?   너희들은 어디서 사느냐?

—**Vivimos** en Madrid.   우리는 마드리드에서 삽니다.

¿Dónde **viven ustedes**?   당신들은 어디서 삽니까?

—**Vivimos** en Busan.   우리는 부산에서 삽니다.

Vivimos cerca de la escuela.   우리는 학교에서 가까이 산다.

Vivís lejos de vuestra casa.   너희들은 집에서 멀리에 산다.

Yo recibo una postal.   나는 엽서를 받는다.

Tú recibes una carta.   너는 편지를 받는다.

El recibe un regalito.   그는 선물을 받는다.

Ella recibe una muñeca.

Usted recibe la beca.

Recibimos una buena noticia
de vez en cuando.

Recibís una mala noticia.

Ellos todavía no **reciben** tu
telegrama.

¿Cuándo **recibió**[1] él mi carta?

– **La**[2] **recibió**[1] ayer por la tarde.

Yo **pienso**[3], luego existo.

그녀는 인형을 받는다.

당신은 장학금을 받는다.

우리는 가끔 좋은 소식을 받는다.

너희들은 나쁜 소식을 받는다.

그들은 아직 네 전보를 받지
못하고 있다.

그는 언제 제 편지를 받았습니까?

어제 오후에 그것을 받았습니다.

나는 생각한다, 고로 존재한다.

해설

① **recibió** (받았다) : recibir 동사의 직설법 부정 과거 3인칭 단수형 (237쪽 참조)
② **la** (그것을) : 3인칭 여성 단수 목적 대명사로 앞 문장의 mi carta를 받는다.
③ **pienso** (나는 생각한다) : pensar 동사의 직설법 현재 1인칭 단수형 (80쪽
참조).

페루,
마추삑추 유적지에서

잉카 제국 하면 마추삑추가 떠오를만큼 마추삑추 유적지는 세계적인 곧광지요, 잉카 제국 최고의 유적지이다. 말만 들어도 가슴이 뛰는 마추삑추다. Cuzco(잉카 말로 배꼽: 배꼽은 중앙이고, 중앙에 있는 것은 수도이기에 잉카 제국의 수도였다)에서 기차를 타고 네 시간을 산 속으로 들어가야 해발 2천8백미터에 위치한 마추삑추를 볼 수 있다. 필자는 운 좋게 세 번이나 오를 수 있는 행운이 있었지만, 다시 몇 번이라도 가 보고 싶은 곳이다.

Viaje a Toledo

Me llamo Cristina Alba. / Soy la viuda del coronel Muñoz.

Ahora estoy en la estación de Atocha. / **Estoy esperando**[1].

No me **gusta**[2] esperar.

Mi hijo Ramón **está sacando**[3] **los billetes**[4] en la taquilla.

Hay[5] una cola muy larga. / Hoy es lunes.

No es **buen**[6] día para viajar en tren.

¡Hay tantas personas en la estación!

Muchas de **éstas**[7] **viven**[8] en las provincias

y **pasan**[9] el fin de semana en Madrid.

Hoy **hace mal**[10] **tiempo**[11] : **hace frío**[12] y **está lloviendo**[13].

¡Qué típico de abril! En mayo siempre **hace sol**[14].

Nosotros **vamos**[15] a Toledo para visitar a Martín.

Martín es mi cuñado : es el hermano de mi marido.

Son las doce menos diez. El tren **sale**[16] al mediodía.

해설

① **estoy esperando** : 나는 기다리고 있(는 중이)다.
② **gusta**(좋아하다) : esperar이 주어. 그래서 동사가 3인칭 단수.
③ **está sacando**(사고 있다) : sacar 동사의 현재 진행 3인칭 단수형.
④ **sacar el billete** : 표를 사다.
⑤ **hay** : 있다. 정관사가 붙는 주어와는 쓰이지 않는 비인칭 동사.
⑥ **buen** : bueno가 남성 단수 명사 앞에서 o탈락.
⑦ **éstas** : 지시 대명사 여성 복수형으로 앞 문장의 personas를 받음.
⑧ **viven** : vivir(살다) 동사의 직설법 현재 3인칭 복수.

내 이름은 끄리스띠나 알바입니다. / 나는 무뇨스 대령의 미망인입니다.

지금 나는 아또차역에 있습니다. / 나는 기다리고 있습니다.

나는 기다리는 것을 싫어합니다.

내 아들 라몬이 매표구에서 표를 사고 있습니다.

줄이 굉장히 깁니다. / 오늘은 월요일입니다.

기차로 여행하기에는 좋은 날이 아닙니다.

역에는 사람이 굉장히 많습니다!

이 사람들 중의 많은 사람들이 시골에서 살고 있는데

주말은 마드리드에서 보냅니다.

오늘은 날씨가 궂습니다. 날씨가 춥고 비가 내립니다.

전형적인 4월이군요! 5월에는 늘 볕이 납니다.

우리는 마르띤을 방문하기 위해 똘레도에 갑니다.

마르띤은 내 시아주버니입니다. 내 남편의 동생이지오.

11시 50분입니다. 기차는 정오에 출발합니다.

해설

⑨ **pasan** : pasar(보내다) 동사의 직설법 현재 3인칭 복수.
⑩ **mal**(나쁜) : malo가 남성 단수 명사 앞에서 o탈락.
⑪ **hace mal tiempo** : 날씨가 궂다.
⑫ **hace frío** : 날씨가 춥다.
⑬ **está lloviendo** : 비가 내리고 있(는 중이)다.
⑭ **hace sol** : 볕이 난다.
⑮ **vamos**(우리는 간다) : ir 동사의 직설법 현재 1인칭 복수형.
⑯ **sale** : salir(출발하다) 동사의 직설법 현재 3인칭 단수형.

A : **¿Qué desea**[1], señorita?

B : Un **billete de segunda**[2] a Toledo, por favor.

A : **Aquí tiene**[3], señorita. Son quince **euros**[4].

B : **Tenga usted**[5] : cincuenta euros. **Lo siento**[6] pero no tengo **suelto**[7].

A : **No importa**[8], señorita.

B : Gracias. **Es usted muy amable**[9].

해설

① **¿Qué desea?**(무엇을 원하십니까?) : 매표구에서 "어디까지 가십니까?"
② **billete de segunda** : 2등표. segunda 다음에 clase가 생략됨.
③ **Aquí tiene**(여기 있습니다) : Aquí está(n) 과 함께 많이 사용됨.
④ **euro**(에우로) : 스페인의 화폐 단위.
⑤ **Tenga usted** : Aquí tiene 나 Aquí está(n)과 같은 뜻임.
⑥ **Lo siento** : 미안합니다.
⑦ **suelto** : 잔돈.
⑧ **No importa** : 천만에요, 괜찮습니다. Lo siento에 대한 대답.
⑨ **Es usted muy amable**(당신은 매우 친절하십니다) : 번역은 보통 생략.

번 역

A : 아가씨, 어디까지 가십니까?

B : 똘레도 2등표 한 장 부탁합니다.

A : 여기 있습니다, 아가씨. 15 에우로입니다.

B : 50에우로 여기 있습니다. 미안합니다. 잔돈이 없습니다.

A : 천만에요, 아가씨.

B : 고맙습니다.

>> 회 화 7

A : Señorita, billete, por favor.

B : **Un momento**[1]. ¡Ah! Aquí en mi bolso de mano.

A : Pero, señorita, usted **tiene**[2] un billete de segunda

   y está en un departamento de primera clase.

B : ¿Qué **hay que**[3] hacer?

A : **Pagar la diferencia**[4].

B : Bueno. **Voy**[5] a un departamento de **tercera**[6].

   Ahora usted **paga**[7] la diferencia.

해설

① **Un momento** : Espere un momento에서 Espere 생략.
② **tiene** : tener(가지고 있다) 동사의 직설법 현재 3인칭 단수.
③ **hay que+동사 원형** : …해야 한다.
④ **Pagar la diferencia** : Hay que pagar la diferencia에서 hay que 생략.
⑤ **Voy**(나는 간다) : ir(가다) 동사의 직설법 현재 1인칭 단수형.
⑥ **tercera**(3등) : tercera clase에서 clase 생략.
⑦ **paga**(지불한다) : pagar 동사의 직설법 현재 3인칭 단수형.

번 역

A : 아가씨, 표 검사하겠습니다.

B : 잠깐만요. 아! 여기 내 손가방에 있군요.

A : 하지만, 아가씨. 아가씨는 2등표를 가지고 1등 칸에 계시는데요.

B : 어떻게 해야죠?

A : 차액을 지불하셔야 합니다.

B : 좋습니다. 3등 칸으로 가겠습니다. 이제 차장께서 차액을 지불하십시오.

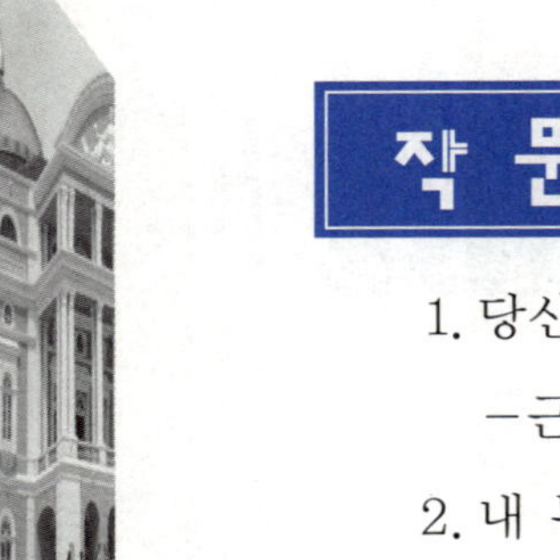

1. 당신은 어디에 살고 계십니까?

   ─근처에(cerca) 살고 있습니다.

2. 내 누이는 방(la habitación, el cuarto) 에 들어가(entrar en)기 위해 문을 연다(abrir la puerta).

3. 우리는 내일 엽서(la postal)를 두 통 받는다(recibir).

4. 선생님은 분필로(con tiza) 흑판(la pizarra)에 문장(las oraciones)을 쓰신다(escribir).

5. 김 양은 내년에(el año que viene) 관광차(de turismo) 유럽(Europa)으로 출발한다(salir para).

6. 나는 내 친구들과 내일 오전에(mañana por la mañana) 설악산(el Monte Seorak)에 올라간다(subir).

7. 그의 수입(sus ingresos)은 지출(los gastos)을 메꾸지 못한다(no cubrir).

8. 제 자신을(a mí mismo/misma) 소개하겠습니다(presentar).

9. 잠깐(un momento) 나갔다와도(salir) 괜찮겠습니까(permitir)?

해 답

1. ¿Dónde vive usted? ─Yo vivo cerca.

2. Mi hermana abre la puerta para entrar en la habitación.

3. Nosotros recibimos dos pastales mañana.

4. El profesor escribe con tiza las oraciones en la pizarra.

5. La señorita Kim sale para Europa de turismo el año que viene.

6. Yo subo al Monte Seorak con mis amigos mañana por la mañana.

7. Sus ingresos no cubren los gastos.

8. Permítame presentarme a mí mismo(여 misma).

9. ¿Me permite usted salir un momento?

직설법 현재 1인칭 단수형이 -go로 끝나는 불규칙 동사

Los verbos irregulares que terminan con -GO en la primera persona singular del presente de indicativo

tener (가지다) : **tengo**	**traer** (가져오다) : **traigo**
venir (오다) : **vengo**	**oír** (듣다) : **oigo**
hacer (하다) : **hago**	**caer** (떨어지다) : **caigo**
decir (말하다) : **digo**	**valer** (가치 있다) : **valgo**
poner (놓다) : **pongo**	**asir** (쥐다, 잡다) : **asgo**
salir (나오다) : **salgo**	

tener	venir	hacer	decir	poner
가지다	오다	하다	말하다	놓다
tengo	**vengo**	**hago**	**digo**	**pongo**
tienes	vienes	haces	dices	pones
tiene	viene	hace	dice	pone
tenemos	venimos	hacemos	decimos	ponemos
tenéis	venís	hacéis	decís	ponéis
tienen	vienen	hacen	dicen	ponen

salir	traer	oír	caer	valer
나오다	가져오다	듣다	떨어지다	가치 있다
salgo	**traigo**	**oigo**	**caigo**	**valgo**
sales	traes	oyes	caes	vales
sale	trae	oye	cae	vale
salimos	traemos	oímos	caemos	valemos
salís	traéis	oís	caéis	valéis
salen	traen	oyen	caen	valen

해설

① **tener** 동사와 **venir** 동사는 1인칭 단수형 이외에 어근 모음 **e**가 **ie**로 바뀐다.

② **decir** 동사는 1인칭 단수형 이외에 어근 모음 **e**가 **i**로 바뀐다.

③ **oír** 동사는 1인칭 단수형 이외에 **y**가 첨가되고, 1인칭 복수형에서 **i**처럼 악센트가 찍힌다.

④ **tener, venir, decir, oír** 네 동사를 제외하고는 모두 1인칭 단수형만 불규칙이고, 다른 인칭은 규칙 변화를 한다.

⑤ **asir** (잡다, 쥐다) 동사도 1인칭 단수형만 **asgo**로 불규칙이고 다른 인칭은 규칙 변화를 한다. asgo, ases, ase, asimos, asís, asen.

예 문

Yo tengo una moneda de oro.	나는 금화를 가지고 있다.
Tú tienes una moneda de plata.	너는 은화를 가지고 있다.
El tiene un diccionario español.	그는 스페인어사전을 가지고 있다.
Ella tiene una tarjeta postal.	그녀는 우편엽서를 가지고 있다.
Usted tiene un sello.	당신은 우표를 가지고 있다.
Tenemos un cuadro.	우리는 그림을 가지고 있다.

No tenéis primos.	너희들은 사촌이 없다.
Ellos tienen dos hijos.	그들은 아들이 둘 있다.
Ellas tienen muchos sobrinos.	그녀들은 조카가 많다.
Ustedes tienen hermanos.	당신들은 형제들이 있다.
¿Tiene usted dinero?	돈을 가지고 계십니까?
—Sí, **tengo** un poco.	—예, 조금 가지고 있습니다.
—No, no **tengo** dinero.	—아닙니다, 돈이 없습니다.
¿Cuánto dinero **tienes**?	돈을 얼마나 가지고 있니?
—**Tengo cien**[1] euros.	—100 에우로를 가지고 있다.
¿Cuánta agua **tiene** la botella?	병에 물이 얼마나 있습니까?
—Está casi llena.	거의 차 있다.
¿Cuántos dólares **tienes**?	너 몇 달라 가지고 있느냐?
—**Tengo** cuarenta dólares.	—40 달러를 가지고 있다.
¿Cuántos euros **tiene** ella?	그녀는 몇 에우로를 가지고 있느냐?
—**Tiene** doscientos euros.	—200 에우로를 가지고 있다.
¿Cuántas libras **tienes**?	너 몇 파운드 가지고 있느냐?
—**Tengo** veinte libras.	—20 파운드 가지고 있다.

해설

① cien (100) : ciento는 명사와 mil (1.000) 앞에서 -to 탈락함.
집 100채 **cien** casas   10만 **cien** mil

¿De dónde **viene usted**?	어디서 오셨습니까?
Vengo de la Argentina.	나는 아르헨티나에서 왔다.
Tú vienes de Chile.	너는 칠레에서 왔다.
El viene de Bolivia.	그는 볼리비아에서 왔다.
Ella viene de Paraguay.	그녀는 파라과이에서 왔다.

Usted viene de Uruguay.	당신은 우루과이에서 왔다.
Nosotros venimos del Perú.	우리는 페루에서 왔다.
Vosotros venís de Colombia.	너희들은 콜롬비아에서 왔다.
Ellos vienen de Panamá.	그들은 파나마에서 왔다.
Ellas vienen de Guatemala.	그녀들은 과테말라에서 왔다.
Ustedes vienen de México.	당신들은 멕시코에서 왔다.

Yo digo la verdad.	나는 사실을 말한다.
Tú dices la verdad.	너는 사실을 말한다.
Usted dice la verdad.	당신은 사실을 말한다.
El dice la verdad.	그는 사실을 말한다.
Ella dice la verdad.	그녀는 사실을 말한다.
Decimos la verdad.	우리는 사실을 말한다.
Decís la verdad.	너희들은 사실을 말한다.
Ellos dicen la verdad.	그들은 사실을 말한다.
Ustedes dicen la verdad.	당신들은 사실을 말한다.
Yo no **digo** mentiras.	나는 거짓말을 하지 않는다.
No **decimos** mentiras.	우리는 거짓말을 하지 않는다.
Dime[1] la verdad.	나에게 진실을 말해라.
No digas[2] la mentira.	거짓말하지 마라.

해설

① **Dime**(나에게 말해라) : di(말해라)+me(나에게).
② **No digas**(말하지 마라) : 부정 명령은 접속법 현재형을 쓴다.

¿Dónde **pongo** las cucharas?	수저를 어디에 놓을까요?
Ponlos[1] en el estante.	그것들을 찬장에 놓아라.

Yo pongo los platos en la mesa.　　　나는 상에 접시를 놓는다.

Tú pones los platos en la mesa.　　　너는 상에 접시를 놓는다.

¿Cuándo **sale Vd.** para México?　　　언제 멕시코로 떠납니까?

Yo salgo el mes próximo.　　　나는 다음달에 떠납니다.

¿Qué **haces tú** en la cocina?　　　너 부엌에서 무엇을 하느냐?

—No **hago** nada.　　　—아무것도 하지 않는다.

¿Me **oyes** bien?　　　내 말 잘 들리니?

—No te **oigo** bien.　　　—네 말이 잘 들리지 않는다.

Yo traigo un regalo para ti.　　　당신에게 주려고 선물을 가져왔다.

Tráeme[2] una taza de café.　　　나에게 커피 한 잔 가져오너라.

¿Quiere usted **traer**me agua?　　　나에게 물 좀 가져다 주시겠어요?

¿Cuánto **vale** esto?　　　이것은 얼마입니까?

—**Vale** quince euros.　　　—15 에우로입니다.

El **cae de espaldas**[3].　　　그는 벌렁 나가 자빠진다.

Asgo a ella de[4] la ropa.　　　나는 그녀의 옷을 잡는다

해설

① **ponlos** (그것들을 놓아라) : pon(놓아라)+los (그것들을).
② **tráeme** (나에게 가져오너라) : trae(가져오너라)+me(나에게).
③ **caer de espaldas** : 벌렁 나가 자빠지다.
④ **asir** *a uno* **de** *algo* : (누구의 무엇)을 잡다.

>> tener + 명사 = 관용어

01 tener hambre : 배가 고프다, 시장하다

¿Tiene usted hambre?	시장하십니까?
−Sí, tengo hambre.	예, 시장합니다.
−No, no tengo mucha hambre.	아니오, 별로 시장하지 않습니다.
Tengo **un hambre**[1] canina.	나는 굉장히 시장합니다.

해설

① **a-·ha-**로 시작되는 여성 단수 명사가 자기 부분(a, ha)에 강세가 있을 때는 발음 관계로 여성 단수 정관사 **la** 대신에 남성 단수 정관사 **el**로 쓴다. 그러나 복수형이거나 이러한 여성 단수 명사 직전이 아닐 때는 원래대로 여성 정관사 la를 쓴다. 예를 들면

el agua 물 → las aguas   el hacha 도끼 → las hachas
el ala 날개 → las alas   el águila 독수리 → las águilas
la buena agua 좋은 물

또 이러한 여성 명사 직전에서 부정 관사를 쓸 때는 남성 단수 **un**이나 여성 단수 **una** 중 어느 것을 써도 무방하다. 예를 들면

el agua → un agua, una agua
el hacha → un hacha, una hacha
el águila → un águila, una águila 등

02 tener sueño : 졸리다

¿Tienes sueño?	너 졸리니?
−Sí, tengo mucho sueño.	예, 무척 졸립니다.
−No, no tengo sueño.	아닙니다, 졸리지 않습니다.

03 tener calor : 몸이 덥다

¿Tienen ustedes calor?	여러분들 덥습니까?
—Sí, tenemos mucho calor.	예, 무척 덥습니다.
—No, no tenemos calor.	아닙니다, 덥지 않습니다.
—**Hace calor**[1], pero no tengo calor.	날씨는 덥지만 몸은 덥지 않습니다.

해설

날씨가 덥거나 춥다고 할 때는 hacer 동사의 3인칭 단수형을 쓴다.

04 tener frío : 몸이 춥다

¿Tiene usted frío?	추우세요?
—Sí, tengo mucho frío.	예, 무척 춥습니다.
—No, no tengo frío.	아닙니다, 춥지 않습니다.
Tengo frío en las manos.	나는 손이 시리다.

05 tener dolor : 아프다

Tengo dolor de cabeza.	나는 머리가 아픕니다.
Tienes dolor de estómago.	너는 배가 아프다.
El tiene dolor de muelas.	그는 이가 아프다.
Ella tiene dolor de garganta.	그녀는 목구멍이 아프다.
Usted tiene dolor de espalda.	당신은 허리가 아프다.

06 tener ⋯años (de edad) : ⋯살이다, 나이가 ⋯이다

¿Cuántos años tiene usted?	연세가 어떻게 되십니까?

=¿Qué edad tiene usted?

−Tengo veinte años (de edad).   스무 살입니다.

¿Cuantos años tienes tú? / Cinco (años).   너 몇 살이니? / 다섯 살입니다.

07 tener paciencia : 참다, 인내하다

No tienes paciencia para nada.   너는 무척 참을성이 없구나.

Tienes que tener paciencia.   너는 참아야 한다.

Ten[1] paciencia, no **tardaré**[2] mucho.   오래 걸리지 않을테니 참아라.

해설

① **ten**(가져라) : tener 동사의 tú의 긍정 명령.
② **tardaré**(나는 시간이 걸릴 것이다) : tardar 동사의 직설법 미래 1인칭 단수형.

08 tener prisa : 급하다, 서두르다

¿Tienes prisa?   너 급하니?

 −Sí, tengo prisa.   예, 나는 급하다.

 −No, no tengo mucha prisa.   아닙니다, 별로 급하지 않습니다.

¿Por qué tienes tanta prisa?   왜 그렇게 서두르느냐?

09 tener razón : 일리가 있다, 타당하다, 옳다

Tiene usted mucha razón.   지당하신 말씀입니다.

No tiene usted razón.   당신 말은 옳지 않다.

Tienes razón en quejarse.   네가 불평하는 것은 당연하다.

tener sed : 목마르다, 갈증이 나다

¿Tiene usted sed?	갈증이 나십니까?
−Sí, tengo mucha sed.	응, 무척 갈증이 난다.
−No, no tengo sed.	아니, 목마르지 않아.

11 tener miedo : 무섭다, 두렵다, 걱정이다

Tengo miedo al perro.	나는 개를 무서워한다.
El no tiene miedo del perro.	그는 개를 무서워하지 않는다.
Tengo miedo de[1] perderse.	나는 길을 잃을까 두렵다.
Ella tiene miedo de[1] caerse.	그녀는 넘어질까 걱정이다.
Juan **tendrá**[2] miedo al mar.	후안은 바다가 무서울 것이다.

12 tener suerte : (행)운이 있다

Tiene usted mucha suerte.	당신은 무척 운이 좋군요.
¡Tenga[3] buena suerte!	잘 다녀 오세요. / 행운이 깃드시길!
¡Qué[4] buena suerte tienes!	너는 정말 운이 좋은 사람이군.

해설

① **tener miedo de+동사 원형** : …일까 걱정이다 [두렵다]

② **tendrá**(가질 것이다) : tener 동사의 직설법 미래 3인칭 단수형. tener 동사의 미래는 불규칙으로 tendré, tendrás, tendrá, tendremos, tendréis, tendrán으로 활용된다.

③ **tenga**(가지시기를!) : tener 동사의 접속법 현재 3인칭 단수형으로 여기서는 기원문으로 쓰였다.

④ **¡Qué+명사 · 형용사 · 부사!** : 감탄문 만드는 법이다. Qué 다음에 형용사건, 부사건, 명사를 놓으면 감정이 들어간 감탄문이 된다.
¡Qué rico! 정말 맛있군요! ¡Qué sorpresa! 아이, 놀래라!

13 · tener éxito : 성공하다

La negociación no **tuvo**[1] éxito.	협상은 실패했다.
Tu primo **tuvo**[1] mucho éxito en la fiesta.	네 사촌은 파티에서 크게 성공했다.
Ha tenido[2] éxito el satélite coreano.	한국의 위성은 성공했다.

14 · tener cuidado : 조심하다

El tiene cuidado de no hacer ruido.	그는 소리 내지 않도록 조심한다.
Tengan[3] cuidado con la pintura.	페인트 조심하십시오.
Ten[4] cuidado al cruzar la calle.	길 건널 때 조심해라.
Ten[4] cuidado con él, no es de fiar.	그 사람 조심해라, 믿을 수 없다.
¡Cuidado con[5] los carteristas!	소매치기 조심!
¡Cuidado con el perro!	개 조심!
¡Cuidado con el escalón!	층계 조심!

15 · tener la culpa : 탓이다, 잘못이다

Nadie tiene la culpa.	누구의 탓도 아니다.
Mi secretario tiene la culpa.	내 비서 탓이다.
¿Y qué culpa tengo yo?	그런데 내가 무슨 잘못을 했지?

해설

① **tuvo** : tener 동사의 직설법 부정 과거 3인칭 단수형.
② **ha tenido** : tener 동사의 직설법 현재 완료 3인칭 단수형.
③ **tengan** : tener 동사의 접속법 현재 3인칭 복수형.
④ **ten** : tener 동사의 tú의 긍정 명령.
⑤ **cuidado con** : … 조심(할 것)!

16   tener celos : 질투하다

Ella tiene celos de ti.   그녀는 너를 질투한다.

Ella tiene celos de su amiga.   그녀는 친구를 질투한다.

17   tener vergüenza : 수치스럽다, 부끄러워하다, 수줍어하다

El niño no tiene vergüenza   그 아이는 사람들 앞에서 노래

de cantar delante de la gente.   하는 것을 부끄러워하지 않는다

¡No tienes vergüenza!   너는 부끄러워해서는 안돼!

Si tuviera[1] vergüenza,   만일 그가 수치심을 가지고

vendría a disculparse.   있다면, 와서 용서를 빌 거야.

18   tener ganas de+동사 원형 : …하고 싶다

No tengo ganas de comer.   나는 먹고 싶지 않다.

Tengo muchas ganas de volver a verte.   나는 너를 다시 무척 보고 싶다.

Tengo muy pocas ganas de ir.   나는 가고 싶은 생각이 거의 없다.

Tengo unas ganas de decirte   내가 생각하고 있는 것을 너에게

lo que pienso.   말하고 싶다.

19   ¿Qué tiene usted? 무슨 일입니까? = ¿Qué le pasa a usted?

해설

① **Si**+접속법 불완료 과거, **(주절)** 가능법 불완료형 :
만일 …이라면, …일텐데 (현재 사실의 반대) (367쪽 참조).

Yo soy Martín Muñoz. / Para ustedes tío Martín.

Tengo sesenta y siete **años**[1], pero mi corazón es joven.

Soy toledano.

Si no conocen Toledo, **vengan**[2] en seguida.

Vale la pena[3]. **Créanme**[4].

Vivo en una casa grande y antigua. / Es una casa muy cómoda.

Por fortuna no estoy casado.

En cambio sí tengo **un ama de llaves**[5]. / Ella **se llama**[6] Petra.

Hace veinte años **que**[7] vive con nosotros.

Está siempre **preocupada por**[8] mi salud.

¡Qué pesadez! / **Hoy día** tengo muy poco **que hacer**[9].

Todas las tardes voy al casino, donde **encuentro**[10] a Pascual.

Pascual es párroco de la iglesia de San Roque.

Le gusta comer y beber bien. / Ahora estoy en la estación.

Mi sobrino Ramón y su familia **vienen**[11] a Toledo.

해설

① **Tengo … años** : 나는 … 살이다.
② **Vengan** : 여러분 오십시오. venir 동사의 ustedes의 명령형.
③ **Vale la pena** : 가치가 있다.
④ **Créanme** : Crean(여러분 믿으십시오)+me(내 말을).
⑤ **un ama de llaves** : 가정부.
⑥ **se llama** : (그 여자의) 이름이 …이다. 원형 llamarse.

나는 마르띤 무뇨스입니다. / 여러분에게는 마르띤 아저씨가 되겠습니다.

나는 예순일곱 살입니다만 내 마음은 젊습니다.

나는 똘레도 사람입니다.

만일 여러분께서 똘레도에 와 보시지 않았으면 즉시 오십시오.

그럴 가치가 있습니다. 제 말을 믿으십시오.

우리는 크고 오래된 집에서 살고 있습니다. / 매우 편리한 집입니다.

다행히 나는 결혼하지 않았습니다.

반면에 가정부를 두고 있습니다. / 그 여자의 이름은 뻬뜨라입니다.

그 여자가 우리와 산 지 20년이 되었습니다.

그 여자는 늘 내 건강을 걱정하고 있습니다.

얼마나 귀찮게 구는지! / 요즈음 나는 할 일이 거의 없습니다.

매일 오후 나는 카지노에 가서 그곳에서 빠스꾸알을 만납니다.

빠스꾸알은 산 로께 성당의 주임 신부입니다.

그는 잘 먹고 잘 마시는 것을 좋아합니다. / 나는 지금 역에 있습니다.

내 조카 라몬과 그의 가족이 똘레도에 옵니다.

해설

⑦ **Hace … que ~** : ~한지 … 되었다.

⑧ **estar preocupado por** : …을 걱정하고 있다.

⑨ **que hacer**(해야 할) : poco를 수식하는 형용사구.

⑩ **encuentro** : encontrar(만나다) 동사의 현재 1인칭 단수형.

⑪ **vienen** : venir(오다) 동사의 현재 3인칭 단수형.

A : Mamá, **estoy cansada de**[1] andar.

¿**Podemos**[2] tomar **algún**[3] refresco?

Tengo mucha **sed**[4]. **Tengo hambre**[5] también.

B : Está bien. Luego **vamos a**[6] ir a ese **estanco**[7].

Tengo que[8] comprar varias cosas.

해설

① **estar cansado de** : …으로 피곤하다.
② **podemos** : poder(할 수 있다) 동사의 현재 1인칭 복수형.
③ **algún** : alguno(어떤) 는 남성 단수 명사 앞에서 어미 o가 탈락되면서 **ú** 처럼 악센트가 찍히므로 주의를 요함. **ninguno**도 남성 단수 명사 앞에서 o가 탈락되면서 **ú**처럼 악센트가 찍혀 **ningún**이 된다. 또 **bueno, malo, primero, tercero, postrero** 등도 남성 단수 명사 앞에서 o가 탈락되므로 늘 주의할 것.
④ **tener sed** : 목이 마르다, 갈증이 나다.
⑤ **tener hambre** : 배가 고프다, 시장하다.
⑥ **Vamos a**＋동사원형 : …합시다, …하자.
⑦ **estanco** : 담배 가게면서 우표, 성냥, 라이터 등 간단한 잡화도 판다.

번 역

A : 엄마, 나 걸어서 피곤해요.

우리 시원한 것 좀 마시면 안되겠어요?

무척 목이 말라요. 배도 고프고요.

B : 좋아. 우선 저 에스땅꼬에 가자. 여러 가지 사야 할 것이 있다.

A : **Coma**[1] usted un bocadillo de calamar.

B : No tengo hambre.

A : **Beba**[2] usted una cerveza.

B : No tengo sed.

A : **¿Quiere usted**[3] tomar otra bebida?

B : No, **no quiero**[4] tomar **nada**[5].

A : ¿Para qué **viene**[6] usted al café, entonces?

B : Para mirar a las chichas.

해설

① **coma** (usted)(드십시오). comer(먹다) 동사의 usted에게 하는 존칭 명령. comer 처럼 -er로 끝나는 동사는 현재형이 규칙 동사이면 어미 -er를 -a로 바꾸면 된다.
② **beba** (usted)(마시십시오) : beber(마시다) 동사의 usted에게 하는 존칭 명령.
③ **¿Quiere usted+동사 원형?** : …하시겠습니까?
④ **quiero**(나는 원한다) : querer 동사의 직설법 현재 1인칭 단수형.
⑤ **no … nada**(아무것도 …아니다) : 부정어(否定語)가 동사 뒤편에 놓이면 반드시 동사 앞에 no를 놓아야 하는데 부정이 두 번 쓰여 이중 부정이라 하지만, 스페인어에서는 이중 부정은 긍정이 아니고 부정 그래로이니 주의할 것.
⑥ **viene** : venir(오다) 동사의 현재 3인칭 단수형.

번 역

A : 오징어 샌드위치 드십시오.

B : 배가 고프지 않습니다.

A : 맥주 한 잔 드세요.

B : 목이 마르지 않습니다.

A : 다른 음료를 드시겠습니까?

B : 아닙니다. 아무것도 마시고 싶지 않습니다.

A : 그러면 뭐하러 카페에 오셨습니까?

B : 아가씨들을 보러 왔습니다.

 Tradúzcanse el coreano al español.

1. 나는 돈을 가지고 있지 않다.

2. 돈을 얼마나 가지고 계십니까? −100에우로로 밖에 없습니다(no ⋯ más que).

3. 빈방(habitación libre) 있습니까? −지금은 없으나 내일은 있겠습니다.

4. 너 많이 졸리니? −예, 무척 졸립니다.

5. 춥습니까? −아닙니다, 날씨는 차지만 덥습니다.

6. 무슨 일이니? −복통입니다.

7. 선생님의 말씀이 옳지 않습니다.

8. 우리는 할 일이 많다(tener mucho que hacer).

9. 내 처제는 서점에서 한서 사전을 사야 한다.

10. 귀하께서는 회의에 참석하시지 않아도 됩니다.

11. 제 탓이 아닙니다(no tener la culpa).

해 답

1. No tengo dinero.

2. ¿Cuánto dinero tiene usted? −No tengo más que cien euros.

3. ¿Tienen ustedes una habitación libre? −Ahora no, pero mañana sí.

4. ¿Tienes mucho sueño? −Sí, tengo mucho sueño.

5. ¿Tiene usted frío? −No, hace frío, pero tengo calor.

6. ¿Qué tienes? −Tengo dolor de estómago.

7. Usted no tiene razón.

8. Nosotros tenemos mucho que hacer.

9. Mi cuñada tiene que comprar el diccionario coreano-español.

10. Usted no tiene que asistir a la reunión.

11. Yo no tengo la culpa.

08 직설법 현재에서 어근 모음 변화 동사

스페인어의 동사에는 불규칙 동사가 꽤 있다. 그 중에는 분류 방법이 없고 하나 하나 암기하여야 하는 것도 있고, 또 그 불규칙한 유형을 터득하고 있으면 외우기 쉬운 것도 있다. 어근의 모음(어근에 모음이 둘 이상이 있는 경우에는 마지막 모음)이 일정한 형식에 따라서 변화하는 동사도 그 하나이다. 활용 어미는 규칙 변화 그대로 이다. 불규칙 변화에는 어근 모음 **e**가 **ie**로 변하는 동사(제1변화 동사), 어근 모음 **o**가 **ue**로 변하는 동사(제2변화 동사), 어근 모음 **e**가 **i**로 변하는 동사(제3변화 동사), 세 종류가 있다.

despertar	**perder**	**sentir**
깨우다	잃다	느끼다
despierto	pierdo	siento
despiertas	pierdes	sientes
despierta	pierde	siente
despertamos	perdemos	sentimos
despertáis	perdéis	sentís
despiertan	pierden	sienten

■ **다음 동사들은 제1변화 동사와 같은 변화를 하는 동사들이다.**

-ar 동사	denegar	사절하다	cegar	시력을 잃다
	cerrar	닫다	comenzar	시작하다
	empezar	시작하다	negar	부인하다
	calentar	덥히다	gobernar	통치하다
	atravesar	횡단하다	encerrar	가두다
	sentar	앉히다	pensar	생각하다
	nevar	눈이 내리다 (3인칭 단수로 활용됨)		

-er 동사	atender	돌보다	defender	방어하다
	entender	이해하다	querer	원하다
	encender	불을 켜다	tender	내밀다

-ir 동사	consentir	동의하다	mentir	거짓말하다
	divertir	즐겁게 하다	advertir	주의하다
	referir	이야기하다	preferir	택하다

¿Qué **quiere usted**, señor? 선생님, 무엇을 드릴까요?

Yo quiero una corbata roja. 붉은 넥타이를 하나 주세요.

Tú quieres unas gafas. 너는 안경을 원한다.

El quiere los calcetines. 그는 양말을 원한다.

Ella quiere las medias. 그녀는 스타킹을 원한다.

Usted quiere los guantes. 당신은 장갑을 원한다.

Nosotros queremos las botas. 우리는 장화를 원한다.

Vosotros queréis unos libros. 너희들은 책을 몇 권 원한다.

Ellos quieren un coche. 그들은 자동차를 한 대 원한다.

Ellas quieren unos vestidos. 그녀들은 드레스를 원한다.

Ustedes quieren el viaje. 당신들은 여행을 원한다.

¿Qué **quieres tú** aprender? 너는 무엇을 배우기를 원하느냐?

Yo quiero aprender español. 나는 스페인 어를 배우고 싶다.

¿Qué **quiere usted** comprar? 당신은 무엇을 사고 싶으십니까?

Quiero comprar una bicicleta. 나는 자전거를 한 대 사고 싶다.

¿Qué **queréis** estudiar? 너희들은 무엇을 공부하고 싶으냐?

Queremos estudiar inglés. 우리는 영어를 공부하고 싶다.

¿Qué **quieren ustedes** tener? 당신들은 무엇을 갖고 싶습니까?

Queremos un teléfono móvil. 우리는 휴대전화를 갖고 싶습니다.

¿**Quiere usted** abrir la puerta? 문을 열어 주시겠습니까?

Con mucho gusto. 기꺼이 (열어 드리겠습니다).

¿**Quiere usted** subir el equipaje? 짐을 좀 올려 주시겠습니까?

Con mucho gusto. 기꺼이 (올려 드리겠습니다).

¿**Quiere usted** ayudarme? 저를 좀 도와 주시겠습니까?

¿**Quiere usted** servirme un té? 차 한 잔 따라 주시겠습니까?

Quiero servirle un tinto. 적포도주 한 잔 따라 드리겠습니다.

¿A qué hora **empieza la clase**?　　　수업은 몇 시에 시작하느냐?

Empieza a las nueve.　　　9시에 시작합니다.

Empieza a las diez.　　　10시에 시작합니다.

Empieza a las nueve y diez.　　　9시 10분에 시작합니다.

¿Cuándo **empieza** la fiesta?　　　파티는 언제 시작합니까?

Empieza el 1[1] de enero.　　　1월 1일에 시작합니다.

Empieza el 2 de febrero.　　　2월 2일에 시작합니다.

Empieza el 3 de marzo.　　　3월 3일에 시작합니다.

Empieza el 4 de abril.　　　4월 4일에 시작합니다.

Empieza el 5 de mayo.　　　5월 5일에 시작합니다.

Empieza el 6 de junio.　　　6월 6일에 시작합니다.

Empieza el 7 de julio.　　　7월 7일에 시작합니다.

Empieza el 8 de agosto.　　　8월 8일에 시작합니다.

Empieza el 9 de septiembre.　　　9월 9일에 시작합니다.

Empieza el 10 de octubre.　　　10월 10일에 시작합니다.

Empieza el 11 de noviembre.　　　11월 11일에 시작합니다.

Empieza el 12 de diciembre.　　　12월 12일에 시작합니다.

Empieza[2] el trabajo.　　　일을 시작해라.

Empezad[3] el trabajo.　　　너희들 일을 시작해라.

Vamos a[4] empezar el trabajo.　　　일을 시작합시다.

La niña **empieza a**[5] llorar.　　　여자아이가 울기 시작한다.

Empezamos a reír en voz alta.　　　우리는 큰 소리로 웃기 시작한다.

해설

① **el 1** : 「1일」은 **el primero**라 읽고 말한다.
② **Empieza**(시작해라) : tú의 긍정 명령은 직설법 현재 3인칭 단수형이다.
③ **Empezad**(너희들 시작해라) : vosotros의 긍정 명령은 동사 원형의 r을 d로 바꿈. 예외 없음.
④ **Vamos a** ＋동사 원형 : …합시다.
⑤ **empezar a**＋동사 원형 : …하기 시작하다.

¿Quién **cierra la puerta**?	누가 문을 닫습니까?
Yo cierro la puerta.	내가 문을 닫는다.
Tú cierras la puerta.	네가 문을 닫는다 .
¿**Quién cierra** la ventana?	누가 창문을 닫습니까?
El cierra la ventana.	그가 창문을 닫는다.
Ella cierra la ventana.	그녀가 창문을 닫는다.
¿**Quién cierra** la maleta?	누가 가방을 닫습니까?
Usted cierra la maleta.	당신이 가방을 닫는다.
Cerramos la maleta.	우리가 가방을 닫는다.
¿**Quién cierra** el cajón?	누가 서랍을 닫습니까?
Cerráis el cajón.	너희들이 서랍을 닫는다.
¿**Quién cierra** los libros?	누가 책을 덮습니까?
Los alumnos los[1] **cierran**.	학생들이 그것들을 덮습니다.
¿Qué **cierran ellos**?	그들은 무엇을 닫습니까?
Cierran las ventanas.	그들은 창문을 닫습니다.
¿**Cierran ellas** las puertas?	그녀들은 문을 닫습니까?
Sí, **las**[2] **cierran**.	예, 그것들을 닫습니다.
No, no **las**[2] **cierran**.	아니오, 그것들을 닫지 않는다.
Ustedes cierran el grifo.	당신들은 수도꼭지를 닫는다.
Cierra[3] la puerta. / **Cierra**[3] las ventanas.	문을 닫아라. / 창문을 닫아라.
¿Quiere Vd. **cerrar** la puerta?	문을 닫아 주시겠습니까?
Con mucho gusto.	기꺼이 (닫아 드리겠습니다).
Esta corbata te **sienta** bien.	이 넥타이는 너에게 잘 어울린다.
El café no me **sienta** bien.	커피는 내 체질에 별로다.

해설

① **los** (그것들을) : los libros를 받는 목적 대명사.
② **las** (그것들을) : las puertas를 받는 목적 대명사.
③ **Cierra** (닫아라) : cerrar 동사의 tú의 긍정 명령.

alm<u>o</u>rzar	**v<u>o</u>lver**	**d<u>o</u>rmir**
점심 먹다	돌아오다	자다
alm**ue**rzo	v**ue**lvo	d**ue**rmo
alm**ue**rzas	v**ue**lves	d**ue**rmes
alm**ue**rza	v**ue**lve	d**ue**rme
almorzamos	volvemos	dormimos
almorzáis	volvéis	dormís
alm**ue**rzan	v**ue**lve	d**ue**rmen

■ 다음 동사들은 제2변화 동사와 같은 변화를 하는 동사들이다.

-ar 동사				
	acordar	결정하다	aprobar	승인하다
	colgar	걸다	descolgar	내리다
	encontrar	발견하다	mostrar	보이다
	recordar	기억하다	rogar	간청하다
	sonar	울리다	soñar	꿈꾸다
	contar	세다, 말하다	descontar	할인하다
	acostar	눕히다	volar	날다

-er 동사				
	poder	할 수 있다	morder	깨물다
	mover	움직이다	doler	아프다
	devolver	반환하다	envolver	포장하다
	llover	비가 오다 (3인칭 단수로만 활용됨)		

-ir동사				
	morir	죽다	adormir	꾸벅꾸벅 졸다

¿Cuándo **vuelves** a casa?　　　　너는 언제 귀가하니?

Vuelvo a eso de las diez.　　　　열 시 경에 귀가한다.

¿**Quién vuelve** a España?　　　　누가 스페인에 돌아가니?

Luisa vuelve a España.　　　　루이사가 스페인에 돌아간다.

¿Por qué **vuelves** a tu país?　　　　너는 왜 귀국하니?

Yo puedo ir a la fiesta.　　　　나는 파티에 갈 수 있다.

Tú no **puedes** entender**me**.　　　　너는 **내 말을** 이해할 수 없어.

Ella no **puede** pagar.　　　　그녀는 지불할 수 없다.

El puede comprar un coche.　　　　그는 차를 한 대 살 수 있다.

Podemos vender un piso.　　　　우리는 아파트를 팔 수 있다.

Podéis venir a mi oficina.　　　　너희들은 내 사무실에 와도 돼.

Ustedes pueden trabajar.　　　　당신들은 일해도 된다.

Ellas pueden ir de compras.　　　　그녀들은 쇼핑 갈 수 있다.

Ellos no **pueden** ir de pesca.　　　　그들은 낚시질 갈 수 없다.

¿**Puede usted** ayudarme?　　　　나를 도와 주실 수 있습니까?

¿Cuántas horas **duermes**?　　　　너는 몇 시간 자니?

Yo duermo seis horas.　　　　나는 여섯 시간 잔다.

Mi hija **está durmiendo**[1].　　　　내 딸은 자고 있는 중이다.

Me muero de[2] hambre.　　　　나는 배고파 죽겠다.

El viejo **se murió**[3] **de**[2] frío.　　　　그 노인은 동사(凍死)했다.

해설

① **está durmiendo** : estar + 현재 분사 = 진행형. (156쪽 참조)
　　durmiendo는 dormir 동사의 현재 분사 (156쪽 참조)
② **morirse de** : …로 죽다. 재귀 대명사 se는 강조. (191쪽 참조)
③ **murió** : morir 동사의 직설법 부정 과거 3인칭 단수형 (241쪽 참조)

servir	**seguir**	**elegir**
봉사하다	따르다	고르다
sirvo	sigo	elijo[2]
sirves	sigues	eliges
sirve	sigue	elige
servimos	seguimos	elegimos
sevís	seguís	elegís
sirven	siguen	eligen

해설

① **sigo** : 1인칭 단수형에서 원음을 보존하기 위해 철자가 바뀐다.
② **elijo** : 1인칭 단수형에서 원음을 보존하기 위해 철자가 바뀐다.

■ 다음은 제3변화 동사와 같은 변화를 하는 동사들이다.

-ir 동사				
	pedir	요구하다	despedir	전송하다
	impedir	방해하다	medir	길이를 재다
	competir	겨루다	repetir	반복하다
	vestir	옷을 입히다	gemir	신음하다

¿En qué puedo **servir**le?   무엇을 도와 드릴까요?

El sirve el mismo puesto   그는 30년간 같은 직에

(por) treinta años.   종사하고 있다.

¿Le **sirvo** a usted un poco de vino?   술을 좀 쳐 드릴까요?

No podemos **servir**le su pedido.   폐사는 주문하신 물품을

                                          보내드릴 수가 없습니다.

El niño **ha aprendido**[1] a   어린이는 포크와 나이프를

servirse del tenedor y   손수 쓸 수 있게 되었다.

el cuchillo.

Sirva[2] **usted** a las señoras.   부인들에게 시중을 드십시오.

Sírvase[3] **usted** el azúcar.   설탕을 (손수) 치십시오.

Sírvanse[4] cerrar las puertas.   여러분, 문을 닫아 주십시오.

Yo pido un café.   나는 커피 한 잔을 주문한다.

Tú pides un café con leche.   너는 밀크커피 한 잔을 주문한다.

El pide agua.   그는 물을 주문한다.

Pedimos vino tinto.   우리는 적포도주를 주문한다.

Pedís vino blanco.   너희들은 백포도주를 주문한다.

Ellas piden la paella.   그녀들은 빠에야를 주문한다.

해설

① **ha aprendido** : aprender(배우다) 동사의 직설법 현재 완료 3인칭 단수형 (현재 완료 223쪽 참조)
② **Sirva** : servir 동사의 접속법 현재 3인칭 단수형으로 존칭 명령.
③ **Sírvase** : servirse의 접속법 현재 3인칭 단수형으로 존칭 명령.
④ **Sírvanse** : servirse의 접속법 현재 3인칭 복수형으로 존칭 명령.

04 어느 부류에도 속하지 않은 특수한 불규칙 동사

jugar	**inquirir**	**adquirir**
놀다	조사하다	입수하다
juego	inquiero	adquiero
juegas	inquieres	adquieres
juega	inquiere	adquiere
jugamos	inquirimos	adquirimos
jugáis	inquirís	adquirís
juegan	inquieren	adquieren

해설

직설법 현재의 활용에서 동사의 어미(ar, er, ir) 직전의 모음이 a, i, u 이면 규칙 동사가 원칙이지만, 위에 있는 세 동사는 어근 모음 o가 ue로, e가 ie로 활용된 것처럼 불규칙 활용을 하니 주의하길 바람.

Yo juego al tenis.　　　　　나는 테니스를 친다.

Tú juegas al fútbol.　　　　너는 축구를 한다.

Ella juega al golf.　　　　그녀는 골프를 친다.

Jugamos al volante.　　　　우리는 배드빈턴을 친다.

¿Jugamos a la baraja?　　　우리 트럼프 칠까요?

Jugáis al ping-pong.　　　　너희들은 탁구를 친다.

Ellos juegan al balonvolea.　그들은 농구를 한다.

Los niños **están jugando**[1]　아이들이 놀이터에서

en el patio de recreo.　　　　놀고 있다.

해설

① **están jugando** : estar+현재 분사 ＝현재 진행형.

Petra : Buenos días, Antonio. **Quiero**[1] medio kilo de tomates,
pero **tienen que**[2] ser muy frescos.

Frutería : Hoy son muy buenos. ¿Por qué no compra un kilo?
Se dice[3] que van a subir.

Petra : ¿Otra vez? ¡Qué escándalo! ¿**Siguen**[4] las naranjas al mismo precio?

Frutería : Sí, las naranjas **valen**[5] todavía siete euros **el kilo**.

Petra : **Menos mal**. Hoy **quiero**[1] un melón de dos
kilos **más o menos** y bastante maduro.

Frutería : Perfectamente. ¿Necesita algo más?
¿Peras, manzanas, uvas, melocotones?

Petra : Sí, ahora **recuerdo**[6] que necesitamos algunos plátanos.
Póngame[7] dos kilos.

Frutería : ¿No **quiere**[8] también algunas verduras?

Petra : Sí, **déme**[9] un kilo de cebollas, un repollo grande, dos coliflores de
tamaño mediano y kilo y medio de judías verdes **si son tiernas**.

Frutería : Bien, aquí está todo. ¿Va a pagar ahora?

Petra : No, porque no me **queda**[10] dinero. Mañana **vuelvo**[11] por aquí.

Frutería : Como Vd. **diga**[12], Petra.

Petra : Adiós, Antonio.

해설

① **Quiero** : querer(원하다) 동사의 현재 1인칭 단수형.
② **tener que+동사 원형** : …해야 한다.
③ **se dice**(사람들이 말한다) : 재귀 대명사 se는 일반 사람.
④ **Siguen** : seguir(계속하다) 동사의 현재 3인칭 복수형.
⑤ **valen** : valer(값이 …이다) 동사의 현재 3인칭 복수형.
⑥ **recuerdo** : recordar(기억하다) 동사의 현재 1인칭 단수형.

빼뜨라 : 안녕하세요, 안또니오. 토마토 반 킬로 주세요.
그렇지만 아주 싱싱해야 합니다.

과일 장수 : 오늘은 아주 좋습니다. 1킬로 사시지 그래요?
오를 것이라고 하던데.

빼뜨라 : 또요? 큰일이군요! 오렌지는 계속 같은 값입니까?

과일 장수 : 오렌지는 아직 **킬로 당** 7 에우로입니다.

빼뜨라 : **다행입니다.** 오늘은 **대략** 2킬로 짜리 아주 잘 익은
멜론 하나 주세요.

과일 장수 : 알았습니다. 더 필요한 것 있습니까? 배(pera), 사과
(manzana), 포도(uva), 복숭아(melocotón)는요?

빼뜨라 : 그래요. 지금 우리가 필요한 바나나가 기억납니다.
2킬로 달아 주세요.

과일 장수 : 야채도 사시지 않으시겠어요?

빼뜨라 : 예, 양파 1킬로, 큰 배추 하나, 중간 크기 꽃양배추
2개, 그리고 **연하면** 풋강낭콩 1킬로 반 주세요.

과일 장수 : 됐습니다. 여기 전부 있습니다. 지금 지불하시겠어요?

빼뜨라 : 아닙니다. 남아 있는 돈이 없어서. 내일 또 오겠습니다.

과일 장수 : 말씀 대로 하세요, 빼뜨라.

빼뜨라 : 잘 있어요, 안또니오.

해설

⑦ **Póngame** : Ponga(놓으십시오)+me(나에게).
⑧ **quiere** : querer(원하다) 동사의 현재 3인칭 단수형.
⑨ **déme** : dé(주십시오)+me(나에게).
⑩ **queda** : quedar(남다) 동사의 현재 3인칭 단수형.
⑪ **vuelvo** : volver(돌아오다) 동사의 현재 1인칭 단수형.
⑫ **diga** : decir(말하다) 동사의 접속법 현재 3인칭 단수형.

A : ¿Te **gustan**[1] las verduras?

B : Sí, me **gustan**[1] bastante.

A : ¿Qué verduras **prefieres**[2]?

B : **Prefiero**[3] la coliflor.

A : Yo **prefiero**[3] las patatas. Me **gustan**[1] mucho.

B : Yo **nunca**[4] **como**[5] **patatas**[6]. No **quiero**[7] engordar.

해설

① **gustan** : 주어가 3인칭 복수이기 때문에 gustan.
② **prefieres** : preferir(오히려 좋아하다) 동사의 현재 2인칭 단수형.
③ **prefiero** : preferir 동사의 현재 1인칭 단수형.
④ **nunca** : 결코 …이 아니다.
⑤ **como** : comer(먹다) 동사의 현재 1인칭 단수형.
⑥ **la patata**(감자) : 중남미 대부분의 나라에서는 la papa.
⑦ **querer**+동사 원형 : …하기를 원하다, …하고 싶다.

번 역

A : 너 야채 좋아하니?

B : 그래, 나는 꽤 좋아해.

A : 무슨 야채를 좋아하니?

B : 나는 꽃양배추를 좋아해.

A : 나는 감자를 좋아해. 나는 무척 좋아해.

B : 나는 감자는 절대로 먹지 않아. 살 찌기가 싫거든.

1. 아이들은 잘 자고 있다(estar durmiendo).

2. 당신들은 매일 테니스를 치(jugar al tenis)십니까?

3. 엘레나는 비서로(de secrataria) 근무한다.

4. 당신은 일어날 때(al levantarse) 피곤을 느낍(sentirse)니까?

5. 나는 그 일을 하고 싶지 않습니다.

6. 귀하의 부친 사망(la muerte)에 심심한 조의를 표합니다(sentir mucho).

7. 나는 조국의 자유를 위해(por la libertad) 죽겠다(morirse).

8. 당신을 도울 수 없어 정말 미안합니다(sentir mucho).

9. 나는 정오 경(a eso de mediodía)에 공복(el hambre)을 느끼기 시작한다
   (empezar a sentir).

10. 그 드레스(ese vestido)는 네 얼굴에 아주 잘 어울린다(sentar muy bien)

11. 나는 결코 희망(las esperanzas)을 잃지 않는다.

번 역

1. Los niños están durmiendo bien.

2. ¿Juegan ustedes al tenis todos los días?

3. Elena sirve de secretaria.

4. ¿Se siente usted cansado al levantarse?

5. No quiero hacerlo.

6. Siento mucho la muerte de su padre.

7. Me moriré por la libertad de mi patria.

8. Siento mucho no poder ayudarle a usted.

9. Empiezo a sentir hambre a eso de mediodía.

10. Ese vestido te sienta muy bien a la cara.

11. Yo nunca pierdo las esperanzas.

페루, Cuzco의
삭사이우아만 유적

　　잉카 제국의 수도 Cuzco의 언덕에는 유명한 유적지 삭사이우아만이 있다. 사진을 보라, 저 커다란 바위덩어리들이 바늘구멍 하나 들어가지 않도록 정교하게 다듬어 축조를 했으니 놀랍지 아니한가. 찬란한 문화를 꽃피웠던 대제국이 스페인 사람들에게 망했지만 그 문화 유적은 지금도 찬란히 빛나 전세계에서 관광객이 그치지 않으니 부럽기 한량없다. 그러나 페루를 여행할 때 도둑 조심하길 바란다. 페루 관광 가서 도둑 한 번 맞지 않았다면 약간 이상한 일이다. 10명 관광 가면 20번 당한다고 필자가 말할 정도로 심하다. 페루는 아메리카의 이탈리아다.

불규칙 동사 ir(가다)의 직설법 현재

voy	vamos
vas	vais
va	van

¿A dónde **vas** mañana? | 너는 내일 어디에 가니?

Mañana **yo voy** a Madrid. | 나는 내일 마드리드에 간다.

¿A dónde **va usted**? | 당신은 어디에 가십니까?

Voy al extranjero. | 나는 외국에 간다.

¿Quién va a España? | 누가 스페인에 갑니까?

Luisa va a España. | 루이사가 스페인에 갑니다.

¿Cuándo **vas** a España? | 너는 언제 스페인에 가니?

Voy a España el martes. | 나는 화요일에 스페인에 간다.

¿Adónde **van ustedes**? | 당신들은 어디에 가십니까?

Vamos a la oficina. | 우리는 사무실에 갑니다.

¿Adónde[1] **van ellas**? | 그녀들은 어디에 갑니까?

Ellas van a la Argentina. | 그녀들은 아르헨티나에 간다.

¿A dónde **vais vosotros**? | 너희들은 어디 가느냐?

Vamos al supermercado. | 우리는 슈퍼마켓에 간다.

Vosotros vais a los correos. | 너희들은 우체국에 간다.

¿A dónde **van ellos**? | 그들은 어디에 가느냐?

Van a un restaurante. | 그들은 식당에 간다.

¿A dónde **va Luis**? | 루이스는 어디 갑니까?

Va de viaje[2] a La Habana. | 라 아바나에 여행 갑니다.

Ellos van a la playa | 그들은 여름 휴가차

de vacaciones de verano. | 해변에 간다.

해설

① **¿Adónde?** =¿A dónde?
② **ir de viaje** : 여행 가다.

에콰도르, 적도 기념탑

　　Ecuador는 소문자로 표기하면 적도 라는 뜻이다. 적도가 지나가는 나라라고 해서 나라 이름이 Ecuador가 되었으니 재미있다. 에콰도르의 수도는 Quito이다. Quito에는 우리 교민이 상당히 많이 이민을 가 살고 있다. 에콰도르 하면 우선 적도비와 갈라파고스 제도가 떠오른다. 수도 Quito 북방 28킬로미터 지점에 있는 적도비에 가면 사진의 필자처럼 남북 양쪽에 발을 놓고 사진 한 컷 찍으면 끝이다.

Hoy estoy muy contenta. / ¡Por fin **vamos**[1] a Sevilla!

Vamos[1] en el coche de Manuel.

Como es cameraman siempre está viajando.

¡Qué suerte poder viajar tanto!

Y no necesitar permiso para todo.

Naturalmente **quiero**[2] mucho a mis padres,

y mi abuela es muy simpática,

pero en casa hay restricciones.

No **puedo**[3] salir con chicos;

tengo que[4] volver a casa a las nueve; y no **insistir en**[5] ser actriz.

¡Uf! ¡Qué cansada estoy de todo esto!

Hemos pasado[6] unos días en Madrid.

Han sido[7] unos días estupendos. / Toledo **ha sido**[8] algo horrible.

¡**He tenido**[9] **que**[4] visitar monumentos!

Menos mal que ahora **vamos**[1] a Sevilla.

Como son las ferias de abril, **voy a**[10] pasarlo muy bien.

해설

① **vamos**(우리는 간다) : ir 동사의 현재 1인칭 단수형.
② **quiero**(나는 사랑한다) : querer 동사의 현재 1인칭 단수형.
③ **puedo**(나는 할 수 있다) : poder 동사의 현재 1인칭 단수형.
④ **tener que**+동사 원형 : ⋯해야 한다.
⑤ **insistir en**+동사 원형 : ⋯을 고집하다, ⋯에 집착하다.

오늘 나는 무척 만족하고 있다. / 마침내 우리는 세비야에 간다!

우리는 마누엘의 차로 간다.

그는 사진 기자이기 때문에 늘 여행을 하고 있다.

그렇게 많이 여행할 수 있다니 정말 운이 좋다!

그리고 모든 것을 허가받을 필요도 없고.

당연히 나는 내 부모님을 무척 사랑하고 있으며,

내 할머니는 매우 친절하신 분이다.

그러나 집에서는 제한하는 것이 많다.

나는 남자아이들과 외출할 수 없다.

나는 아홉 시에 귀가해야 하고 배우가 되겠다는 것도 고집을 부려서는 안된다.

아아! 이 모든 것에 나는 지쳐 있다!

우리는 마드리드에서 며칠을 보냈다.

멋진 날들이었다. / 똘레도는 약간 지겨웠다.

나는 기념물들을 구경해야 했다!

다행스레 우리는 지금 세비야에 가고 있다.

4월 축제 기간이기 때문에 나는 아주 잘 보낼 것이다.

해설

⑥ **hemos pasado** : pasar 동사의 현재 완료 1인칭 복수형.
⑦ **han sido** : ser 동사의 현재 완료 3인칭 복수형.
⑧ **ha sido** : ser 동사의 현재 완료 3인칭 단수형
⑨ **he tenido** : tener 동사의 현재 완료 1인칭 단수형.
⑩ **ir a+동사 원형** : …할 것이다, …하려고 하다.

A : ¿Qué **haces**[1] **los lunes**[2]?

B : **Voy**[3] al cine.

A : Y **los miércoles**[4], ¿qué **haces**[1]?

B : **Los miércoles**[4] mi novia y yo **vamos**[5] al teatro.

A : ¿Adónde **vas**[6] **los domingos**[7]?

B : **Los domingos**[7] no **salgo**[8]. Ese día **trabajo**[9].

해설

① **haces** : hacer(하다) 동사의 현재 2인칭 단수형.
② **los lunes** : 월요일마다, 매주 월요일. 월요일(el lunes)부터 금요일(el viernes)까지는 단수와 복수가 같다. 정관사로 구별한다.
③ **voy**(나는 간다) : ir 동사의 현재 1인칭 단수형.
④ **los miércoles** : 수요일마다, 매주 수요일. 단수와 복수가 같다.
⑤ **vamos**(우리는 간다) : ir 동사의 현재 1인칭 복수형.
⑥ **vas**(너는 간다) : ir 동사의 현재 2인칭 단수형.
⑦ **los domingos** : 일요일마다, 매주 일요일.
⑧ **salgo**(나는 나간다) : salir 동사의 현재 1인칭 단수형.
⑨ **trabajo**(나는 일한다) : trabajar 동사의 현재 1인칭 단수형.

번 역

A : 너는 월요일마다 무엇을 하니?

B : 나는 영화 구경 간다.

A : 그럼 수요일마다 무엇을 하니?

B : 수요일은 내 애인과 나는 오페라 구경을 간다.

A : 일요일에는 어디에 가니?

B : 일요일에는 외출하지 않아. 그날은 일해.

1. 우리는 아홉 시에(a las nueve) 사무실에 간다.

2. 어디 가십니까? —시장(el mercado)에 갑니다.

3. 무엇을 사려고 시장에 가십니까? —생선과 야채를 사러 갑니다.

4. 학교에 걸어서(a pie) 가십니까?

   —아닙니다. 꽤 멀기 때문에 지하철로(en metro) 갑니다.

5. 몇 시에(A qué hora) 장보러 가십니까(ir de compras)?

   —5시 경에(a eso de las cinco) 갑니다.

6. 오늘은 토요일이니 일찍 집에 가야 한다(tener que ir).

   아이들이 집에서 나를 기다리고 있다.

7. 우리 언제 스페인에 갑니까?

   —다음달(el mes que viene) 중순에(a mediados de) 간다.

번 역

1. Nosotros vamos a la oficina a las nueve.

2. ¿A dónde va usted? —Voy al mercado.

3. ¿Para qué va usted al mercado?

   —Voy a comprar el pescado y las verduras.

4. ¿Va usted a pie a la escuela?

   —No, señor. Voy en metro, que la escuela está bastante lejos de aquí.

5. ¿A qué hora va usted de compras? —Voy a eso de las cinco.

6. Tengo que ir a casa temprano, porque hoy es sábado.

   Mis hijos me esperan en casa.

7. ¿Cuándo vamos a España?

   —Vamos a mediados del mes que viene.

에콰도르, 아마존에서

남미는 브라질이 아니더라도 아마존 밀림과 접할 수 있는 나라는 많다. 대부분의 나라들이 아마존과 접해 있기 때문이다. 필자는 페루, 콜롬비아, 베네수엘라, 볼리비아에서도 아마존 지역에 들어가 보았으나 가장 인상적인 곳은 에콰도르 북부지역에서 카누를 타고 끝없이 들어가는 밀림이었다. 특히 놀라운 것은 위의 사진에서도 볼 수 있듯 밀림에서 물이 바닥나 목말라 하니 안내원이 나무를 잘라 왔는데 나무에서 물이 철철 흐르는 것이 아닌가. 무려 4명이 목을 축였으니 이 Bejuco라는 나무는 관광객 뿐만 아니라 밀림의 인디오들에게도 없어서는 안될 귀한 나무다.

ir a + 동사 원형

　　ir a에 동사의 원형을 계속시키면 …하러 가다 라는 뜻 이외에, 가까운 미래에 …하려고 하다, …할 셈이다 로 되기도 한다. 문맥이나 뜻에 의하여 구별하여야 한다. 또 Vamos a…는 우리는 …로 간다 이외에, …로 가자 로 되거나, Vamos a+동사 원형은 우리는 …하러 간다 이외에 우리는 …하려고 한다, 우리 …하자 로 되기도 한다. 문맥을 보고 뜻을 구별하면 된다.

ir a+동사 원형

① …하러 가다

② …하려고 하다

Vamos a+장소

① 우리는 …로 간다

② (우리) …로 가자

Vamos a+동사 원형

① 우리는 …하러 간다

② 우리는 …하려고 한다

③ (우리) … 하자

¿A dónde va usted, señorita?	아가씨, 어디 가세요?
Voy a **jugar a**[1] golf.	나는 골프 치러 갑니다.
¿A dónde vas?	너 어디 가니?
Voy a descansar a casa.	집으로 쉬러 갑니다.
¿A dónde vais?	너희들은 어디 가느냐?
Vamos a trabajar a la fábrica.	우리는 공장에 일하러 간다
¿A dónde van ustedes?	당신들은 어디에 가십니까?
Vamos a **lavarnos**[2] las manos.	우리는 손을 씻으러 간다.
Vas a aprender español.	너는 스페인 어를 배우러 간다.
Usted va a nadar al río.	당신은 강에 수영하러 간다.
El va a bañarse al baño sauna.	그는 사우나탕에 목욕하러 간다.
Vamos a tomar una copa al bar.	우리는 바에 한 잔 하러 간다.
Vais a bailar al cabaré.	너희들은 카바레에 춤추러 간다.
Ella va a visitar a su novio.	그녀는 약혼자를 방문하러 간다.
Ustedes van a dormir a casa.	당신들은 집으로 자러 간다.
Ellos van a ver una película.	그들은 영화를 보러 간다.
Ellas van a comer al restaurante.	그녀들은 식당에 식사하러 간다.
¿A dónde van ustedes?	여러분들은 어디 가십니까?
Vamos a ver a su jefe.	우리는 당신의 사장을 만나러 간다.

해설

① **jugar a**+운동 경기 : (무슨 운동)을 하다.
② **lavarnos** : 재귀 동사 lavarse (몸을 씻다)의 1인칭 복수형. 재귀 대명사 se는 주어의 인칭과 일치하기 위해 변해야 한다. 생략된 주어가 nosotros (우리) 이기 때문에 재귀 대명사는 nos가 되었다. **재귀 대명사 se는 me, te, se, nos, os, se로 바뀐다.**

¿Qué vas a hacer?	너는 무엇을 하려고 하느냐?
Voy a lavar la ropa.	나는 빨래하려고 한다.
¿Qué va usted a hacer?	당신은 무엇을 하려고 하십니까?
Voy a trabajar.	나는 일하려고 한다.
¿Qué van ustedes a hacer?	당신들은 무엇을 하려고 합니까?
Vamos a descansar.	우리는 쉬려고 한다.
¿Qué vais a hacer?	너희들은 무엇을 하려고 하느냐?
Vamos a invitar a los vecinos.	우리는 이웃을 초대하려고 한다.
Voy a visitar a mi amigo.	나는 친구를 방문하려고 한다.
Vas a comprar un regalo.	너는 선물을 사려고 한다.
El va a escribir una carta.	그는 편지를 쓰려고 한다.
Ella va a enviar un paquete.	그녀는 소포를 보내려고 한다.
Vamos a llamar por teléfono.	우리는 전화를 걸려고 한다.
Vais a fumar un cigarrillo.	너희들은 담배를 피우려고 한다.
Ustedes van a encender la luz.	당신들은 불을 켜려고 한다.
Ellos van a apagar la luz.	그들은 불을 끄려고 한다.
Luisa va a ir de compras.	루이사는 쇼핑 가려고 한다.
Ellos van a salir de casa.	그들은 외출하려고 한다.
Kim va a cambiar cien euros.	김은 100 에우로를 환전하려 한다.
Ellas van a volver a casa.	그녀들은 귀가하려고 한다.
Mis amigos van a ver**me**[1].	내 친구들은 나를 만나려고 한다.

해설

① **me** (나를) : 직접 목적 대명사가 동사 원형의 목적어로 쓰이면 동사 원형 뒤에 한 단어처럼 붙는다.
Quiero ver**te** mucho. 나는 너를 무척 보고 싶다.

Vamos a **levantarnos**[1].	우리 일어납시다.
Vamos a desayunar.	아침밥을 먹읍시다.
Vamos a almorzar.	점심을 먹읍시다.
Vamos a cenar.	저녁밥을 먹읍시다.
Vamos a **lavarnos**[1].	우리 몸을 씻읍시다.
Vamos a **bañarnos**[1].	우리 목욕합시다.
Vamos a **sentarnos**[1] aquí.	여기 앉읍시다.
Vamos a **acostarnos**[1].	우리 누웁시다.
Vamos a trabajar mucho.	일을 많이 합시다.
Vamos a descansar.	우리 쉽시다.
Vamos a dormir.	우리 잡시다.
Vamos a invitar a Ana.	아나를 초대합시다.
Vamos a esperar**la a ella**[2].	그 여자를 기다립시다.
Vamos a hablar en español.	스페인 어로 말합시다.
Vamos a comer ahora.	이제 먹읍시다.
Vamos a tomar una copa.	한 잔 합시다.
Vamos a leer en voz alta.	큰소리로 읽읍시다.
Vamos a oír el disco nuevo.	새 레코드를 들읍시다.
Vamos a ver la televisión.	텔레비전을 봅시다.
Vamos a comprar un móvil.	휴대 전화를 삽시다.

해설

① **nos** : 재귀 대명사 se가 주어와 일치하기 위해 변했다. 재귀 대명사 se는 주어에 따라 **me, te, se, nos, os, se**로 바뀐다. (171쪽 참조)

② **la a ella** (그 여자를) : **la**는 여성 단수 목적 대명사로 누구라는 것을 확실히 하기 위해 **a ella**를 중복시켰다. 스페인 어에서는 특히 이렇게 목적 대명사가 3인칭일 경우 중복형을 즐겨 사용한다.

A : ¿Qué quieren tomar?

B : **Voy a**[1] tomar una copita de licor Cuarenta y Tres para celebrar el triunfo del Real Madrid.

A : ¿Qué **vas a**[1] tomar, Marisol?

C : **Quisiera**[2] una cuba libre.

B : ¡Tonterías! Para ella una naranjada. No **está acostumbrada a**[3] beber.

A : ¿Y para ti, Luis? ¿Un tinto como siempre?

D : Desde luego.

해설

① **ir a**+동사 원형 : ···하겠다, 하려고 하다, 할 것이다.
② **quisiera**(원합니다만, 싶은데) : quiero의 완곡한 표현.
　　Quisiera tomar una cerveza. 맥주 한 잔 마셨으면 싶은데.
③ **estar acostumbrado a**+동사 원형 : ···하는 것에 길들여지다.

번 역

A : 여러분들 무엇을 드시겠습니까?

B : 레알 마드리드의 승리를 축하하기 위해 나는 작은 컵으로 43주 한 잔 들겠다.

A : 마리솔, 너는 무엇을 들겠니?

C : 꾸바 리브레를 마셨으면 합니다만.

B : 무슨 바보 같은 소리야! 그 아이는 오렌지 주스야. 그 아이는 술에 익숙하지 않아.

A : 그럼, 루이스 너는? 늘 그러듯이 적포도주?

D : 물론입니다.

A : ¿Van a salir, ahora?

B : Sí, Petra, vamos a salir. Quiero enseñar a Marisol algunos de los monumentos típicos.

A : **No dejen**[1] **de**[2] ver la catedral. Allí se puede oír misa. **Visiten**[3] también la Puerta del Sol y no **olviden**[4] la Puerta Bisagra.

B : ¿No **recomienda**[5] usted también la Casa del Greco?

A : Yo no **entiendo**[6] nada de pintura, pero se dice que es muy bonita.

해설

① **dejen** : dejar 동사의 접속법 현재 3인칭 복수. ustedes의 명령.
② **no dejar de+동사 원형** : 꼭 …하다.
③ **visiten** : visitar 동사의 접속법 현재 3인칭 복수. ustedes의 명령.
④ **olviden** : olvidar 동사의 접속법 현재 3인칭 복수. ustedes의 명령.
⑤ **recomienda** : recomendar(추천하다, 권하다) 동사의 현재 3인칭 단수.
⑥ **entiendo** : entender(이해하다) 동사의 현재 1인칭 단수.
⑦ **se dice**(사람들이 말한다) : 재귀 대명사 se는 일반 사람을 뜻한다.

번 역

A : 지금 외출하실 겁니까?

B : 그래요, 뻬뜨라. 우리 외출할 거예요. 마리솔에게 전형적인 유물들을 보여 주고 싶어요.

A : 성당을 꼭 보세요. 그곳에서 미사를 들을 수 있어요. 태양의 문도 가 보시고 뿌에르따 비사그라를 잊지 마세요.

B : 엘 그레꼬의 집도 권하지 않아요?

A : 전 그림은 문외한이지만 아주 예쁘다고 합니다.

tú, vosotros에 대한 긍정 명령형

11

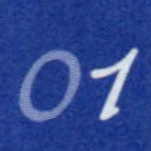

 친칭 **tú**에 대한 긍정 명령형 「너 …해라」는 8개의 불규칙형을 제외하고는 직설법 현재 3인칭 단수형과 같다.

hablar	（말하다）	→	habla	말해라
comer	（먹다）	→	come	먹어라
vivir	（살다）	→	vive	살아라
cerrar	（닫다）	→	cierra	닫아라
contar	（세다）	→	cuenta	세어라
volver	（돌아오다）	→	vuelve	돌아오너라
dormir	（자다）	→	duerme	자거라
jugar	（놀다）	→	juega	놀아라

예 문

Abre las ventanas.	창문들을 열어라.
Cierra la puerta.	문을 닫아라.
Habla en español.	스페인 어로 말해라.
Ayúda me[1].	나를 도와 주라.
Espera un momento.	잠깐만 기다려라.
Pasa por aquí.	이쪽으로 들어가거라.
Pása me[2] la sal.	소금을 집어다오.
Luisa, **come** mucho.	루이사, 많이 먹어라.
Ama a tu prójimo como a ti mismo.	네 몸처럼 네 이웃을 사랑해라.

해설

① **me** (나를) : 직접 목적 대명사.
② **me** (나에게) : 간접 목적 대명사.

■ **3인칭 단수형을 사용하지 않는 순수한 불규칙형 8 동사**

1. **tener** (가지다)	→	ten**go**	→	**ten**	가져라
2. **venir** (오다)	→	ven**go**	→	**ven**	오너라
3. **poner** (놓다)	→	pon**go**	→	**pon**	놓아라
4. **salir** (나오다)	→	sal**go**	→	**sal**	나오너라
5. **decir** (말하다)	→	di**go**	→	**di**	말해라
6. **hacer** (하다)	→	hago	→	**haz**	해라
7. **ser** (이다)	→	soy	→	**sé**	되어라
8. **ir** (가다)	→	voy	→	**ve**	가거라

예 문

Ten tu dinero.	네 돈 여기 있다.
Ven acá.	이리 오너라.
Pon la mesa.	상을 놓아라.
Sal de compras.	장보러 가거라.
Di*me*[1] la verdad.	나에게 진실을 말해라.
Haz*lo*[2] para las doce.	늦어도 12시까지 그것을 해라.
Sé buena, hija mía.	애야, 착한 사람이 되어라.
[비교] Sé muy bien.	나는 아주 잘 알고 있다.
Ve a la escuela.	학교에 가거라.
[비교] Ve la televisión.	텔레비전을 보아라.

해설

① **me** (나에게) : 간접 목적 대명사. 긍정 명령의 목적어인 목적 대명사는 동사 뒤에 한 단어처럼 붙는다.

② **lo** (그것을) : 직접 목적 대명사.

 친칭 복수형 **vosotros** (너희들) 에 대한 긍정 명령형 「너희들 …해라」는 동사의 원형 마지막에 있는 r를 d로 바꾸면 된다. **vosotros**에 대한 불규칙은 없다.

entra**r**	(들어오다)	→	entra**d**	너희들 들어오너라.
espera**r**	(기다리다)	→	espera**d**	너희들 기다려라.
cerra**r**	(닫다)	→	cerra**d**	너희들 닫아라.
ayuda**r**	(돕다)	→	ayuda**d**	너희들 도와 주어라.
habla**r**	(말하다)	→	habla**d**	너희들 말해라.
explica**r**	(설명하다)	→	explica**d**	너희들 설명해라.
canta**r**	(노래하다)	→	canta**d**	너희들 노래해라
descansa**r**	(쉬다)	→	descansa**d**	너희들 쉬어라
trabaja**r**	(일하다)	→	trabaja**d**	너희들 일해라

예 문

Hablad en voz alta.	너희들 큰 소리로 말해라.
Cerrad las ventanas.	너희들 창문을 닫아라.
Esperad un momento.	너희들 잠깐만 기다려라.
Dormid temprano.	너희들 일찍 자거라.
Lavaos[1] las manos.	너희들 손을 씻어라.
Pedid, y **se** os **dará**[2];	구하라 그리하면 너희에게 주실 것이요
buscad, y **hallaréis**[3];	찾으라 그러면 찾을 것이요
llamad, y **se** os **abrirá**[4].	문을 두드리라 그러면 너희에게 열릴 것이니
(San Lucas 11 : 9)	(누가복음 11 : 9)

해설

① **Lavaos** : lavarse의 2인칭 복수 긍정 명령. (참조 219쪽)
② **se dará** : darse의 미래 3인칭 단수형. (참조 269쪽)
③ **hallaréis** : hallar 동사의 미래 2인칭 복수형.
④ **se abrirá** : abrirse의 미래 3인칭 단수형.

>> 회화 14

A : Mamá, ya **puse**[1] el mantel y las servilletas.

¿Qué **se hace**[2] ahora?

B : Ahora **pon**[3] los platos. **Los**[4] **encontrarás**[5]

en el estante de la derecha.

A : De acuerdo.

B : Los cubiertos están en ese cajón de la izquierda. **Coloca**[6] el tenedor

a la izquierda del plato y la cuchara y el cuchillo **a la derecha**. Los

vasos también **a la derecha**.

해설

① **puse**(나는 놓았다) : poner 동사의 부정 과거 1인칭 단수.
② **se hace** : hacerse 의 직설법 현재 3인칭 단수.
③ **pon**(놓아라) : poner 동사의 tú의 긍정 명령.
④ **los**(그것들을) : 앞 문장의 los platos를 받는다.
⑤ **encontrarás** : encontrar(발견하다) 동사의 미래 2인칭 단수.
⑥ **coloca** : colocar(놓다) 동사의 직설법 현재 3인칭 단수. tú의 긍정 명령.

번역

A : 엄마, 벌써 식탁보와 냅킨을 좋았어요. 이제 무엇을 할까요?

B : 이제 접시들을 놓아라. 그것들은 오른쪽 찬장에 있을 거다.

A : 알았습니다.

B : 수저와 포크와 나이프는 왼쪽의 그 서랍에 있다. 접시의 왼쪽에 포크를,

오른쪽에 수저와 나이프를 놓아라. 잔들도 오른쪽에 놓고.

A : Ya está todo. **Huele**[1] que es una delicia.

¿Qué **vamos a**[2] tomar?

B : Primero **tomaremos**[3] una **zarzuela**[4] de mariscos, langosta con

mayonesa, y luego, **cochinillo**[5] asado con ensalada.

A : ¡Mmmm! Para **mí**[6] ración doble de todo.

해설

① **huele** : oler(냄새가 나다) 동사의 직설법 현재 3인칭 단수. 직설법 현재는
불규칙으로 **huelo, hueles, huele, olemos, oléis, huelen**으로 활용
되니 각별히 주의를 요함.

② **vamos a**+동사 원형 : 우리는 …하려고 한다.

③ **tomaremos** : tomar(먹다) 동사의 미래 1인칭 복수.

④ **zarzuela**(사르수엘라) : 소스로 양념한 여러 가지 생선과 해물로 만든
요리.

⑤ **cochinillo** : 새끼 돼지 통구이.

⑥ **mí**(나) : 전치사격 인칭 대명사. 영어와 달리 전치사 다음에 오는 인칭 대
명사는 주격을 사용하지만, **yo**(나)는 **mí**로, **tú**(너)는 **ti**로 써야 한다. 또
con 다음에서는 con yo나 con mí가 아니라 **conmigo**이며, con tú나
con ti가 아니라 **contigo**임.

번 역

A : 이제 다 됐군요. 냄새가 죽여 주는 군요. 우리 무엇을 먹을 거예요?

B : 처음에 해물 사르수엘라와 마요네즈를 바른 가재를, 다음에는 샐러드를
곁들인 구운 새끼 돼지 통구이를 먹을 거야.

A : 으음! 나는 모두 2인분입니다.

날씨와 기상 및 때의 경과를 나타내는 hace

12

hacer(하다, 만들다) 동사의 직설법 현재 3인칭 단수형 hace는 주어 없이 사용하여 날씨, 기상, 때의 경과를 나타낸다.

¿Qué tiempo hace hoy?   오늘 날씨 어떻습니까?

Hace **buen**[1] tiempo.   날씨가 좋습니다.

Hace **mal**[2] tiempo.   날씨가 궂습니다.

Hace calor.   날씨가 덥다.

Hace mucho calor en verano.   여름에는 무척 덥다.

Hace frío.   날씨가 춥다.

Hace mucho frío en invierno.   겨울에는 무척 춥다.

Hace sol.   볕이 난다.

Hace mucho sol.   볕이 쨍쨍 내리쬔다.

Hace mucha lluvia.   비가 많이 내린다.

Hace mucha nieve en invierno.   겨울에 눈이 많이 내린다.

Hace viento.   바람이 분다.

Hace mucho fresco.   날씨가 무척 시원하다.

Hace **buen**[1] día.   날씨가 좋은 날이다.

Mañana **hará**[3] malo.   내일은 날씨가 나쁠 것이다.

Hacía[4] mucho viento.   바람이 많이 불었다.

Ayer **hizo**[5] mucha nieve.   어제는 눈이 많이 내렸다.

해설

① **buen** : bueno가 남성 단수 명사 앞에서 o탈락. 남성 단수 명사 앞에서 o 탈락 형용사는 bueno 말고도 primero, tercero, postrero, alguno, ninguno 등이 있으니 유의하길 바람.

② **mal** : malo가 남성 단수 명사 앞에서 o 탈락.

③ **hará** : hacer 동사의 직설법 미래 3인칭 단수형.

④ **hacía** : hacer 동사의 직설법 불완료 과거 3인칭 단수형.

⑤ **hizo** : hacer 동사의 직설법 부정 과거 3인칭 단수형.

Hacer 동사의 특수 용법

01 만 ···살이다 (Cumplir una determinada edad)

Mañana mi hija hace cinco años.　　내일 내 딸은 만 다섯 살이다.

Este año yo hago sesenta años.　　금년에 나는 만 예순 살이다.

02 어떤 시간 · 세월이 지났다 · 흘렀다 · 되었다 (haber transcurrido cierto tiempo)

Hace tres días.　　3일이 지났다.

Ayer **hizo**[1] un mes.　　어제가 1개월 지났다.

Mañana **hará**[2] diez años.　　내일이면 10년이 된다.

Hace mucho tiempo.　　오래 되었다.

Hace media hora.　　반시간 되었다.

Hace mucho tiempo **que**[3] no te veo.　　오랫만이다.

¿Cuánto tiempo hace que[4]　　당신은 서울에서 생활

lleva usted en Seúl?　　하신지 얼마나 됐습니까?

Desde **hace**[5] dos horas,　　두 시간 전부터

está lloviendo a cántaros.　　비가 억수로 내리고 있다.

해설

① **hizo** : hacer 동사의 직설법 부정과거 3인칭 단수형. (237쪽 참조)
② **hará** : hacer 동사의 직설법 미래 3인칭 단수형. (269쪽 참조)
③ **Hace···que~** : ~한지···되었다.
④ **¿ Cuánto tiempo hace que···?** : ···한지 얼마나 됐습니까?
　¿Cuánto tiempo hace que aprende usted español?
　당신은 스페인 어를 배우신 지 얼마나 됐습니까?
⑤ **hace** : ···전(前). 영어의 ago 에 해당함.

03 ···인 체[척]하다 (fingir, simular, aparentar)

Ella hace que trabaja.　그녀는 일하는 척한다.

Juan hace que estudia.　후안은 공부하는 척한다.

Yo hago que duermo.　나는 자는 척한다.

04 수량이 ···이 되다(constituir un número o una cantidad)

Once y nueve hacen veinte. 11+9 ＝20.

05 차지하다(ocupar en una serie cierto número de orden)

Este enfermo hace el número cinco.　이 환자는 5호실에 있다.

06 ···하게 하다 (obligar a que se ejecute la acción)

Le hice volver a casa.　나는 그를 귀가하게 했다.

Eso hizo que nos fuésemos.　그 일로 우리는 떠났다.

Siento mucho haberte hecho　너를 오래 기다리게 해서

esperar mucho tiempo.　정말 미안하다.

07 적당하다, 어울리다(importar, convenir)

Eso no te hace.　그것은 너에게 어울리지 않는다.

Esta corbata le hace bien.　이 넥타이는 당신한테 잘 어울린다.

단인칭 동사
(單人稱動詞)

llover	비가 오다
nevar	눈이 오다
tronar	천둥이 울리다
amanecer	날이 새다
anochecer	밤이 되다
atardecer	날이 저물다
lloviznar	이슬비가 내리다
escarchar	서리가 내리다
granizar	우박이 내리다
relampaguear	번개가 치다
helar	얼다

등과 같이 자연을 나타내는 동사도 무인칭 표현과 같이 주어 없이 3인칭 단수형만 쓰인다. 이러한 자연 현상을 나타내는 동사는 3인칭 단수만 활용되기 때문에 단인칭 동사라고도 한다.

Llueve.	비가 내린다.
Llueve mucho.	비가 많이 내린다.
Llueve poco en el desierto.	사막에서는 비가 별로 내리지 않는다.
Llueve a cántaros.	비가 억수처럼 퍼붓는다.
Está lloviendo[1] en Seúl.	서울은 비가 내리고 있다.
Nieva mucho.	눈이 많이 내린다.
Nevó[2] mucho anoche.	간밤에는 눈이 많이 내렸다.
En invierno amanece tarde.	겨울에는 날이 늦게 샌다.
Tronó[3] toda la noche.	밤새 천둥이 울렸다.

해설

① **estar**의 현재형+현재 분사 = 현재 진행형.
② **nevó** : nevar 동사의 부정 과거 3인칭 단수형.
③ **tronó** : tronar 동사의 부정 과거 3인칭 단수형.

■때를 나타내는 **ser**, 날씨를 나타내는 **estar**, 유무(有無)를 나타내는 **hay**도 단인칭 동사의 전용(轉用)으로 볼 수 있다.

Es muy temprano.	시간이 매우 이르다.
Es temprano todavía.	아직 시간이 이르다.
Es muy tarde.	시간이 무척 늦었다.
Ya es tarde.	이미 시간이 늦었다.
Ya es hora de llegar.	벌써 도착할 시간이다.
Es hora de descansar.	쉴 시간이다.
Está nublado.	날씨가 흐리다.
El tiempo está despejado.	날씨가 활짝 개었다.
Todavía no hay luna.	아직 달이 뜨지 않았다.

acabar de+동사 원형 : 방금 ···했다

현재의 직전에 끝낸 일을 나타낸다. 이러한 표현은 현재 완료 시제로도 나타내지만 스페인 어에서는 오히려 이 형식이 많이 쓰이고 있다.

Acabo de salir de casa. 나는 방금 집에서 나왔다.

Acabas de desayunar. 너는 방금 아침을 먹었다.

Usted acaba de almorzar. 당신은 방금 점심을 먹었다.

El acaba de cenar. 그는 방금 저녁을 먹었다.

Ella acaba de merendar. 그녀는 방금 사이참을 먹었다.

Acabamos de tomar vino. 우리는 방금 포도주를 마셨다.

Acabáis de llegar a Seúl. 너희들은 방금 서울에 도착했다.

Ustedes acaban de bañarse. 당신들은 방금 목욕했다.

Ellos acaban de afeitarse. 그들은 방금 면도했다.

Ellas acaban de peinarse. 그녀들은 방금 머리를 빗었다.

Acabo de llegar a Barcelona. 나는 방금 바르셀로나에 도착했다.

Acabas de llegar a Madrid. 너는 방금 마드리드에 도착했다.

El acaba de llegar a Santiago. 그는 방금 산티아고에 도착했다.

Ella acaba de llegar a Lima. 그녀는 방금 리마에 도착했다.

Acabamos de llegar a Bogotá. 우리는 방금 보고타에 도착했다.

Acabáis de llegar a Toledo. 너희들은 방금 똘레도에 도착했다.

Ustedes acaban de llegar a Sevilla. 당신들은 방금 세비야에 도착했다.

Ellos acaban de llegar a Córdoba. 그들은 방금 꼴르도바에 도착했다.

Ellas acaban de llegar a Granada. 그녀들은 방금 그라나다에 도착했다.

Acabo de recibir un telegrama. 나는 방금 전보를 받았다.

Acabas de leer una novela. 너는 방금 소설을 읽었다.

Juan acaba de levantarse. 후안은 방금 일어났다.

Acabamos de acostarnos. 우리는 막 잠자리에 들었다.

Acabáis de llamar por teléfono. 너희들은 방금 전화를 걸었다.

에콰도르, 갈라파고스
물개 서식지에서

　　에콰도르 제2도시 Guayaquil에서 1천킬로미터 떨어진 태평양 한가운데 있는 세계에서 가장 자연보호가 잘 된 섬들이다. 필자는 정말 우연히 남의 신분증을 지참하고 싸게 자국민들이 지불하는 외국 관광객의 10분의 1의 값으로 갈라파고스를 갔으니 행운 중의 행운이었다. 물개들의 천국인 갈라파고스, 온갖 새들이 사람이 지나가도 자기 동료 중의 하나인 줄 아는지 움직이지 않는 곳이다. 거리도 거리지만 비용 때문에 다시는 못 갈 갈라파고스. 찰스 다윈이 진화론을 완성한 곳으로 더 유명한 갈라파고스.

>> 독해 9   Diego y Teresa

Ahora les habla Diego :

la oveja negra de la familia Romero.

Acabo de[1] cumplir veintidós años.

Soy periodista.

Hace cinco meses **que**[2] trabajo en el Noticiero Catalán.

Aunque **nací**[3] en Barcelona no soy verdaderamente catalán.

Tengo muchos intereses : prácticamente me interesa todo.

Soy un tipo bastante deportista,

y me entusiasman los coches antiguos.

Ahora tengo un Seat 127 (ciento veintisiete).

Es un coche simpático y me gusta conducirlo;

pero mi ambición es poseer un coche deportista.

También me gustan mucho la natación y los bolos.

Teresa y yo vamos a menudo a una bolera.

Teresa es mi prometida. ¡Qué palabra!

Se la **presentaré**[4] a Vds.

Verán[5] qué chica más encantadora, sensible, inteligente, etc.

Trabaja como secretaria en el **mismo** periódico **que**[6] yo.

해설

① **acabo de**+동사 원형 : 나는 방금 …했다.

② **hace** … **que** ~ : ~한지 …되었다.

③ **nací** : nacer(태어나다) 동사의 직설법 부정 과거 1인칭 단수형.

로메로 집안의 **말썽꾸러기** 디에고가

지금 여러분들에게 말씀드립니다.

저는 방금 만 스물두 살이 되었습니다.

저는 신문 기자입니다.

저는 까딸란 통신에서 근무한지가 5개월 되었습니다.

나는 바르셀로나에서 태어났지만 진짜 까딸루냐 사람이 아닙니다.

저는 많은 관심을 가지고 있습니다

실제로 모든 것이 나한테는 관심거리입니다.

나는 꽤 스포츠를 좋아하는 형입니다. 그래서 나는 오래된 차라면 사족을 못 씁니다.

지금 나는 시아트 127을 가지고 있습니다.

매력적인 차여서 그것을 운전하기를 좋아합니다.

그러나 내 야망은 스포츠카를 갖는 것입니다.

나는 수영과 볼링도 무척 좋아합니다.

떼레사와 나는 자주 볼링장에 갑니다.

떼레사는 내 약혼녀입니다. 수다쟁이랍니다.

여러분들에게 그녀를 나중에 소개하겠습니다.

얼마나 매력적이고, 사리에 밝고, 지성적인지 아시게 될 겁니다.

그녀는 나와 같은 신문사에서 비서로 근무합니다.

해설

④ **presentaré** : presentar(소개하다) 동사의 미래 1인칭 단수형.
⑤ **verán** : ver(보다) 동사의 미래 3인칭 복수형.
⑥ **mismo A que B** : B와 같은 A.

>>회 화 16

A : Buenos días, señor Navarro.

  ¿Cómo está usted hoy?

B : Hoy estoy contento. Todo va bien.

A : ¡Magnífico! ¿Qué va a tomar?

B : Voy a tomar un café solo.

A : ¿Algo más, señor Navarro?

B : No, voy a pagarle . . . ¡Ayyyy!

A : ¿Qué le pasa, señor Navarro?

B : Acabo de perder 20 euros.

  Lo siento, no puedo pagarle.

A : ¿Otra vez?

번 역

A : 어서 오십시오, 나바로 씨. 오늘은 어떠세요?

B : 오늘은 기분이 좋습니다. 만사 형통입니다.

A : 잘 됐군요! 무얼 드시겠습니까?

B : 블랙커피 한 잔 들겠습니다.

A : 나바로 씨, 무얼 더 드시겠습니까?

B : 아닙니다. 지불하겠습니다. 아 이런!

A : 나바로 씨, 무슨 일입니까?

B : 방금 20 에우로를 잃었습니다.

  미안합니다. 지불할 수가 없군요.

A : 또요?

1. 나는 방금 그 책을 읽었다.

2. 우리는 방금 택시를 한 대 불렀다.

3. 부모님께서 방금 귀가하셨다(volver a casa).

4. 장모님(la suegra)께서는 방금 외출하셨다(salir de casa).

5. 나는 방금 그의 아버지의 부고(la noticia de la muerte)를 받았다.

6. 환자(el paciente)는 방금 수술을 끝냈으므로 절대 아무것도(absolutamente nada) 먹지 못한다.

7. 10시 30분 마드리드행 비행기는 방금 이륙했습니다(despegar).

8. 막차(el último tren) 가 방금 도착했으니(llegar) 서두릅시다(darse prisa).

9. 내가 방금 당신 대신으로(por usted) 빚을 갚았으니(pagar la deuda) 이제 걱정할(preocuparse) 것이 없습니다.

10. 사장님은 방금 멕시코 시티(la ciudad de México)로 떠나셨습니다(salir para).

번 역

1. Acabo de leer ese libro.

2. Acabamos de llamar a un taxi.

3. Mis padres acaban de volver a casa.

4. Mi suegra acaba de salir de casa.

5. Acabo de recibir la noticia de la muerte de su padre.

6. El paciente acaba de ser operado y no puede comer absolutamente nada.

7. Acaba de despegar el avión de Madrid de las diez y media.

8. Vamos a darnos prisa, pues acaba de llegar el último tren.

9. No tiene usted que preocuparse más, porque acabo de pagar la deuda por usted.

10. El director acaba de salir para la ciudad de México.

갈라파고스에서

　　6박7일 동안 해상 생활을 하면서 갈라파고스의 이 섬 저 섬을 돌아다니다가 바다에 떠 있는 사자를 보고 찰깍한 사진이다. 영락없이 포효하는 사자같은 콩알만한 바위섬이다. 참 잘생긴 어미사자 같다. 갈라파고스에 남의 신분증으로 갔기 때문에 다섯 차례 검문을 넘기느라 진땀을 흘린 일이 새삼 뇌리를 스쳐간다. 참 무모했다. 들키면 외국 관광객 요금을 내야 하는데 그 돈이 자그만치 1천5백 달러였으니 장기 여행을 하는 배낭족의 마음이 얼마나 조마조마했겠는가. (필자 촬영)

15

불규칙 동사 dar(주다) 동사의 직설법 현재

doy	damos
das	dais
da	dan

해설

dar 동사는 직설법 현재에서 1인칭 단수형만 불규칙이다.

Yo te **doy** dinero.	**나는** 너에게 돈을 **준다**.
→ Yo te lo doy.	나는 너에게 그것을 준다.
Tú me **das** un regalo.	**너는** 나에게 선물을 **준다**.
→ Tú me lo das.	너는 나에게 그것을 준다.
Usted nos **da** los libros.	**당신은** 우리에게 책을 **준다**.
→ Usted nos lo da.	당신은 우리에게 그것을 준다.
Él os **da** los bolígrafos.	**그는** 너희들에게 볼펜을 **준다**.
→ Él os los da.	그녀는 나에게 그것들을 준다.
Ella me **da** las frutas.	**그녀는** 나에게 과일을 **준다**.
→ Ella me las da.	그녀는 나에게 그것들을 준다.
No le **damos** nada.	**우리는** 그녀에게 아무것도 안 **준다**.
No me **dais** nada.	**너희들은** 나에게 아무것도 안 **준다**.
Ellos dan un café solo.	**그들은** 블랙커피를 **준다**.
→ Ellos lo dan.	그들은 그것을 준다.
Ellas dan las llaves.	**그녀들은** 열쇠를 **준다**.
→ Ellas las dan.	그녀들은 그것들을 준다.
Dame un kilo de peras.	나에게 배 1킬로를 **주라**.
→ Dá**melo**.	**나에게 그것을** 주라.
Déme quinientos euros.	나에게 500에우로를 **주십시오**.
→ Dé**melos**.	**나에게 그것들을** 주십시오.

해설

   목적 대명사의 위치는 변화된 동사의 목적이면 동사 직전에 놓고, 긍정 명령이나 동사 원형 및 현재 분사의 목적어가 될 때는 동사 뒤에 한 단어처럼 붙인다. 간접 목적 대명사와 직접 목적 대명사가 함께 쓰이면 항상 나란히 놓되, 간접이 직접 앞에 놓인다.

El da **la muñeca** a ella. 그는 그녀에게 **인형을** 준다.

→ El **la** da a ella. 그는 그녀에게 **그것을** 준다.

El da la muñeca **a ella**. 그는 **그녀에게** 인형을 준다.

→ El **le** da la muñeca. 그는 **그녀에게** 인형을 준다.

→ El le la da. (X)

→ El **se la** da. (O) 그는 **그녀에게 그것을** 준다.

→ El **se** la da **a ella**. (O) 그는 그녀에게 그것을 준다.

Damos **los libros** a José. 우리는 호세에게 **책들을** 준다.

→ **Los** damos a José. 우리는 호세에게 **그것들을** 준다.

Damos los libros **a José**. 우리는 **호세에게** 책들을 준다.

→ **Le** damos los libros. 우리는 그에게 책들을 준다.

→ Le los damos. (X)

→ **Se los** damos. (O) 우리는 **그에게 그것들을** 준다.

→ **Se** los damos **a José**.(O) 우리는 호세에게 그것들을 준다.

해설

간접 목적 대명사(me, te, le, nos, os, les)와 직접 목적 대명사(me, te, le, lo, la, nos, os, les, los, las)가 한 문장에 쓰일 때는 언제나 간접이 직접 앞에 놓여 나란히 쓰이되, **간접 · 직접 목적 대명사가 모두 3인칭이면 간접 목적 대명사는 무조건 se로 바꾸어야 한다.** 즉 le lo, le la, le los, le las, les lo, les la, les los, les las는 **se lo, se la, se los, se las**로 바뀐다는 말이다.

>> 회 화 17

A : Buenos días, señora. ¿Qué desea?

B : Quisiera un paquete de cigarrillos.

　　¿Qué marcas tienen?

A : Tenemos todas las marcas nacionales y varias extranjeras.

B : Déme un paquete de esos cigarillos, por favor.

　　¡Ah! Y un encendedor de gas.

A : Aquí tiene, señora. ¿Quieren algo más?

B : Sí. Déme también dos postales y dos sellos.

A : ¿Son para el extranjero, señora?

B : Sí, para Seúl, Corea, gracias. Eso es todo.

번 역

A : 어서 오십시오, 부인. 무얼 드릴까요?

B : 담배 한 갑 샀으면 합니다만.

　　어떤 것들이 있지오?

A : 국산 전부와 외국산도 여러 가지 있습니다.

B : 그 담배 중에 한 갑을 주세요.

　　아, 그리고 가스 라이터도 하나 주세요.

A : 여기 있습니다, 부인. 더 필요한 것 있나요?

B : 예. 엽서 두 장과 우표 두 장도 주세요.

A : 외국에 보내실 겁니까, 부인?

B : 예, 한국, 서울에 보낼 겁니다. 고맙습니다. 그게 전부입니다.

불규칙 동사 ver(보다) 동사의 직설법 현재

veo	vemos
ves	veis
ve	ven

해설

ver 동사는 직설법 현재에서 1인칭 단수형만 불규칙이다

No **veo** bien de lejos.

나는 근시(近視)이다.

(나는 멀리서 잘 못 본다).

El no **ve** bien de cerca.

그는 원시(遠視)이다.

(그는 가까이에서 잘 못 본다).

Enciende la luz que no **veo**.

볼 수 없으니 불을 켜라.

¿Hay cerveza?

맥주 있습니까?

—No sé, voy a **ver**.

—모르겠습니다. 보고 오겠습니다.

¿Está Juan?

후안 있습니까?

—Voy a **ver**.

—가서 보겠습니다.

Vamos a **ver**,

좀 봅시다, 어디가 아프십니까?

¿qué [dónde] le duele?

¿**Ves** el letrero allí enfrente?

너 저 앞에 있는 간판 볼 수

있니 [보이니]?

Lo **vi**[1] con mis propios ojos.

내 이 눈으로 그것을 보았다.

¿**Ves** algo?

무엇이 보이니?/무언가를 보니?

Tú **ves** visiones,

너는 환상을 보고 있는 거야.

allí no hay nada.

저기에는 아무것도 없어.

Ver para creer.

백문이 불여일견.

(El) **Ver** es creer.

(百聞不如一見)

Veo la televisión.

나는 텔레비전을 본다.

¿No **ves** que la situación

사태가 얼마나 심각한지

es grave?

모르겠니?

해설

① **vi**(나는 보았다) : ver(보다) 동사의 부정 과거 1인칭 단수형.

gustar 좋아하다
no gustar 싫어하다

17

gustar 동사는 자동사로 쓰일 때, 늘 간접 목적 대명사(**me, te, le, nos, os. les**)와 함께 쓰여, 간접 목적 대명사를 주어처럼 해석하고, 주로 **gustar** 뒤에 놓이는 주어를 목적어처럼 해석하는 특이한 동사다. 그래서 이럴 경우에는 항상 3인칭 단수 **gusta**와 3인칭 복수 **gustan**으로만 사용된다. 동사가 3인칭 단수와 복수로만 쓰인다는 것은 주어가 3인칭 단수나 복수 밖에 쓰이지 않는다는 말이다.

Me **gusta el tinto**.　　　　　　나는 적포도주를 좋아한다.

No me **gusta el tinto**.　　　　　나는 적포도주를 싫어한다.

Te **gusta la salsa**.　　　　　　너는 살사를 좋아한다.

No te **gusta la salsa**.　　　　　너는 살사를 싫어한다.

Le **gusta el flamenco**.　　　　　그는 플라멩코를 좋아한다.

No le **gusta el flamenco**.　　　　그는 플라멩코를 싫어한다.

Nos **gusta el tango**.　　　　　우리는 탱고를 좋아한다.

No nos **gusta el tango**.　　　　우리는 탱고를 싫어한다.

Os **gusta el merengue**.　　　　너희들은 메렝게를 좋아한다.

No os **gusta el merenque**.　　　너희들은 메렝게를 싫어한다.

Les **gusta el jazz**.　　　　　　그들은 재즈를 좋아한다.

No les **gusta el jazz**.　　　　　그들은 재즈를 싫어한다.

Me **gustan los helados**.　　　　나는 아이스크림을 좋아한다.

No me **gustan los helados**.　　　나는 아이스크림을 싫어한다.

Te **gustan los mangos**.　　　　너는 망고를 좋아한다.

No te **gustan los mangos**.　　　너는 망고를 싫어한다.

Le **gustan las manzanas**.　　　그는 사과를 좋아한다.

No le **gustan las manzanas**.　　그는 사과를 싫어한다.

Nos **gustan las uvas**.　　　　　우리는 포도를 좋아한다.

No nos **gustan las uvas**.　　　우리는 포도를 싫어한다.

Os **gustan los tomates**.　　　　너희들은 토마토를 좋아한다.

No os **gustan los tomates**.　　　너희들은 토마토를 싫어한다.

Les **gustan las naranjas**.　　　그들은 오렌지를 좋아한다.

No les **gustan las naranjas**.　　그들은 오렌지를 싫어한다.

¿Te gusta el viaje?   너는 여행을 좋아하니?

−Sí, me gusta mucho.   응, 나는 무척 좋아해.

−No, no me gusta.   아니, 나는 싫어해.

Me gusta el paseo.   나는 산책을 좋아한다.

−**A mí**[1] también.   나도 (그래).

No me gusta esperar.   나는 기다리는 것을 싫어한다.

−**A mí**[1] tampoco.   나도 (그래).

Le gusta la película.   그는 영화를 좋아한다.

=A él le gusta la película.   (중복형 : le =a él)

Le gusta La Habana.   그녀는 라 아바나를 좋아한다.

=A ella le gusta La Habana.   (중복형 : le =a ella)

Me gusta la rosa.   나는 장미꽃을 좋아한다.

=A mí me gusta la rosa.   (A mí는 me를 강조)

A los españoles les gusta dormir la siesta.   스페인 사람들은 낮잠 자기를 좋아한다.

Creo que a Juan le **gusta María**.   나는 후안이 마리아를 좋아한다고 생각한다.

Ellos **gustaron**[2] las mieles del triunfo.   그들은 승리의 쾌감을 맛보았다. (gustar 동사가 타동사로 쓰임)

해설

① 목적 대명사는 동사가 생략된 문장에서는 쓰일 수 없으므로 **me**와 같은 뜻인 **a mí**로 대신함.

② **gustaron** : gustar 동사의 부정 과거 3인칭 복수형.

■gustar 동사와 용법이 같은 동사

¿Qué pasa?	무슨 일이죠?
¿Qué te pasa?	너는 무슨 일이냐?
¿Qué le pasa a usted?	당신은 무슨 일입니까?
¿Qué le pasa a él?	그는 무슨 일입니까?
¿Qué le pasa a ella?	그녀는 무슨 일이냐?
¿Qué les pasa a ustedes?	당신들은 무슨 일입니까?
¿Qué os pasa?	너희들은 무슨 일이냐?
No me pasa nada.	나는 아무 일도 아니다.
No te pasa nada.	너는 아무 일도 아니다.
No le pasa nada a él.	그는 아무 일도 아니다.
No nos pasa nada.	우리는 아무 일도 아니다.
¿Qué te duele?	너는 어디가 아프냐?
¿Qué le duele a él?	그는 어디가 아픕니까?
Me duele la cabeza.	나는 머리가 아프다.
Te duele la muela.	너는 이가 아프다.
Le duele el estómago.	당신은 배가 아프다.
A él le duele la rodilla.	그는 무릎이 아프다.
A ella le duele la espalda.	그녀는 허리가 아프다.
¿Qué le parece a usted?	당신은 어떻게 생각합니까?
¿Qué le parece a él?	그는 어떻게 생각합니까?
¿Qué te parece mi primo?	내 사촌오빠 어떻게 생각해?
Me parece que tienes razón.	나는 네 말이 옳다고 생각한다.
¿Qué le ocurre?	무슨 일입니까?

>> 회화 18

A : Buenos días, doña Mercedes. ¿Otra vez por aquí?

B : Sí, doctor. **Me siento**[1] muy mal.

A : Vamos a ver. ¿Qué le duele?

B : Me duele mucho la cabeza y también me duele la garganta.

A : ¿**Hizo**[2] usted **algo especial**[3] ayer?

B : ¿Ayer? No . . . **Tomé**[4] el sol durante cinco horas y luego **bebí**[5] un litro de naranjada.

해설

① **me siento** : sentirse(느끼다) 의 현재 1인칭 단수.
② **hizo** : hacer(하다) 의 부정 과거 3인칭 단수.
③ **algo especial** : 무슨 특별한 일.
④ **tomé** : tomar 동사의 부정 과거 1인칭 단수.
⑤ **bebí** : beber(마시다) 동사의 부정 과거 1인칭 단수.

번역

A : 안녕하세요, 메르세데스 부인. 여기에 또 오세요?

B : 예, 선생님. 기분이 무척 나쁩니다.

A : 어디 좀 봅시다. 어디가 아프세요?

B : 머리가 많이 아프고 또 목도 아픕니다.

A : 어제 무슨 특별한 일이라도 하셨습니까?

B : 어제요? 아닌데요… 다섯 시간 동안 일광욕을 하고 나서 오렌지 주스를 1리터 마셨습니다.

A : ¿Qué tal, señor Navarro?

¿Cómo va el estómago?

B : Cada día peor.

A : No parece usted muy optimista.

B : No tengo motivos para estar optimista.

A : ¿Le **ha ocurrido**[1] algo serio?

B : Mil cosas. Primero **tuve**[2] **un pinchazo**[3], luego **perdí**[4] cincuenta euros y ayer **perdí**[4] mi coche.

해설

① **ha ocurrido** : ocurrir 동사의 현재 완료 3인칭 단수.
② **tuve** : tener 동사의 부정 과거 1인칭 단수.
③ **tener un pinchazo** : (자동차가) 펑크 나다.
④ **perdí** : perder(잃다) 동사의 부정 과거 1인칭 단수.

번 역

A : 나바로 씨, 어떻게 지내세요? 배는 어떻습니까?

B : 날마다 더 나빠지고 있습니다.

A : 낙천적이지 못하신 것 같군요.

B : 낙천적일 이유가 없습니다.

A : 무슨 심각한 일이라고 생겼습니까?

B : 무척 많습니다. 처음에는 펑크가 났지오. 그 후에는 50 에우로를 잃었고, 어제는 내 차를 잃었어요.

-cer, -cir로 끝나는 불규칙 동사(1)

18

「모음+cer, cir」로 끝나는 동사는 **직설법 현재 1인칭 단수형**만 불규칙으로 **-zco**가 된다 (hacer 동사와 decir 동사 제외).

conocer	**conducir**
알다	운전하다
conozco	*conduzco*
conoces	conduces
conoce	conduce
conocemos	conducimos
conocéis	conducís
conocen	conducen

agradecer 감사하다   nacer 태어나다   obedecer 복종하다

pertenecer 속하다   crecer 자라다   parecer 생각하다

aparecer 나타나다   ofrecer 제공하다   merecer 가치가 있다

establecer 설립하다   fallecer 죽다   abastecer 보급하다

traducir 번역하다   producir 생산하다   introducir 도입하다

reducir 감소하다   deducir 빼다   inducir 귀납하다

¿**Conoces** a mi primo?   너 내 사촌 알고 있니?

—Sí, le **conozco**.   그래, 나는 그를 알아.

Se lo **agradezco** mucho.   대단히 고맙습니다.

¿*Sabes*[1] **conducir**?   너 운전할 줄 아니?

Traduzco la novela coreana   나는 한국어 소설을

al español.   스페인 어로 번역한다.

La niña **nació**[2] antes de tiempo.   그 여아는 조산했다.

El niño **pesaba**[3] tres kilos **al**   그 남아는 태어날 때

nacer[4].   무게가 3킬로그램이었다.

Obedece[5] a tus padres.   네 부모 말씀을 잘 들어라.

La casa **pertenece a**[6] mi abuelo.   집은 내 할아버지의 소유다.

Ella **merece** el respeto de todos.   그녀는 모두의 존경을 받을 만하다.

Tu hija **ha crecido**[7] mucho.   네 딸은 많이 자랐군.

La mano negligente **empobrece**,   손을 게을리 놀리는 자는 가난하게

mas la mano de los diligentes   되고, 손이 부지런한 자는 부하게

enriquece.   되느니라 (잠언 10 : 4)

해설

① **saber+동사 원형** : …할 줄 알다.

② **nació** (태어났다) : nacer 동사의 직설법 부정 과거 3인칭 단수형 (부정 과거 참조)

③ **pesaba** (무게가 나갔다) : pesar 동사의 직설법 불완료 과거 3인칭 단수형 (불완료 과거 참조)

④ **al nacer** (태어날 때) : al+「동사 원형」의 뜻은「…할 때」

⑤ **Obedece** (복종해라) : obedecer의 직설법 현재 3인칭 단수로, tú의 긍정 명령.

⑥ **pertenecer a** : …의 것이다, …에게 속하다.

⑦ **ha crecido** : crecer 동사의 직설법 현재 완료 3인칭 단수형 (현재 완료 참조).

「자음+**cer, cir**」로 끝나는 동사는 **직설법 현재 1인칭 단수형**만 불규칙으로 **-zo**가 된다.

vencer	**zurcir**	**torcer**
승리하다	짜깁기하다	비틀다
venzo	*zurzo*	*tuerzo*
vences	zurces	tuerces
vence	zurce	tuerce
vencimos	zurcimos	torcemos
vencís	zurcís	torcéis
vencen	zurcen	tuercen

El equipo coreano **venció**[1] al contrario por dos tantos.

한국 팀은 상대 팀을 두 점 차로 이겼다.

Para eso hay que **vencer** toda dificultad.

그러기 위해서는 어떠한 난관도 극복해야 한다.

Me **venció**[1] el sueño.

나는 졸음을 참을 수 없었다.

El **venció**[1] esos días difíciles.

그는 그 어려운 날들을 극복했다.

El camino **vence** a la derecha.

길이 오른쪽으로 구부러져 있다.

La calle **tuerce** a la izquierda.

거리가 왼쪽으로 구부러진다.

Tuerza[2] a la derecha.

오른쪽으로 꺾어지세요.

Mi mujer **zurce** los pantalones.

내 아내는 바지를 꿰맨다.

El viento **esparció**[3] los papeles que *estaban*[4] *sobre la mesa*[5].

책상 위에 서류들이 바람으로 흐트러뜨려졌다.

해설

① **venció** : vencer 동사의 직설법 부정 과거 3인칭 단수형. vencer처럼 어미가 -er이나 -ir으로 끝나는 동사의 부정 과거 규칙형은 어미가 í, iste, ió, imos, isteis, ieron으로 변한다. 그러므로 vencer 동사의 부정 과거형은 vencí, venciste, venció, vencimos, vencisteis, vencieron이다. (부정 과거 참조)

② **tuerza** : torcer 동사의 접속법 현재 3인칭 단수형으로 usted의 명령형. torcer의 접속법 현재는 tuerza, tuerzas, tuerza, torzamos, torzáis, tuerzan 으로 활용된다. (명령형 참조)

③ **esparció** : esparcir 동사의 직설법 부정 과거 3인칭 단수형. esparcir 동사의 부정 과거형도 vencer 동사와 똑같이 어미 변화를 한다. (부정 과거 참조)

④ **estaban** : estar 동사의 직설법 불완료 과거 3인칭 복수형. (불완료 과거 참조)

⑤ **que estaban sobre la mesa** (책상 위에 있는) : 선행사 los papeles를 수식하는 형용사절이다. 관계 대명사 que는 선행사가 사람·동물·사물에 관계 없이 사용됨.

부정어(不定語)

부정 대명사	부정 형용사	부정 부사	뜻
algo nada algun(o)(-a,-os,-as) ningun(o)(-a,-os,-as)	algun(o)(-a,-os,-as) ningun(o)(-a,-os,-as)	algo nada	어떤 것, 약간 아무것도, 조금도 어느(사람, 물건) 어떤 …이 아니다
alguien nadie			누구인가 아무도 …없다
cualquiera (복수 : cual*es*quiera)	cualquiera (복수 : cual*es*quiera)		어떠한 …라도 누구라도
quienquiera (복수 : quien*es*quiera)			누구라도
		dondequiera	어느 곳에서도
un(o)(-a, -os, -as) otro(-a, -os, -as)	un(o)(-a, -os, -as) otro(-a, -os, -as)		하나의, 어떤 다른
mucho(-a, -os, -as) poco(-a, -os, -as)	mucho(-a, -os, -as) poco(-a, -os, -as)	mucho poco	많은, 많이 조금, 약간의
todo(-a, -os, -as)	todo(-a, -os, -as)	todo	모두, 모든
mismo(-a, -os, -as) ambos(-as)	mismo(-a, -os, -as) ambos(-as)		같은, 자신의 양쪽의
	cada		각각의

Comprendo **algo**. / 나는 **약간** 이해한다.

Tengo **algo** que decirte. / 나는 너에게 말할 **것**이 있다.

¿Tienes **algo** que hacer? / 할 **일**이 있느냐?

Más vale **algo** que nada. / 없는 것보다 **무엇인가 있는 것**이 낫다.

Esto **no** sirve para **nada**. / 이것은 **아무** 소용이 **없다**.

¿Hay **alguna** farmacia cerca de aquí? / 이 근처에 (**어느**) 약국 있습니까?

Ella te invitará **algún**[1] día. / **어느** 날 그녀는 너를 초대할 것이다.

No tengo problema **alguno**. / 나는 **아무런** 문제도 없다.

=No tengo problema **ninguno**.

=No tengo **ningún**[2] problema.

Algunos contestaron[3] que sí. / **어떤 사람**은 그렇다고 대답했다.

Algunas de ellas no quieren creerlo. / 그녀들 중의 **몇 사람**은 그것을 믿으려 하지 않는다.

Ninguno tiene más de 30 años. / **누구도** 서른 살이 넘**지 않았다**.

Alguien llama a la puerta. / **누군가가** 문을 두드리고 있다.

=Llaman a la puerta.

¿Hay **alguien** que hable inglés? / 영어 할 줄 아는 **누구** 있습니까?

¿Espera usted a **alguien**? / **누구**를 기다리고 계십니까?

No espero a **nadie**. =A **nadie** espero. / 나는 **아무도** 기다리지 **않습니다**.

Nadie me entiende. / **아무도** 내 말을 이해하지 **못한다**.

=**No** me entiende **nadie**.

Cualquier[4] hombre tiene algunos defectos. / **어떤 사람이든** 약간의 결점은 있다.

Cualquier[4] día él aparecerá en tu casa. / **어느 날엔가** 그는 네 집에 나타날 것이다.

Puedes llevarte **cualquiera** de los dos libros.	두 권 중에서 **어느 것이라도** 가져가도 좋다.
Vendrá[5] **cualquiera** de ellos.	그들 중에 **누구라도** 올 거야.
Casi **todos** son buenos.	거의 **모두**가 좋은 사람이다.
Quienquiera que **sea**[6], **se arrepentirá**[7].	(그가) **누구이건** 후회할 것이다.
Deja[8] pasar a **quienquiera** que **venga**[9].	오는 사람은 **누구건** 통과시켜라.
El está en casa **todo** el día.	그는 **온종일** 집에 있다.
Voy a llamarte **todos** los días.	나는 **매**일 너에게 전화하겠다.
Toda mi familia vive en Seúl.	내 가족은 **모두** 서울에 산다.
Los hombres **todos** están amenazados por el temor de muerte.	사람들은 **모두** 죽음의 공도에 떨고 있다.
Aquí hay de **todo**.	이곳에는 **뭐든지 다** 있다.
El **lo** explica **todo**[10] bien.	그는 **모든 것**을 잘 설명한다.
Ante todo cuida tu salud.	**우선** 네 건강을 조심해라.
Me gusta mucho el café, **sobre todo** si está caliente.	나는 커피를 무척 좋아한다. **특히** 뜨거우면.
Otra taza, por favor.	한 잔 **더** 주십시오.
Ten[11] cuidado de no chocar con **otros** coches.	**다른** 차들과 충돌하지 않도록 조심해라.
No me gusta esta corbata, **enséñeme**[12] **otra**.	이 넥타이가 마음이 안 드니 **다른 것**으로 보여 주세요.
Tengo **mucha** hambre.	나는 **무척** 배가 고프다.
Ella tiene **mucho** dinero.	그녀는 **많은** 돈을 가지고 있다.
El tiene **muchos** sellos.	그는 **많은** 우표를 가지고 있다.
Tienes **muchas** monedas.	너는 **많은** 동전을 가지고 있다.

***Tardo* mucho *en*[13] llegar.**	도착하는 데 시간이 **많이** 걸린다.
Muchos no quieren marcharse.	**많은** 사람들은 떠나기를 싫어한다.
Luisa es **mucho** más guapa.	루이사가 **훨씬** 더 미녀다.
Juan abre **mucho** los ojos.	후안은 눈을 **크게** 뜬다.
En la plaza hay **poca** gente.	광장에는 사람이 **별로** 없다.
Queda muy **poca** gasolina en el depósito.	탱크에는 가솔린이 **별로** 남아 있**지 않다**.
Ella viene **pocas** veces.	그녀는 **좀처럼** 오지 **않는다**.
Quiero **un poco** de agua.	물을 **약간** 마시고 싶다.
Deseo hablar con ustedes **un poco**.	여러분들과 **잠깐** 이야기를 하고 싶습니다.
Tengo **poco** que hacer.	나는 할 **일이 거의** 없다.
Poco después te **visitaré**[14].	**조금** 뒤에 너를 방문하겠다.
Lo bueno dura **poco**.	좋은 것은 **별로** 오래 **못** 간다.
Volveré[15] **dentro de poco**.	**곧** 돌아오겠다.
Ella **se mejora**[16] **poco a poco**.	그녀는 **조금씩** 회복된다.
Es la una **poco más o menos**.	**거의** 한 시이다.
Por poco ella se cae.	그녀는 **하마터면** 넘어질 **뻔한다**.
Tenemos la **misma** edad.	우리는 **동갑**이다.
Esta señorita es **la misma** que **vino**[17] ayer.	이 아가씨가 어제 왔던 **바로 그 사람**이다.
¿Vengo por la mañana o por la tarde? −**Lo mismo** me da.	오전에 올까요, 오후에 올까요? −나한테는 **마찬가지**입니다.
Ella **se avergüenza**[18] a sí **misma**.	그녀는 자기 **자신**을 부끄러워한다.
Pasa[19] por mi oficina ahora **mismo**.	지금 **당장** 내 사무실에 들러라.
Te **esperaré**[20] aquí **mismo**.	**바로** 여기서 너를 기다리겠다.
Ambas chicas son muy jóvenes.	**두** 아가씨는 매우 젊다.

Es inevitable el conflicto entre

ambos países.

Ambos asisten a la reunión.

양국 간에 분쟁은 피할 수 없다.

두 사람이 모두 모임에 참석한다.

① **algún** : alguno 는 남성 단수 명사 앞에서는 언제나 o 탈락됨.

② **ningún** : ninguno 는 남성 단수 명사 앞에서는 언제나 o 탈락됨.

③ **contestaron** : contestar (대답하다) 동사의 직설법 부정 과거 3인칭 복수형.

④ **cualquier** : cualquiera는 단수 명사 앞에서는 언제나 a 탈락함.

⑤ **vendrá** : venir 동사의 직설법 미래 3인칭 단수형.

⑥ **sea** : ser 동사의 접속법 현재 3인칭 단수형. ser 동사의 접속법 현재는 불규칙으로 sea, seas, sea, seamos, seáis, sean으로 활용됨.

⑦ **se arrepentirá** : arrepentirse (후회하다) 의 직설법 미래 3인칭 단수형. 늘 재귀 동사로만 사용됨.

⑧ **deja** : dejar 동사의 tú의 긍정 명령. dejar +「동사 원형」의 뜻은 "…하게 하다".

⑨ **venga** : venir 동사의 접속법 현재 3인칭 단수형. venir 동사의 접속법 현재형은 불규칙으로 venga, vengas, venga, vengamos, vengáis, vengan으로 활용됨. cualquiera que 다음에 동사는 무조건 접속법이 온다.

⑩ **lo … todo** : 모든 것.

⑪ **ten** : tener 동사의 tú의 긍정 명령.

⑫ **enséñeme** (나에게 보여 주세요) : enseñe+me.

⑬ **tardar en +「동사 원형」** : …하는데 시간이 걸리다.

⑭ **visitaré** : visitar 동사의 직설법 미래 1인칭 단수형.

⑮ **volveré** : volver 동사의 직설법 미래 1인칭 단수형.

⑯ **se mejora** : mejorarse (회복되다) 의 직설법 현재 3인칭 단수형.

⑰ **vino** : venir 동사의 직설법 부정 과거 3인칭 단수형.

⑱ **se avergüenza** : avergonzarse (부끄러워하다) 의 직설법 현자 3인칭 단수형. avergonzar 동사는 불규칙 동사로 직설법 현재가 avergüenzo, avergüenzas, avergüenza, avergonzamos, avergonzáis, avergüenzan으로 활용됨.

⑲ **pasa** : pasar (들리다) 동사의 tú의 긍정 명령.

⑳ **esperaré** : esperar(기다리다) 동사의 직설법 미래 1인칭 단수형.

149

1. 나는 이제 읽을 책(libro que leer)이 한 권도 없다.

2. 그 도시에는 볼만한 것이 거의 하나도 없다(casi nada que ver).

3. 그 사람들에게는 잠을 잘 장소(sitio donde dormir)가 없다.

4. 오늘 밤 당신은 무슨 할 일이 있습니까?

   ―아니오, 별로 할 일이 없습니다.

5. 한 거지(un mendigo)가 나에게 먹을 것을 좀 달라고 청했다(pidió).

6. 두세 명의 도둑이 그 집에 침입하였(invadir)지만 훔칠 것은 아무것도 없었다.

7. 할 일이 어느 정도 있어서 나는 지금 당신과 함께 갈 수가 없습니다.

8. 신고하실 것(algo que declarar)이 있습니까? ―아닙니다. 아무것도 없습니다.

9. 어제 오후에 무슨 특별한 일(algo especial)이라도 하셨습니까?

번 역

1. Ahora no tengo ningún libro que leer.

2. En esa ciudad no hay casi nada que ver.

3. Los hombres no tienen sitio donde dormir.

4. ¿Tiene usted algo que hacer esta noche?

   ―No, señor. Nada de particular.

5. Un mendigo me pidió que le diera algo que comer.

6. Unos ladrones invadieron la casa, pero no hallaron nada que robar.

7. Ahora no puedo acompañar a usted, porque tengo algunas cosas que hacer.

8. ¿Tiene usted algo que declarar? ―No, señor. No tengo nada (que declarar).

9. ¿Hizo usted algo especial ayer por tarde?

21

불규칙 동사 saber와 conocer의 직설법 현재

El presente de indicativo de los verbos irregulares SABER y CONOCER

두 동사 다 뜻은 **알다** 이지만 사용상 차이가 있다.

saber	conocer
sé	*conozco*
sabes	conoces
sabe	conoce
sabemos	conocemos
sabéis	conocéis
saben	conocen

01 saber은 어떤 사실을 알고 있을 경우나 습득하여 실행에 옮길 수 있는 지식을 의미한다.

Ya lo **sé**.	나는 벌써 그것을 알고 있다.
No **sé** tu número de móvil.	나는 네 휴대 전화 번호를 모른다.
¿**Sabe usted** lo que ha pasado?	사건을 아십니까?
No **sé** cómo agradecerte.	어떻게 감사해야 할지 모르겠다.
¿**Sabe usted** dónde estamos?	여기가 어딘지 아십니까?

02 saber +「동사 원형」: …하는 법을 알다, …할 줄 알다

Yo sé bailar el flamenco.	나는 플라멩고을 칠 줄 안다.
Tú sabes hablar inglés.	너는 영어를 말할 줄 안다.
Usted sabe patinar.	당신은 스케이트를 탈 줄 안다.
Él sabe esquiar.	그는 스키를 탈 줄 안다.
¿**Sabéis tocar** la guitarra?	너희들은 기타를 칠 줄 아느냐?
No, no lo **sabemos**.	아니, 우리는 그것을 모른다.
Ellos saben nadar.	그들은 수영할 줄 안다.

03 conocer은 어떤 사람을 만나서 알고 있을 경우나 체험에 의해 알고 있을 경우에 사용한다.

¿**Conoces tú** Barcelona?	너 바르셀로나 가 보았니?
No, todavía no **conozco**.	아니, 아직 안 가보았어.
¿**Conoce usted** a Luisa?	루이사를 아세요?
No **conozco** de pinturas.	나는 그림에 대해 모른다.
Conócete a ti mismo.	네 자신을 알라.

과거 분사(過去分詞)

22

01 규칙형 : 규칙 과거 분사는 -ar 동사는 -ar를 떼고 어근에 -ado를, -er, -ir 동사는 -er, -ir를 떼고 -ido를 붙인다.

-ar 동사 :　asar　（굽다）　　→　　as +ado　　→　　as**ado**

-er 동사 :　com**er**（먹다）　→　　com+ido　　→　　com**ido**

-ir 동사 :　viv**ir**（살다）　→　　viv+ido　　→　　viv**ido**

02 불규칙형 : 불규칙한 과거 분사를 갖는 주된 동사

abrir (열다)	→	abierto	cubrir (덮다)	→	cubierto
decir (말하다)	→	dicho	escribir (쓰다)	→	escrito
hacer (하다)	→	hecho	freír (튀기다)	→	frito
morir (죽다)	→	muerto	poner (놓다)	→	puesto
resolver (풀다)	→	resuelto	romper(부수다)	→	roto
ver (보다)	→	visto	volver(돌아오다)	→	vuelto

과거 분사는 동사의 형용사형으로 명사를 수식한다. 타동사의 과거 분사는 수동을 나타내고, 자동사의 과거 분사는 능동을 나타낸다. 이 경우는 명사의 성·수에 일치하여 어미를 변화시킨다. **다만 과거 분사가 조동사 haber와 함께 쓰여서 완료 시제를 만들 때는 과거 분사는 어미 변화를 하지 않는다.** 과거 분사가 명사를 수식할 때는 그 명사의 뒤에 위치하고, 형용사로 쓰이는 과거 분사의 재귀 대명사는 생략된다.

despertarse	→	despertado	lavarse	→	lavado
acostarse	→	acostado	ponerse	→	puesto

예 문

Hizo[1] mucho calor el verano **pasado**.	작년은 무척 더웠다.
¿Dónde **estuviste**[2] la semana **pasada**?	너 지난주에 어디 갔었니?
Yo **vi**[3] una señorita **conocida** en la calle.	나는 거리에서 아는 아가씨를 만났다.
Una ración de patatas **fritas**, por favor.	감자 튀김 1인분 부탁합니다.

해설

① **hizo** : hacer 동사의 직설법 부정 과거 3인칭 단수형. hacer 동사의 부정 과거형은 불규칙으로 hice, hiciste, hizo, hicimos, hicisteis, hicieron 이다.

② **estuviste** : estar 동사의 직설법 부정 과거 2인칭 단수형. estar 동사의 부정 과거형은 불규칙으로 estuve, estuviste, estuvo, estuvimos, estuvisteis, estuvieron 이다.

③ **vi** : ver (보다, 만나다) 동사의 직설법 부정 과거 1인칭 단수형. ver 동사의 직설법 부정 과거형은 불규칙으로 vi, viste, vio, vimos, visteis, vieron이다.

현재 분사(現在分詞)

23

현재 분사는 동사의 부사형으로 방법, 원인, 조건, 때 등을 나타낸다. 또 **estar, ir, venir** 등과 함께 쓰여 진행형을 만든다. 이 동사들 이외의 동사와 함께 쓰일 때는 분사 구문으로 「접속사+동사」의 역할을 하여, **…하면서, …하여, …하기 때문에, …하지만, …이면, …일지라도, …할 때** 등의 뜻을 가진다. 현재 분사는 다른 부사와 마찬가지로 변하지 않는다.

casar	→	cas-+-ando	→	cans**ando**
comer	→	com-+ -iendo	→	com**iendo**
abrir	→	abr-+ -iendo	→	abr**iendo**

decir	→	d**i**ciendo		poder	→	p**u**diendo
venir	→	v**i**niendo		sentir	→	s**i**ntiendo
pedir	→	p**i**diendo		dormir	→	d**u**rmiendo
leer	→	le**yendo**		ir	→	**yendo**

예 문

¿Qué está usted haciendo?	당신은 무엇을 하고 계십니까?
Estoy estudiando español.	나는 스페인어를 공부하고 있다.
Estoy estudiándo**lo**[1].	나는 그것을 공부하고 있다.
=**Lo**[1] estoy estudiando.	
Estás aprendiendo el piano.	너는 피아노를 배우고 있다.
Estás aprendiéndo**lo**[1].	너는 그것을 배우고 있다.
=**Lo**[1] estás aprendiendo.	
Él está cantando una canción española.	그는 스페인 노래를 부르고 있다.
El está cantándo**la**[1].	그는 그것을 부르고 있다.
=El **la**[1] está cantando.	
Los niños están d**u**rmiendo.	아이들은 자고 있다.
Estáis viendo la televisión.	너희들은 텔레비전을 보고 있다.
Ellas están llorando.	그 여자들은 울고 있다.
La niña viene **corriendo**.	여자아이가 **달려** 온다.

Ellos comen **hablando**.

Va **anocheciendo**.

Estando[2] cansado, descanso.

Aprovechando[2] vacaciones

quiero ir a España.

(En) llegando[3] a Seúl

te **llamaré**[4] por teléfono.

Viéndola[5] **empecé**[6] a correr.

그들은 이야기하면서 식사한다.

날이 점점 어두워져 가고 있다.

나는 피곤해서 쉬고 있다.

휴가를 이용해서 나는 스페인어

가고 싶다.

서울에 도착하자마자 너에게

전화하겠다.

나는 그녀를 보자 달리기 시작했다.

해설

① 목적 대명사가 현재 분사의 목적일 때는 현재 분사 뒤에 한 단어처럼 붙여 써야한다. 이 경우, 악센트의 위치에도 주의해야 한다. 악센트의 위치가 변해서는 안 되므로 현재 분사에 목적 대명사나 재귀 대명사가 붙어 음절이 늘어나면 현재 분사의 원래 악센트 위치에 반드시 악센트를 첨가해야 한다. 「estar+현재 분사」로 진행형일 경우에는 목적 대명사나 재귀 대명사는 estar 동사 앞으로 갈 수도 있음을 알아야 한다.

② 현재 분사는 그 자신, 법도 시제도 인칭도 수도 나타내지 않으므로, 주문(主文)의 주어와 시제가 일치한다. 다만, 현재 분사도 다른 부정형, 즉 동사 원형이나 과거 분사와 같이 주동사에 관계가 없는 주어를 취할 수는 있다.

예를 들면,

Ayudándome tú, puedo terminar con facilidad.

네가 나를 도와 준다면 나는 쉽게 끝낼 수 있다.

③ 현재 분사가 취할 수 있는 전치사는 en 뿐이다. en +「현재 분사」의 뜻은「…하자마자」이다. 물론 전치사 en이 없어도 문맥으로 보아「…하자마자」로 해석이 되기 때문에 현재 분사만으로도 충분하지만 가끔 en과 더불어 쓰이는 문장을 볼 수 있다.

④ **llamaré** : llamar 동사의 직설법 현재 1인칭 단수형.

⑤ **Viéndola**처럼 현재 분사가 독립적으로 사용되었을 경우는 반드시 목적 대명사나 재귀 대명사는 현재 분사 뒤에 한 단어처럼 붙는다.

⑥ **empecé** : empezar (시작하다) 동사의 직설법 부정 과거 1인칭 단수형.

A : ¿Qué estáis haciendo?

B : Un momento, abuelita.

　　Estoy mirando estas revistas.

C : Y yo voy a comprar unos libros para leer en el tren.

A : Sois el colmo. Vamos a perder el tren.

B : ¿Por qué eres tan impaciente, abuela?

A : Sabéis que no me gusta esperar. Faltan diez minutos.

C : Bueno, vamos a buscar un mozo.

번 역

A : 너희들 무얼 하고 있는거야?

B : 할머니, 잠깐만요.

　　저는 이 잡지들을 읽고 있습니다.

C : 그리고 저는 열차 안에서 읽으려고 책을 두세 권 사려고 합니다.

A : 너희들은 못 말리겠구나.

　　우리 열차 놓치겠다.

B : 할머니, 왜 그리 조바심이세요?

A : 내가 기다리는 걸 싫어하는 걸 너희들은 알잖아.

　　10분 남았다.

C : 됐습니다. 짐꾼을 찾아봅시다.

24 감각 동사와 동사 원형 및 현재 분사

…가 …하는 것을·하고 있는 것을 보다·듣다·느끼다 등의 표현을 할 경우에 주절의 동사의 직접 목적어가 동사 원형이나 현재 분사의 의미상의 주어가 된다. 동사 원형은 동작 그 자체를 나타내고, 현재 분사는 동작의 진행 상태를 나타낸다.

Veo **llamar** por teléfono **a Ana**.	나는 **아나가 전화하는 것을** 본다.
→**La** veo llamar por teléfono.	나는 **그녀가** 전화하는 것을 본다.
Vemos **correr al niño**.	우리는 **남자아이가 달리는 것을** 본다.
→**Lo** vemos correr.	우리는 **그가** 달리는 것을 본다.
El oye **cantar al alumno**.	그는 **학생이 노래하는 것을** 듣는다.
→El **lo** oye cantar.	그는 **그가** 노래하는 것을 듣는다.
Oigo **a ella recitar** una poesía.	나는 **그녀가** 시를 **낭송하는 것을** 듣는다.
Siento **el corazón palpitar**.	나는 **심장이 고동치는 것을** 느낀다.

해설

동사 원형은 의미상의 주어보다 앞에 놓이는 경우가 많다.

02   현재 분사의 경우

El ve **a José paseando** por el parque con sus hijos.	그는 **호세가** 자녀들과 **산책하고 있는 것을** 본다.
→El **lo** ve paseando por el parque con sus hijos.	그는 **그가** 자녀들과 산책하고 있는 것을 본다.
Oigo **a Esteban tocando** la guitarra en la calle.	나는 **에스떼반이** 거리에서 기타를 **치고 있는 것을** 듣는다.
→**Lo** oigo tocando la guitara en la calle.	나는 **그가** 거리에서 기타를 치고 있는 듣는다.

해설

현재 분사는 의미상의 주어 다음에 놓이는 경우가 많다.

침보라소의 꼬마 목동

적도가 지나가는 나라 에콰도르에 만년설이 있다고 해서 만년설에 덮인 침브라소산을 찾아가는 중에 말만 듣던 노새를 탄 꼬마 목동을 만났다. 사진 한 장 찍자고 했더니 흔쾌히 포즈를 취해 주었다. 곱상하게 생긴 미소년이다. 뽄초를 걸치고 모자를 쓴 모습이 얼마나 멋진지. 에콰도르 사람들의 대부분이 이런 모습이다. 물론 지방에 따라 약간씩 다르기는 하지만 그런대로 멋이 풍긴다.(필자 촬영)

Me llamo Felipe Romero y tengo cuarenta y seis años.

Vivo en Barcelona con mi familia.

Mi casa está en Pedralbes, en las afueras de la ciudad.

Soy ingeniero industrial.

Trabajo como subdirector, en la fábrica textil.

Espero que un día **seré**[1] director.

No tengo muchos intereses aparte de mi trabajo,

excepto la buena comida y el buen fútbol.

Soy socio del club de fútbol Barcelona,

y todos los domingos **veo jugar a este equipo**.

Ahora **conocerán**[2] a mi familia.

Mi mujer se llama María Aguirre.

Nació[3] en Bilbao y es vasca pura.

Tiene los ojos azules y el cabello negro.

María es una cocinera excelente.

Tenemos un hijo **que se llama Diego**.

Otro miembro importante de la familia es Sultán.

Sultán es un perro pastor alemán.

Estaré[4] contento de ver a mi cuñado Ramón.

Él y su familia pronto **estarán**[5] en Barcelona.

해설

① **seré** : ser 동사의 미래 1인칭 단수형.

② **conocerán** : conocer(알다) 동사의 미래 3인칭 복수.

③ **nació** : nacer(태어나다) 동사의 부정 과거 3인칭 단수.

내 이름은 펠리뻬 로메로이고 마흔여섯 살입니다.

나는 내 가족과 바르셀로나에서 살고 있습니다.

내 집은 도시의 교외에 있는(en las afueras) 뻬드랄베스에 있습니다.

나는 산업 기사(ingeniero industrial)입니다.

나는 한 방직 공장에서 부사장으로 근무하고 있습니다.

나는 언제인가 사장이 되기를 바랍니다.

나는 좋은 식사와 멋진 축구 제외하고는(excepto)

내 일 이외에는 별로 관심이 없습니다.

나는 바르셀로나의 축구 클럽 회원입니다.

그래서 일요일 마다 **이 팀이 경기하는 것을 구경합니다**.

이제 여러분들은 내 가족을 알게 될 겁니다.

내 아내의 이름은 마리아 아기레입니다.

그녀는 빌바오에서 태어나 바스크 토박이입니다.

그녀의 눈은 푸르고 머리카락(el cabello)은 검습니다.

마리아의 요리 솜씨는 일품입니다.

우리는 **디에고라는** 아들이 하나 있습니다.

가족의 다른 주요 멤버는 술딴입니다.

술딴은 독일산 양 지키는 개(el perro pastor)입니다.

나는 처남인 라몬을 만나게 되면 반가울 겁니다.

그와 그의 가족은 곧 바르셀로나에 올 겁니다.

해설

④ **estaré** : estar 동사의 미래 1인칭 단수.
⑤ **estarán** : estar 동사의 미래 3인칭 복수.

1. 나는 마리아가 공원을 산책하는(pasear por el parque) 것을 본다

2. 우리들은 많은 자동차가 지나가는 것을 보고 있다.

3. 나는 그 사람이 담배 피우는 것을 본다.

4. 그는 모든 청중(todos los oyentes)이 일어서는(ponerse de pie) 것을 보고 또 합창하는(cantar juntamente) 것을 듣는다.

5. 나는 어린이들이 정원에서 즐겁게 노는 것을 자주(a menudo) 본다.

6. 그 사건의 소식을 듣고 그녀는 심장이 심하게(con brío) 뛰는 것을 느낀다.

7. 많은 가옥이 불타는(quemarse) 것이 보인다.

8. 우리들은 구름이 저 높은 곳을(allá en lo alto) 지나가는 것을 자주 본다.

9. 아나는 불쌍한 포로들(los pobres cautivos)이 신음하는(gemir) 것을 듣는다.

10. 우리는 비행기가 산에 추락하는(precipitarse en la montaña) 것을 본다.

11. 나는 한 소년이 거리에서 슬피 우는 것을 본다.

번 역

1. Veo a María pasear por el parque.

2. Vemos pasar muchos coches.

3. Le veo fumar.

4. El ve ponerse de pie a todos los oyentes y también les oye cantar juntamente.

5. A menudo yo veo a los niños jugar alegremente en el jardín.

6. Al oír la noticia del asunto, ella siente su corazón palpitar con brío.

7. Se ven quemarse muchas casas.

8. Frecuentemente vemos pasar, allá en lo alto, las nubes.

9. Ana oye gemir a los pobres cautivos.

10. Vemos precipitarse un avión en la montaña.

11. Veo llorar tristemente a un niño en la calle.

 Tradúzcanse el coreano al español.

1. 나는 마리아가 공원을 산책하고 있는 것을 본다.

2. 우리는 많은 자동차가 지나가고 있는 것을 본다.

3. 나는 그 사람이 담배를 피우고 있는 것을 본다.

4. 그는 모든 청중이 일어서고 있는 것을 보고 또 합창하고 있는 것을 본다.

5. 나는 어린이들이 정원에서 즐겁게 놀고 있는 것을 자주 본다.

6. 그 소식을 듣고 그녀는 심장이 심하게 뛰고 있는 것을 느낀다.

7. 많은 가옥이 불타고 있는 것이 보인다.

8. 우리들은 구름이 저 높은 곳을 지나가고 있는 것을 자주 본다.

9. 아나는 불쌍한 포로들이 신음하고 있는 것을 듣는다.

10. 우리는 비행기가 산에 추락하고 있는 것을 본다.

11. 나는 한 소년이 거리에서 슬피 울고 있는 것을 본다.

번 역

1. Veo a María paseando por el parque.

2. Vemos pasando muchos coches.

3. Le veo fumando.

4. El ve poniéndose de pie a todos los oyentes y también les oyen cantando juntamente.

5. A menudo veo a los niños jugando alegremente en el jardín.

6. Al oír la noticia del asunto, ella siente su corazón palpitando con brío.

7. Se ven quemándose muchas casas.

8. Frecuentemente vemos pasando, allá en lo alto, las nubes.

9. Ana oye gimiendo a los pobres prisioneros.

10. Vemos precipitándose un avión en la montaña.

11. Veo llorando tristemente a un niño en la calle.

만년설이 덮힌
침보라소 산

열대 지방에 만년설!

상식으로는 도저히 이해하기 힘들다. 일반적으로 열대라면 반드시 덥다고만 생각하면 큰 오산이다. 열대도 하루의 시간대와 계절에 따라, 지역에 따라 날씨는 천차만별이다. 에콰도르의 수도 Quito는 아침은 봄 날씨요, 낮에는 여름 날씨요, 저녁때는 가을 날씨이고, 밤에는 추워 이부자리를 덮어야 한다. 열대 지방에 이민가거나 여행갈 때 신경써야 한다.

hay que+동사 원형,
tener que+동사 원형 및 deber

25

…해야 한다, …하지 않으면 안 된다 라고 말할 때, 동작의 주인인 주어를 분명히 하지 않을 경우는 **hay que+동사 원형**을, 구체적으로 주어를 나타내는 경우는 **tener que+동사 원형**이나 **deber+동사 원형**을 쓴다. 그러나 **no hay que+동사 원형, no tener que+동사 원형, no deber+동사 원형** 처럼 부정이 될 경우는 …해서는 안 된다, …할 필요가 없다, …하지 않아도 된다 로 번역한다.

Hay que volver a casa a las nueve.　(사람들은) 9시에 귀가**해야 한다**.

Tengo que volver a casa
a las nueve.　나는 9시에 귀가**해야 한다**.

Hay que andar para la salud.　(사람들은) 건강을 위해서 걸**어야 한다**.

Tenemos que andar para la
salud.　우리들은 건강을 위해 걸**어야 한다**.

Hay que tener paciencia.　(누구나) 참아**야 한다**.

Tienes que tener paciencia.　너는 참아**야 한다**.

Hay que aprender algo
todos los días.　(사람들은) 매일 무언가를 배워**야 한다**.

Los alumnos **tienen que**
aprender algo todos los días.　학생들은 매일 무언가를 배워**야 한다**.

No tienes que comer tanto.　그렇게 많이 먹**어서는 안 된다**.

Usted **no tiene que** venir
si no quiere.　싫으면 오**실 필요가 없습니다**.

No hay que pensar lo pasado.　과거를 생각**할 필요가 없다**.

Debes decírmelo.　너는 나에게 그 말을 **해야 한다**.

No debes decírmelo.　너는 나에게 그 말을 **할 필요가 없다**.

Se **debe** dejarla sola.　그녀를 혼자 두**어야 한다**.

No se **debe** dejarla sola.　그녀를 혼자 두**어서는 안 된다**.

A : ¿Qué tal, Diego? **Hace** mucho tiempo **que**[1] no le vemos por aquí.

B : Hola, Pedro. **Estos días** tengo **tanto** trabajo **que**[2] **no puedo**[3] ver **a nadie**[4].

A : ¿Qué le **sirvo**[5]?

B : Una taza de café solo, por favor.

A : ¿Algo más?

B : No, gracias. **Tengo que**[6] hacer una llamada.

A : Bien. Ya sabe **donde está el teléfono**[7].

해설

① **Hace … que ~** : ~한지 …되었다.

② **tanto … que ~** : 너무 …해서 ~하다.

③ **puedo** : poder(할 수 있다) 동사의 직설법 현재 1인칭 단수.

④ **no … a nadie**(아무도 … 아니다) : 이중 부정(은 부정 그대로).

⑤ **sirvo** : servir(봉사하다) 동사의 직설법 현재 1인칭 단수.

⑥ **Tengo que+동사 원형** : 나는 …해야 한다 · 하지 않으면 안 된다.

⑦ **donde está el teléfono** : donde(관계 부사)가 이끄는 명사절로 sabe 의 목적어.

번 역

A : 디에고, 어떻게 지냅니까? 오랜만입니다.

B : 안녕하세요, 뻬드로. 요즈음 일이 너무 많아 아무도 만날 수가 없군요.

A : 무얼 드릴까요?

B : 블랙커피 한 잔 부탁합니다.

A : 더 필요한 것은요?

B : 없습니다. 전화를 걸어야 합니다.

A : 알았습니다. 전화 있는 곳을 이미 알고 계시고.

작 문 13   **Tradúzcanse el coreano al español**

1. 그 일을 하지 않으면 안 된다. /그 일을 해야 한다.

2. 너는 그 일을 해야 한다.

3. 건강(la salud)은 언제나 가장 좋은 상태로(en las mejores condiciones) 유지해(conservar)야 한다.

4. 나는 언제나 건장을 가장 좋은 상태로 유지해야 한다.

5. 우리의 산업을 개선하기 위해서는 단호한 조치(firmes medidas)를 취해야 한다.

6. 정부는 우리의 산업을 개선하기 위해서는 단호한 조치를 취해야 한다.

7. 그 사람이 집에 없을 경우에는 다시 한번 와야 한다.

8. 그 사람이 집에 없을 경우에는 나는 다시 한번 와야 한다.

9. 그런 중대한 일에 관해서는 즉시 당국에 알려야 한다.

10. 그런 중대한 일에 관해서는 너는 즉시 당국에 알려야 한다.

번 역

1. Hay que hacerlo.

2. Tú tienes que hacerlo. /Debes hacerlo.

3. Hay que conservar siempre la salud en las mejores condiciones.

4. Tengo que conservar siempre la salud en las mejores condiciones.

5. Hay que tomar firmes medidas para la mejora de nuestra industria.

6. El gobierno debe tomar firmes medidas para la mejora de nuestra industria.

7. Hay que venir otra vez en caso de que él no esté en casa.

8. Tengo que venir otra vez en caso de que él no esté en casa.

9. Hay que notificar en seguida a las autoridades acerca de una cosa tan grave.

10. Tienes que notificar en seguida a las autoridades acerca de una cosa tan grave.

재귀 대명사 **se**를 동반하는 동사를 **재귀 동사**라 한다. 어떤 동사가 재귀 동사임을 나타내기 위해서는 동사 원형의 어미에 **se**를 붙인다. **재귀 대명사 se**는 주어의 인칭과 수에 의해 다음 표와 같이 **me, te, se, nos, os, se**로 변하며 동사의 앞에 놓인다.

acostarse 눕다, 잠자리에 들다

me	acuesto	nos	acostamos
te	acuestas	os	acostáis
se	acuesta	se	acuestan

■ 재귀 대명사 se는 동사가 인칭 변화를 할 때에는 동사 앞에 오며, 동사가 원형으로 쓰일 때는 원형 뒤에 한 단어처럼 붙는다. 동사 원형 뒤에 붙은 재귀 대명사는 주어의 인칭과 수에 일치해야 한다. 그러나 주어가 생략될 경우가 많으므로 그럴 때는 변화된 동사의 인칭과 수에 일치시키면 틀림이 없다. 다시 말하면 **주어의 인칭과 수에 일치하면 재귀 대명사이고, 일치하지 않으면 목적 대명사지만, 주어가 생략된 문장에서는 변화된 동사와 인칭이 일치하면 재귀 대명사이고 일치하지 않으면 목적 대명사라는 것을 명심해야 한다.**

예 문

Quiero acostar**me** temprano.	나는 일찍 눕고 싶다.
Me quiero acostar temprano.	
Quieres acostar**te** temprano.	너는 일찍 눕고 싶어한다.
Te quieres acostar temprano.	
Ella quiere acostar**se** temprano.	그녀는 일찍 눕고 싶다.
Ella se quiere acostar temprano.	
Queremos acostar**nos** temprano.	우리는 일찍 눕고 싶다.
Nos queremos acostar temprano.	
Queréis acostar**os**.	너희들은 눕고 싶어한다.
Os queréis acostar.	
Ellos quieren acostar**se**.	그들은 눕고 싶어한다.
Ellos se quieren acostar.	
☞**Quiero** acostar**te** en la cama.	나는 **너를** 침대에 눕히고 싶다.

재귀 대명사가 동사 뒤에 붙어서 한 단어처럼 되는 것은 동사 원형 말고도 긍정 명령형과 현재 분사의 경우도 마찬가지이다.

예를 들면

얼굴을 씻어라	Láva**te** la cara.
구두를 신어라	Pon**te** los zapatos.
모자를 벗어라	Quíta**te** el sombrero.
여기 앉아라	Siénta**te** aquí.
일어나거라	Levánta**te**.
목욕해라	Báña**te**.
일찍 누워라	Acuésta**te** temprano.
나는 걱정하고 있다	Estoy preocupándo**me**.
	Me estoy preocupando.

재귀 대명사가 직접 목적어가 된다. 주어의 동작이 재귀 대명사를 통하여 다시 전면적으로 주어에 돌아가는 표현을 하는 셈이다. 타동사는 있으나 자동사가 없는 동사에 **재귀 대명사 se**를 첨가시켜 자동사화시키는 것으로 이 용법을 타동사를 자동사화하는 용법이라고 한다. 예를 들면 **목욕시키다, 일으키다, 앉히다, 깨우다** 등의 타동사는 있으나, **목욕하다, 일어나다, 앉다, 깨어나다** 등의 뜻을 갖는 단일의 자동사가 없는 것이다. 이럴 경우에 타동사의 어미에 **자기 자신을** 이라던지 **그것 자신을** 이라는 뜻의 **재귀 대명사 se**를 붙여 **자기 자신을 목욕시키다, 자기 자신을 일으키다, 자기 자신을 앉히다, 자기 자신을 깨우다** 등의 형으로 하는 것이다.

lavar (씻어 주다)+se (자기 자신을) = lavarse 몸을 씻다

bañar (목욕시키다) +se (자기 자신을) = bañarse 목욕하다

despertar (깨우다) +se (자기 자신을) = despertarse 깨어나다

levantar (일으키다) +se (자기 자신을) = levantarse 일어나다

sentar (앉히다) +se (자기 자신을) = sentarse 앉다

acostar (눕히다) +se (자기 자신을) = acostarse 눕다, 잠자리에 들다

afeitar (면도해 주다) +se (자기 자신을) = afeitarse 면도하다

peinar (머리를 빗기다) +se (자기 자신을) =peinarse 머리를 빗다.

sorprender(놀라게 하다) +se (자기 자신을) =sorprenderse 놀라다

¿Cuándo **te bañas tú**?	너 언제 목욕할 거니?
Yo me baño después de comer.	나는 식후에 목욕하겠다.
Yo no **me baño** ahora.	나는 지금 목욕하지 않는다.
¿A qué hora **se despierta usted**?	당신은 몇 시에 깨어납니까?
Yo me despierto a las seis.	나는 6시에 깨어난다.
¿A qué hora **se levanta ella**?	그녀는 몇 시에 일어납니까?
Ella se levanta a las seis.	그녀는 6시에 일어난다.
¿Por qué no **te levantas tú**?	왜 일어나지 않느냐?
No quiero **levantarme**.	일어나기 싫어요.
¿Cómo **te llamas tú**?	너 이름이 뭐니?
Me llamo Kim Su Chin.	제 이름은 김수진입니다.
¿Cómo **se llama tu amiga**?	네 친구의 이름은 뭐니?
Se llama Ana María.	아나 마리아입니다.
¿Cuándo **te afeitas tú**?	당신 언제 면도할 겁니까?
Me afeito ahora mismo.	지금 당장 면도하겠소.
¿Por qué no **te acuestas tú**?	잠자리에 들지 그래요?
Siempre **me acuesto** tarde.	나는 늘 늦게 잠자리에 든다.
¿Cuándo **os acostáis vosotros**?	너희들 언제 잠자리에 들거니?
Nos acostamos a las diez.	우리는 10시에 잠자리에 듭니다.
¿Dónde **os sentáis vosotros**?	너희들 어디에 앉겠니?
Nos sentamos en el suelo.	우리는 바닥에 앉겠습니다.
¿Cuándo **te casas** con él?	너는 언제 그와 결혼하느냐?
No **me caso** con él.	나는 그와 결혼하지 않는다.
Tú no debes preocupar**te**.	너는 걱정할 필요없다.
Preocúpate.	너 걱정 좀 해보아라.
No **te preocupes**.	걱정마라.
El **se dice** que no lo volverá a hacer.	그는 자신에게 다시는 그런 일을 하지 않겠다고 말한다.

A : ¿A qué hora te despiertas?

B : Me despierto a las seis.

A : ¿A qué hora te levantas?

B : Me levanto a las seis y diez.

A : ¿A qué hora te lavas?

B : Me lavo a las seis y media.

A : ¿A qué hora te sientas a la mesa?

B : Me siento a la mesa a las siete.

A : ¿A qué hora te afeitas?

B : Me afeito a las siete y cuarto.

A : ¿A qué hora te acuestas?

B : Me acuesto a eso de las doce.

번 역

A : 너는 몇 시에 깨어나느냐?

B : 나는 여섯 시에 깹니다.

A : 너는 몇 시에 일어나느냐?

B : 나는 여섯 시 십 분에 일어납니다.

A : 너는 몇 시에 몸을 씻느냐?

B : 나는 여섯 시 반에 몸을 씻습니다.

A : 너는 몇 시에 식탁 앞에 앉느냐?

B : 나는 일곱 시에 식탁 앞에 앉습니다.

A : 너는 몇 시에 면도를 하느냐?

B : 나는 일곱 시 15분에 면도를 합니다.

A : 너는 몇 시에 잠자리에 드느냐?

B : 나는 열두 시 경에 잠자리에 듭니다.

1. 아이는 몇 시에 일어납니까(levantarse? −8시에 일어납니다.

2. 그들이 도착할 때까지(hasta que ellos lleguen) 우리는 잠자리에 들 (acostarse)지 않는다.

3. 일반적으로(por lo general) 당신은 아침에(por la mañana) 목욕합니까 밤에(por la noche) 목욕합니까(bañarse)? −나는 밤에 목욕합니다.

4. 너는 아주 조심해서(con mucho cuidado) 면도해야 한다(tener que afeitarse).

5. 내 누이는 특수 비누로(con un jabón especial) 목욕한다.

6. 그는 세상의 문제로(por los problemas del mundo) 무척 걱정을 하고 있다 (preocuparse).

7. 학생들은 가끔(de vez en cuando) 교수들에 대해 불평을 한다(quejarse)

8. 내일 몇 시에 깰 수 있니? −6시에 깰 수 있어.

9. 우리 어디에 앉을까? −창문 가까이에 앉자.

번 역

1. ¿A qué hora se levanta el niño? −Se levanta a las ocho.

2. No nos acostamos hasta que ellos lleguen.

3. Por lo general, ¿se baña usted por la mañana o por la noche?

   −Me baño por la noche.

4. Tú tienes que afeitarte con mucho cuidado.

5. Mi hermana se baña con un jabón especial.

6. Él se preocupa mucho por los problemas del mundo.

7. Los universitarios se quejan de sus profesores de vez en cuando.

8. ¿A qué hora te puedes despertar mañana?

   −Puedo despertarme a las seis.

9. ¿Dónde nos sentamos?

   −Vamos a sentarnos cerca de la ventana.

주어의 행위가 부분적으로 자기 자신한테 돌아오고 재귀 대명사는 간접 목적어가 되어 별도로 직접 목적어를 갖는다. 즉 **주어의 행위가 자기의 신체의 일부나 몸에 붙이는 부착물에 돌아오는 용법이다.** 다시 말하면 **목적어가 주어의 신체의 일부이거나 몸에 붙이는 부착물**이다. 이 때는 직접 목적어에 소유 형용사를 쓸 수 없으며 정관사를 붙이되 재귀 대명사가 소유의 뜻을 갖게 된다.

lavarse (자신의 신체의 일부를) 씻다

cortarse (자신의 신체의 일부를) 자르다

ponerse 입다, 신다, 쓰다, 끼다, 달다.

quitarse (자신의 몸에서) 벗기다, 벗다.

예 문

Yo me lavo la cara.	나는 얼굴을 씻는다.
Tú te lavas la cara.	너는 얼굴을 씻는다.
Usted se lava la cara.	당신은 얼굴을 씻는다.
Él se lava la cara.	그는 얼굴을 씻는다.
Ella se lava la cara.	그녀는 얼굴을 씻는다.
Nos lavamos la cara.	우리는 얼굴을 씻는다.
Os laváis la cara.	너희들은 얼굴을 씻는다.
Ellos se lavan la cara.	그들은 얼굴을 씻는다.
Ellas se lavan la cara.	그녀들은 얼굴을 씻는다.
Lávate las manos antes de la comida.	식전에 손을 씻어라.
No te laves[1] las manos.	손을 씻지 마라.
Yo me corto las uñas.	나는 손톱을 깎는다.
Tú te cortas las uñas.	너는 손톱을 깎는다.
Ella se corta las uñas.	그녀는 손톱을 깎는다.
Usted se corta las uñas.	당신은 손톱을 깎는다.
Nos cortamos las uñas.	우리는 손톱을 깎는다.
Os cortáis las uñas.	너희들은 손톱을 깎는다.
Ellas se cortan las uñas.	그녀들은 손톱을 깎는다.
Córtate las uñas.	손톱을 깎아라.
No te cortes[2] las uñas.	손톱을 깎지 마라.

해설

① **No te laves** : lavarse의 tú의 부정 명령. 부정 명령은 접속법 현재를 사용함.
② **No te cortes** : cortarse의 tú의 부정 명령.

 예 문

Yo me pongo el sombrero.	나는 모자를 쓴다.
Tú te pones la blusa.	너는 블라우스를 입는다.
Usted se pone los zapatos.	당신은 구두를 신는다.
Ella se pone el anillo.	그녀는 반지를 낀다.
Nos ponemos los guantes.	우리는 장갑을 낀다.
Os ponéis las gafas.	너희들은 안경을 낀다.
Ellas se ponen las faldas.	그녀들은 스커트를 입는다.
Ponte el sombrero.	모자를 써라.
No te pongas[1] el sombrero.	모자를 쓰지 마라.
Yo me quito el abrigo.	나는 오바를 벗는다.
Tú te quitas el sombrero.	너는 모자를 벗는다.
Usted se quita los guantes.	당신은 장갑을 벗는다.
Él se quita las gafas de sol.	그는 선글래스 벗는다.
Ella se quita el anillo.	그녀는 반지를 벗는다.
Nos quitamos los zapatos.	우리는 구두를 벗는다.
Os quitáis las minifaldas.	너희들은 미니스커트를 벗는다.
Ustedes se quitan las blusas.	당신들은 블라우스를 벗는다.
Ellos se quitan las chaquetas.	그들은 자켓을 벗는다.
Ellas se quitan los ponchos.	그녀들은 폰초를 벗는다.
Quítate los zapatos.	구두를 벗어라.
No te quites[2] los zapatos.	구두를 벗지 마라.

해설

① **No te pongas** : ponerse의 tú의 부정 명령. 부정 명령은 접속법 현재를 사용함.
② **No te quites** : quitarse의 tú의 부정 명령. 부정 명령은 접속법 현재를 사용함.

A : ¿Te lavas las manos?

B : Sí, me las lavo.

A : ¿Te lavas la cara?

B : No, todavía no me la lavo. Me la lavo inmediatamente antes de acostarme.

A : ¿A qué hora te acuestas?

B : Me acuesto a eso de las once.

A : ¿Te pones el pijama?

B : Sí, me lo pongo.

A : Mañana tenemos que levantarnos temprano.

B : ¿Hasta qué hora nos levantamos?

A : Te tienes que levantarte para las cinco y cuarto.

B : Entonces, despiértame, por favor.

번 역

A : 너 손 씻니?

B : 응, 나 손을 씻어.

A : 너 얼굴 씻니?

B : 아니, 아직 씻지 않아. 잠자리에 들기 직전에 씻을 거야.

A : 몇 시에 잠자리에 들건데?

B : 11시 경에 잠자리에 들거야.

A : 너 파자마 입을 거니?

B : 응, 입을 거야.

A : 내일 우리 일찍 일어나야 해.

B : 우리가 몇 시까지 일어나지?

A : 너는 늦어도 5시 15분까지는 일어나야 해.

B : 그럼 날 좀 깨워 주라.

재귀 대명사의 재귀 용법(3) : 상호 동사(相互動詞)

29

재귀 동사의 복수형에서만 사용되어 **서로…하다** 라는 뜻을 나타낸다.

Nos escribimos (uno a otro)[1].　　우리들은 서로 편지를 주고 받는다.

Os escribís (uno de otro)[1].　　너희들은 서로 편지를 주고 받는다.

Ustedes se escriben (el uno al otro)[1].　　당신들은 서로 편지를 주고 받는다.

Ellos se escriben (el uno del otro)[1].　　그들은 서로 편지를 주고 받는다.

Nos amamos (unos a otros)[2].　　우리들은 서로 사랑한다.

Ellos se aman (los unos a los otros)[2].　　그들은 서로 사랑한다.

Ustedes se aman (unos de otros)[2].　　당신들은 서로 사랑한다.

Amaos[3] (los unos a los otros)[2].　　너희들 서로 사랑해라.

Tenéis que comprender**os** bien.　　너희들은 서로 잘 이해해야 한다.

Los hermanos se ayudan en la adversidad.　　형제들은 어려울 때 서로 돕는다.

Vamos a ayudar**nos**.　　우리 서로 도웁시다.

Ya **nos conocemos**.　　벌써 우리들은 서로를 알고 있다.

Ellos ya no **se riñen**[4].　　그들은 이제 서로 다투지 않는다.

해설

① **uno a [de] otro, el uno al [del] otro** (서로) : 두 사람일 경우에 사용함. 재귀 대명사의 뜻을 확실히 해 주기 위해 일종의 중복형이다.

② **unos a [de] otros, los unos a [de] los otros** (서로) : 세 사람 이상일 때 사용한다.

③ **Amaos** : amarse의 vosotros의 긍정 명령.

④ **riñen** : reñir (다투다) 동사의 직설법 현재 3인칭 복수형 : reñir 동사는 직설법 현재가 불규칙으로 ri**ño**, ri**ñes**, ri**ñe**, re**ñimos**, re**ñís**, ri**ñen**으로 활용된다.

에콰도르,
Otavalo 시장의 멋쟁이 인디오

　　매주 수요일과 일요일 두 차례 서는 장이다. 수요일은 작은 장, 일요일은 큰 장이라 할 정도로 일요일은 전국 각지에서 몰려든 형형색색의 인디오들의 모습하며 각종 토산물은 보는 이로 하여금 즐겁게 해준다. 특히 오색 영롱한 빛깔로 수놓은 천들은 세계 각국에서 온 관광객들의 눈을 즐겁게 한다. 필자가 정신없이 촬영하고 있는데 멋쟁이 인디오가 보여 촬영을 부탁했더니 기꺼이 포즈를 취해 주었다. 멋을 잘 아는 두 인디오의 늠름한 모습이 지금도 눈에 선하다.(필자 촬영)

Ya **nos hemos conocido**[1],

porque Diego ya les **ha dicho**[2] algo de mí.

En efecto, soy Teresa Claret : catalana de pura cepa,

de lo que **me siento**[3] muy orgullosa.

Vivo en casa, con mis padres y mi hermano.

Mi padre es abogado y trabaja en su despacho;

mi madre **se ocupa de**[4] la casa;

mi único hermano se llama Pepito :

tiene dieciocho años y quiere **hacerse**[5] arquitecto.

Terminó[6] el bachillerato el año pasado.

Yo soy una entusiasta de **las sardanas**[7],

y **pertenezco**[8] a una sociedad de sardanistas.

Las sardanas son, desde mi punto de vista,

la expresión más típica del carácter catalán.

Son unos bailes muy ceremoniosos y aristocráticos.

Este fin de semana **haremos**[9] una excursión.

Marisol, la prima de Diego, va a acompañarnos a

Tossa. Tossa tiene una de las playas más bonitas

y originales de la Costa Brava.

해설

① **nos hemos conocido** : conocerse(서로 알다) 의 현재 완료 1인칭 복수.
② **ha dicho** : decir(말하다) 동사의 현재 완료 3인칭 단수.
③ **me siento** : sentirse(느끼다) 의 직설법 현재 1인칭 단수.
④ **ocuparse de** : …에 종사하다.
⑤ **hacerse** : …이 되다.

디에고가 벌써 여러분에게 나에 대한 것을 말했으므로

이제 우리는 서로 알고 있습니다.

실은 나는 떼레사 끌라렛입니다. 순수한 혈통의 까딸루냐 여인인 것에 대해

나는 무척 자랑스럽게 느끼고 있습니다.

나는 내 부모님과 오빠와 집에 있습니다.

내 아버지는 변호사여서 자기의 사무실에 근무하시고,

내 어머니는 가사에 종사하시며,

내 하나 뿐인 동생은 이름이 뻬뻬또이고,

나이는 열여덟이고 건축가가 되고 싶어합니다.

그는 작년에 고등 학교 과정을 마쳤습니다.

나는 사르다나 춤의 푹 빠져 있어서

사르다나 연구자 모임에 속해 있습니다.

사르다나는, 내 관점에서 보면,

까딸루냐 성격의 가장 전형적인 표현입니다.

사르다나는 매우 의식적이며 귀족적인 춤입니다.

이번 주말에 우리는 소풍을 갈 겁니다.

디에고의 사촌누이인 마리솔이 또사에 우리를 데리고

갈 겁니다. 또사는 라 꼬스따 브라바에서 가장 아름답

고 특이한 해변 중의 하나가 있는 곳입니다.

해설

⑥ **terminó** : terminar(끝내다) 동사의 부정 과거 3인칭 단수.

⑦ **sardana**(사르다나) : 까딸루냐 지방의 민속춤.

⑧ **pertenezco** : pertenecer(속하다) 동사의 현재 1인칭 단수.

⑨ **haremos** : hacer(하다) 동사의 미래 1인칭 복수.

A : **Haga el favor de**[1] sentarse.

B : Con mucho gusto.

A : ¿Alguna cosa para beber?

B : Sí, muy amable. **Quisiera**[2] una cuba libre.

A : ¿Cigarrillos o **prefiere**[3] Vd. un habano?

B : **Tomaré**[4] un habano para después.

A : Y ahora **hablemos**[5] de negocios, caballero.

　　¿Cuánto dinero tiene Vd. para abrir esta cuenta?

B : Sólo tengo diez euros.

해설

① **Haga el favor de** +동사 원형 : …하십시오.
② **Quisiera** : …을 원합니다만.
③ **prefiere** : preferir(…로 하다) 동사의 직설법 현재 3인칭 단수.
④ **tomaré** : tomar 동사의 미래 1인칭 단수.
⑤ **hablemos**(말합시다) : hablar 동사의 접속법 1인칭 복수.

번 역

A : 앉으십시오.

B : 감사합니다.

A : 마실 것은 어떤 것을 드시겠습니까?

B : 예, 감사합니다. 꾸바 리브레 한 잔 들었으면 합니다.

A : 궐련으로 하시겠습니까 아바노 여송연으로 하시겠습니까?

B : 나중에 피우게 아바노 하나 가져가겠습니다.

A : 그럼 이제 사업에 대해 이야기하십시다, 선생님.

　　계좌를 트시기 위해 돈은 얼마나 가지고 계십니까?

B : 10 에우로 뿐입니다.

1. 그들은 서로 상부상조한다(ayudarse los unos a los otros)

2. 두 학생은 서로 가르쳐 준다(enseñarse el uno al otro).

3. 연극(la función teatral)이 끝난 후, 배우들은 서로 비평한다(criticarse los unos a los otros)

4. 젊은이들(los jóvenes)은 서로 질의응답한다(preguntarse y contestarse)

5. 두 사람은 말없이(en silencio) 서로 쳐다본다(mirarse el uno al otro).

6. 그들은 어두운 숲(el oscuro bosque) 속에서 서로서로 이름을 부른다 (llamarse los unos a los otros).

7. 당신들은 왜 서로가 그토록 미워합(odiarse)니까?

8. 그들은 여러 달 동안 서로 말하지 않고(sin hablarse) 지낸다(llevar).

9. 우리는 곤경에 처해 있을 때(en la adversidad) 서로 돕는다.

10. 우리는 어려서부터(desde la niñez) 서로 알고 있다(conocerse).

11. 우리는 만나면 늘(siempre que verse) 다툰다(reñirse).

번 역

1. Ellos se ayudan los unos a los otros.

2. Los dos alumnos se enseñan el uno al otro.

3. Terminada la función teatral, los actores se critican los unos a los otros.

4. Los jóvenes se preguntan y se contestan (los unos a los otros).

5. Los dos se miran en silencio el uno al otro.

6. Ellos se llaman los unos a los otros en el oscuro bosque.

7. ¿Por qué se odian ustedes tanto?

8. Ellos llevan meses sin hablarse.

9. Nos ayudamos los unos a los otros en la adversidad.

10. Nos conocemos desde la niñez.

11. Nos reñimos siempre que nos vemos.

에콰도르의 장수촌
빌까밤바에서 만난 130세 할머니

해발 1700미터. 연평균 기온 섭씨 18도.

산 속에 있는 작은 마을에는 칠십, 팔십, 구십 먹은 노인들이 많다. 산수가 좋고, 기후가 좋고, 사람들이 부지런하니 여러모로 조건이 장수할 만하다고 생각했다. 마을에는 백 살 넘는 노인들도 숫자를 일일이 헤아릴 수가 없을 정도라니 가히 장수촌이라 할 만 하다. 일본 사람들은 벌써 수십년 전부터 장수촌 근처에 연구소를 세워 두고 연구를 하고 있다니 입맛이 씁쓸하다. 마을에서 나오다 마을 입구에서 후아나 프란시스코 플로레스라는 130세 노인을 만났다. 지팡이에 몸을 의지하고 있지만 건강해 보였다. 정말 믿기지 않을 정도로 건강한 분이었다. (필자 촬영)

재귀 대명사의 재귀 용법(4) : 강조 용법

30

이 용법은 **동사의 뜻에 어떤 뉘앙스를 첨가하여 원래 동사가 가지고 있던 뜻을 약간 바꾸거나 강조시켜 주는 경우이다**. 이 경우의 재귀 대명사는 감정적으로 쓰이고 있음에 불과하다. 이 강조 용법은 몇몇 동사를 제외하고는 사전에 거의 표기되지 않았으므로 타동사건 자동사건 모든 동사가 이 용법으로 쓰인다고 생각하면 틀림이 없다. 번역은 **…해 버리다, …해 치우다** 정도로 하면 무난하겠다.

예 문

Nos bebimos[1] una botella de güisqui entre los dos.   우리는 둘이서 위스키 한 병을 **전부 마셔 버렸다.**

[비교] **Bebimos** una botella de güisqui entre los dos.   우리는 둘이서 위스키 두 병을 (단순히) **마셨다.**

Bébete[2] toda la sopa.   수프를 **남기지 말고** 전부 **마셔라.**

[비교] **Bebe** toda la sopa.   수프를 전부 **마셔라.**

El **se** lo **bebió**[3] *de un trago.*   그는 그것을 **단숨에 마셔 치웠다.**

[비교] El lo **bebió** de un trago.   그는 그것을 단숨에 **마셨다.**

Cómetelo[4] todo.   그것을 모두 **먹어 치워라.**

Me lo **comí**[5] *de un bocado.*   나는 그것을 **한 입에 먹어 치웠다.**

Tú debes **decírte**lo todo.   너는 모두 말**해 버려**야 한다.

예 문

¿Por qué no **te vas** todavía?   왜 아직 **떠나지** 않니?

Me muero[5] de hambre.   나 배고파 **죽겠다.**

¿**Te vienes** al parque?   너 공원에 **갈거니?**

해설

① **bebimos** : beber 동사의 직설법 부정 과거 1인칭 복수형.
② **bébete** : beberse 의 tú의 긍정 명령형.
③ **bebió** : beber 동사의 직설법 부정 과거 3인칭 단수형.
④ **cómetelo** : come(먹어라)+te(강조)+lo(그것을).
⑤ **comí** : comer 동사의 직설법 부정 과거 1인칭 단수형.

31

재귀 대명사의 재귀 용법(5) : 수동태=se+타동사의 3인칭 단수/복수

수동의 주어가 사물이면, 「ser+과거분사」의 수동태보다도, 이 se 와 타동사를 조합하는 편이 많이 쓰인다. 동사는 3인칭에 한정되는데, 주어의 수에 일치시킨다. 주어는 동사의 뒤에 위치하는 것이 보통이다.

¿Qué lengua **se habla** en Chile?　칠레에서는 무슨 언어를 사용합니까?

En Chile **se habla** español.　칠레에서는 스페인어가 사용된다.

Se habla español.　[게시] 스페인어를 사용함.

Se abren las tiendas a las nueve.　가게는 9시에 엽니다.

Se cierran las tiendas a las diez.　가게는 10시에 닫는다.

No **se abre** la puerta.　문이 열리지 않는다.

Se prohíbe fumar en el edificio.　[게시] 건물 내 금연.

Se vende.　[광고] 팝니다.

No **se vende**.　[광고] 비매품.

Véndese[1] coche.　[광고] 자동차 판매함.

El libro **se vende como pan caliente**.　책이 **날개 돋친 듯이** 팔린다.

¿Dónde **se venden** las revistas?　잡지는 어디서 팝니까?

Se venden en el quiosco.　키오스코에서 팝니다.

¿Cómo **se dice** esta palabra en español?　이 단어는 스페인어로 뭐라고 하느냐?

Se dice que la película es aburrida.　그 영화는 지루하다고 한다.

Se necesita chófer.　[광고] 운전 기사 구함.

Necesítase[2] coche.　[광고] 자동차 구함.

해설

① **Véndese** : vender 동사의 직설법 현재 3인칭 단수형 vende에 재귀 대명사 se가 연결되었다. 광고에서는 흔히 이런 형식이 쓰인다.

② **Necesítase** : necesitar 동사의 직설법 현재 3인칭 단수형 necesita에 재귀 대명사 se가 연결되었다.

A : **Dígame**[1].

B : **Oiga**[2]. ¿Es el 518-77-67?

A : Así es. ¿Qué desea?

B : **Quisiera**[3] hablar con Luis Muñoz. Soy su padre desde Sevilla.

A : **Tenga la bondad de**[4] esperar un momento.

　　Señor Muñoz, **hay una llamada para Vd.** Es su padre.

B : Gracias, doña Paquita. Ahora **me voy**[5].

해설

① **Dígame**(여보세요) : 전화 받는 측에서 하는 말.
② **Oiga**(여보세요) : 전화 거는 측에서 하는 말.
③ **Quisiera**＋동사 원형 : …했으면 합니다만 (정중한 표현).
④ **Tenga la bondade de**＋동사 원형 : …해 주십시오.
⑤ **me voy**(갑니다) : me는 강조. Voy 라 해도 좋다.

번 역

A : 여보세요.

B : 여보세요. 518-77-67입니까?

A : 그렇습니다. 무슨 일이십니까?

B : 루이스 무뇨스와 통화를 했으면 합니다만.

　　세비야에서 온 그 아이의 아버지입니다.

A : 잠깐만 기다려 주십시오.

　　무뇨스 씨, **당신한테 전화요**. 당신의 부친이십니다.

B : 고맙습니다, 빠끼따 부인. 지금 갑니다.

1. 이곳에서는 스페인어와 영어가 통용되고 있다.

2. 파라과이에서는 스페인어와 과라니어가 통용되고 있다.

3. 이 시인(詩人)(este poeta)에 대해서는 거의 아무것도 알려지지 않았다(no saberse casi nada).

4. 그가 화단(畫壇)의 거장(巨匠)(los grandes maestros de la pintura)들 중의 한 사람이라는 사실은 잘 알려져 있다.

5. 그 여자아이에게 스페인어 알파벳(alfabeto español)을 가르친다.

6. 그 젊은이들은 필요한 교육(una educación necesaria)을 받고 있다.

7. 이곳은 금연(禁煙)으로 되어 있다(prohibirse fumar).

8. 연극이 시작되기 전에(antes de empezar el drama) 국가(國歌)(el himno nacional)를 부른다.

9. 여기서부터(desde aquí) 산들이 보인다(verse las montañas).

10. 스페인어 테마 사전(el diccionario de la lengua española por temas)이 9월 하순에(a fines de septiembre) 출판된다(publicarse).

번 역

1. Aquí se hablan español e inglés.

2. Se hablan español y guaraní en el Paraguay.

3. No se sabe casi nada de este poeta.

4. Se sabe bien que él es uno de los grandes maestros de la pintura.

5. Se le enseña a la niña el alfabeto español.

6. Se les da a los jóvenes una educación necesaria.

7. Se prohíbe fumar aquí.

8. Se canta el himno nacional antes de empezar el drama.

9. Se ven las montañas desde aquí.

10. Se publica a fines de septiembre el Diccionario de la Lengua Española por Temas.

구체적인 주어가 문면에 나타나지 않고, 또 생략되어 있는 것도 아니며, 사람은 · 사람들은…하다 라는 뜻을 나타내려 할 경우의 표현이다.

¿**Se puede**[1] (entrar)?   들어가도 되겠습니까?

¿**Se puede**[1] usar este teléfono?   이 전화 좀 사용해도 되겠습니까?

¿Por dónde **se va** al Museo del Prado?   쁘라도 미술관은 어디로 가면 됩니까?

¿Cuánto (tiempo) **se tarda** de Seúl a Madrid en avión?   서울에서 마드리드까지는 비행기로 얼마나 걸립니까?

¿Dónde **se come** bien en esta ciudad?   이 도시에서는 어느 곳이 음식을 잘 합니까?

Se dice[2] que Madrid es hermoso.   마드리드는 아름답다고 한다.

Se conoce que no estás en casa.   네가 집에 없다는 것을 사람들은 알고 있다.

Yo soy el camino, la verdad y la vida. Solamente por mí **se puede** llegar al Padre.   내가 곧 길이요 진리요 생명이니 나로 말미암지 않고는 아버지께로 올 자가 없느니라 (요한복음 14 : 6)

해설

① ¿**se puede**? : 실지의 행위자인 주어가 정해져 있어도, 일부러 이 형식을 써서 주어를 얼버무리거나, 글의 뜻을 부드럽게 하는 일이 있다. 다음 문장과 비교하여 보자.

¿**Puedo** usar este teléfono?   **제가** 이 전화를 써**도 되겠습니까**?

¿Podría usar este teléfono?   제가 이 전화를 써도 되겠습니까?

② 무인칭 문장이 타동사인 경우, 수동문과 섞여 쓰이는 경우가 있다.

Se dice que la obra no es interesante.   그 작품은 재미가 없다고 한다.

③ 「**se+동사의 3인칭 단수형**」이 무인칭 표현일 경우에는 주어 없이 동사를 3인칭 복수형으로 바꾸어 써도 된다.

Conocen que no estás en casa.   네가 집에 없다는 것을 사람들은 안다.

에콰도르 대통령궁 위병

에콰도르 수도 Quito에 있는 대통령궁 입구 위병이다. 위병 바로 앞이 인도로 사람들이 지나다니는 길이다. 아마 우리나라에서는 있을 수 없는 현상이다. 대통령궁이 일반 건물처럼 도로변에 접해 있고 대통령궁 지하층에 해당되는 곳에 일반인들이 운영하는 가게가 있으니 놀랍지 아니한가. 아마 이것이 진정한 민주주의인 것 같다. 대통령궁 앞 광장에서는 일반인들이 여느 광장처럼 휴식을 취하고 구두닦이가 손님의 구두를 닦고 있으니 놀라운 일이다. (필자 촬영)

Ya he vuelto de Pamplona : han concluido las fiestas de San Fermín.

San Fermín es el patrón de los navarros.

Para celebrarlo se organizan toda clase de festejos.

El más famoso consiste en soltar los toros por las calles.

Éstos, al verse libre, corren detrás de los valientes mozos pamplonicas,

quienes van ataviados con camisa y pantalones blancos y boina negra.

Atado al cuello llevan un pañuelo escarlata,

y en la cintura una faja, también escarlata.

El objetivo es recorrer las calles de la ciudad,

despertando la emoción de los espectadores en aceras y balcones.

Por último, la muchedumbre regresa a la plaza,

donde **se encierra** a los toros.

Durante varias noches nadie piensa en acostarse.

Se come el sabroso chorizo a la braza,

y **se bebe** vino por las típicas botas.

Al terminarse las fiestas salí para la montaña.

Es que **hube** de visitar a unos parientes granjeros.

Me dediqué al descanso,

a los alimentos y a pescar.

Es una región de hermosos ríos

donde abundan las truchas y los salmones.

벌써 나는 빰쁠로나에서 돌아왔다. 성 페르민 축제들이 끝났다.

페르민 성자는 나바라 사람들의 수호신이다.

그를 축하하기 위해 모든 축제들이 만들어졌다.

가장 유명한 것은 거리에 황소들을 풀어놓는 것이다.

황소들은, 풀리면, 용감한 빰쁠로나 젊은이들의 뒤를

달린다.

젊은이들은 셔츠와 흰 바지와 검은 베레모로 몸단장을 하고 간다.

그들은 진홍색 스카프를 목에 두르고 다니며,

허리에는 역시 진홍색 띠를 두른다.

목적은, 인도나 발코니에서 구경하는 구경꾼들의

감동을 불러일으키면서 시내의 거리를 돌아다니는 것이다.

마지막으로, 군중들은 광장에 돌아와 그곳에 황소들을 가둔다.

여러 날 밤동안 아무도 자려고 하지 않는다.

사람들은 맛있는 숯불구이 순대를 먹고,

특이한 휴대용 가죽 술자루로 포도주를 마신다.

축제가 끝나 나는 산간 지방으로 떠났다.

농장주인 친척을 방문하기로

되어 있었기 때문이다.

나는 휴식과 건강식과 낚시질에 전념했다.

송어와 연어가 풍족한 아름다운 강이 있는

지방이다.

에콰도르 꾸엔까의
두 인디오

　　꾸엔까의 인디오들은 사진 찍는 것을 무척 싫어한다. 그래서 사진 촬영을 하려하면 이상한 행동을 하여 촬영을 못하게 하기가 일쑤다. 그래서 필자는 저녁 식사를 식당에서 잘 대접하고 가족용으로 통닭을 한 마리씩 선물한 뒤에야 그것도 겨우 사정사정해서 찍은 사진이 바로 이 사진이다. 그래서 다른 사진보다 애착이 많이 간다. 밤이 늦은 시간이라 사진을 찍은 후에 그들은 바로 귀가하고 말았다.(필자 촬영)

재귀 대명사의 재귀 용법 (7) :
우발적인 행위를 나타내는 경우에 쓰이는 재귀 대명사 se

주어가 항상 3인칭 단수이거나 복수일 경우에만 이 용법이 쓰이므로 자연히 동사는 주어의 인칭과 수에 일치해야 하므로 **3인칭 단수와 복수 se만 사용된다**. gustar 동사의 용법과 같으나, 이 용법의 동사는 재귀 동사로만 사용되기 때문에, **늘 간접 목적 대명사와 나란히 쓰인다**. 재귀 대명사와 목적 대명사가 함께 사용될 때는 언제나 재귀 대명사가 목적 대명사보다 앞에 놓인다.

olvidarse (깜박) 잊다

perderse 잃다

ocurrirse 문득 생각나다

romperse (우발적으로) 깨다

caerse 빠지다

ofrecerse 문득 머리에 떠오르다

Se me **olvidó**[1] el paraguas.　　나는 우산을 깜박 잊고 두고 왔다.

Se te **olvidó** el paraguas.　　너는 우산을 깜박 잊고 두고 왔다.

A Vd. **se** le **olvidó** la cartera.　　당신은 지갑을 깜박 잊고 두고 왔다.

A él **se** le **olvidó** la cartera.　　그는 지갑을 깜박 잊고 두고 왔다.

A ella **se** le **olvidó** la cartera.　　그녀는 지갑을 깜박 잊고 두고 왔다.

Se nos **olvidó** el pasaporte.　　우리는 여권을 깜박 잊고 두고 왔다.

Se os **olvidó** el pasaporte.　　너희들은 여권을 깜박 잊고 두고 왔다.

Se les **olvida** la fecha.　　그들은 날짜를 깜박 잊고 있다.

Se me **ocurrió**[2] una idea.　　나는 아이디어가 문득 떠올랐다.

No **se** me **ocurre** nada.　　나는 아무 생각도 떠오르지 않는다.

Se me **perdió**[3] la cartera.　　나는 지갑을 잃어버렸다.

A él **se** le **perdió** el dinero.　　그는 돈을 잃어버렸다.

A ella **se** le **perdió** el bolso.　　그녀는 핸드백을 잃어버렸다.

Se me **rompió**[4] el plato.　　나는 (우연히) 접시를 깼다.

Se me **rompieron** los calcetines　　내 양말 뒤꿈치가 닳아

por el talón.　　해어졌다.

Se me **cayó**[5] un diente.　　나는 이가 하나 빠졌다.

Se me **ofrece** una duda.　　문득 의심이 생긴다.

해설

① **olvidó** : olvidar 동사의 부정 과거 3인칭 단수형.
② **ocurrió** : ocurrir 동사의 부정 과거 3인칭 단수형.
③ **perdió** : perder 동사의 부정 과거 3인칭 단수형.
④ **rompió** : romper 동사의 부정 과거 3인칭 단수형.
⑤ **cayó** : caer 동사의 부정 과거 3인칭 단수형.

수동태＝ser＋과거 분사

La voz pasiva

조동사 ser는 「타동사의 과거 분사」와 함께 쓰여 수동형이 된다. 과거 분사는 주어의 성·수에 일치하여 어미 변화를 한다. 즉 주어가 남성 단수이면 과거 분사의 어미는 **o** 이지만, 주어가 여성 단수이면 과거 분사의 어미는 **a**로 바뀌며, 주어가 남성 복수이면 과거 분사는 **os**로, 주어가 여성 복수이면 과거 분사는 **as**로 변한다는 말이다. 또 수동태에서 **ser** 동사는 능동태의 시제와 일치한다는 것도 잊어서는 안되겠다. 능동태의 주어는 수동태에서는 **por**에 의해 인도된다. 정신적인 행위를 나타내고 있는 경우는 **por** 대신에 **de**를 쓰는 일도 있다.

고야는 「옷 벗은 미녀」를 그렸다.

Goya **pintó** la Maja Desuda.

→La Maja Desnuda **fue pintada** por Goya.

내 부친께서는 나무들을 베셨다.

Mi padre **cortó** los árboles.

→Los árboles **fueron cortados** por mi padre.

내 어머님은 저녁을 준비하고 계셨다.

Mi madre **preparaba** la cena.

→La cena **era preparada** por mi madre.

아이들은 창문의 유리를 깼다.

Los niños **rompieron** el cristal de la ventana.

→El cristal de la ventana **fue roto** por los niños.

내 친구들 중의 하나가 산에서 그 장미꽃을 가져왔다.

Uno de mis amigos **trajeron** esa rosa de la montaña.

→Esa rosa **fue traída** de la montaña por uno de mis amigos.

그녀는 그를 사랑한다.

Ella le **ama** a él.

→Él **es amado** de ella.

1. 까를로스는 사진을 찍는다(sacar las fotos)

2. 오르띠스 씨는 파티를 준비한다(organizar la fiesta).

3. 한 유명 화가가 그들의 초상화(el retrato)를 그린다.

4. 김 씨 부부는 회사를 설립한다(fundar una compañía).

5. 최근(recientemente) 많은 관광객들(muchos turistas)이 그 나라들을 방문한다.

6. 그의 가족은 수요일에(el miércoles) 그의 생일을 축하한다(celebrar su cumpleaños).

7. 김 교수는 초청을 수락한다(aceptar la invitación).

해 답

1. Carlos saca las fotos.

   →Las fotos son sacadas por Carlos.

2. El señor Ortiz organiza la fiesta.

   →La fiesta es organizada por el señor Ortiz.

3. Un pintor famoso pinta sus retratos.

   →Sus retratos son pintados por un pintor famoso.

4. Los señores Kim fundan una compañía.

   →Una compañía es fundada por los señores Kim.

5. Muchos turistas visitan esos países recientemente.

   →Esos países son visitados por muchos turistas recientemente.

6. Su familia celebra su cumpleaños el miércoles.

   →Su cumpleaños es celebrado por su familia el miércoles.

7. El profesor Kim acepta la invitación.

   →La invitación es aceptada por el profesor Kim.

1. 주인(el dueño)은 말들을 돌본다(cuidar).

2. 모든 사람들(todos)이 당신의 후한 마음씨(su generosidad)를 알고 있다.

3. 금년에 이 건물(este edificio)을 짓는다(construir).

4. 내 누이는 아침밥을 준비한다.

5. 사람들이 우리의 선생님을 존경하고 있다(respetar).

6. 목수들(los carpinteros)이 이 건물들(estos edificios)을 지었다.

7. 학생들은 김 선생님을 사랑한다.

8. 부모님께서는 가난한 사람들을 도우신다.

해 답

1. El dueño cuida a los caballos.

   →Los caballos son cuidados por el dueño.

2. Todos conocen su generosidad.

   →Su generosidad es conocida de todos.

3. Construyen este edificio este año.

   →Este edificio es construido este año.

4. Mi hermana prepara el desayuno.

   →El desayuno es preparado por mi hermana.

5. Respetan a nuestro profesor.

   →Nuestro profesor es respetado.

6. Los carpinteros construyeron estos edificios.

   →Estos edificios fueron construidos por los carpinteros.

7. Los estudiantes aman al Sr. Kim.

   →El Sr. Kim es amado de los estudiantes.

8. Mis padres ayudan a los necesitados.

   →Los necesitados son ayudados por mis padres.

usted(당신), ustedes(당신들)에 대한 명령형은 단지 명령하는 의도보다는 오히려 부탁하는 기분이 강하게 나온다. 부정 명령을 만들 때는 활용한 동사의 앞에 **no**를 놓는다. 형태는 접속법 현재형과 같은데, 약간의 불규칙형을 제외하고 직설법 현재형을 토대로 하여 만들 수가 있다. 즉 **usted**의 명령은 **-ar** 동사의 1인칭 단수형의 어미 **-o**를 **-e**로, **-er, -ir** 동사에서는 **-o**를 **-a**로 바꾼다. **ustedes**의 명령에는 **usted**의 명령 형태에 **n**를 다시 첨가한다.

lavar	→ lavo	→ lave, laven	**comer**	→ como	→ coma, coman
vivir	→ vivo	→ viva, vivan	**cerrar**	→ cierro	→ cierre, cierren
perder	→ pierdo	→ pierda, pierdan	**volver**	→ vuelvo	→ vuelva, vuelvan
pedir	→ pido	→ pida, pidan	**servir**	→ sirvo	→ sirva, sirvan
tener	→ tengo	→ tenga, tengan	**decir**	→ digo	→ diga, digan
venir	→ vengo	→ venga, vengan	**llegar**	→ llego	→ llegue, lleguen
sacar	→ saco	→ saque, saquen	**empezar**	→ empiezo	→ empiece, empiecen
ser	→ **soy**	→ **sea, sean**	**estar**	→ **estoy**	→ **esté, estén**
ir	→ **voy**	→ **vaya, vayan**	**dar**	→ **doy**	→ **dé, den**
saber	→ **sé**	→ **sepa, sepan**	**haber**	→ **he**	→ **haya, hayan**

Hable usted en español.   스페인어로 말씀해 주십시오.

→**No hable** en español.   스페인어로 말씀하지 마십시오.

Hablen ustedes en español.   여러분, 스페인어로 말씀하세요.

→**No hablen** en español.   여러분, 스페인어로 말씀하지 마세요.

Come usted el sandwich.   샌드위치를 자십시오.

→**No come** el sandwich.   샌드위치를 자시지 마십시오.

Comen ustedes el sandwich.   여러분, 샌드위치를 드세요.

→**No comen** el sandwich.   여러분, 샌드위치를 들지 마세요.

Abra usted las ventanas.   창문을 열어 주십시오.

→**No abra** las ventanas.   창문을 열지 마십시오.

Abran ustedes las ventanas.   여러분, 창문을 열어 주십시오.

→**No abran** las ventanas.   여러분, 창문을 열지 마십시오.

Pase usted por mi casa.   제 집에 들려 주십시오.

→**No pase** por mi casa.   제 집에 들리지 마십시오.

Pasen ustedes por mi casa.   여러분, 제 집에 들려 주세요.

→**No pasen** por mi casa.   여러분, 제 집에 들리지 마세요.

Venga usted a mi oficina.   제 사무실에 와 주십시오.

→**No venga** a mi oficina.   제 사무실에 오지 마세요.

Vengan ustedes a mi oficina.   여러분, 제 사무실에 오세요.

→**No vengan** a mi oficina.   여러분, 제 사무실에 오지 마세요.

해설

주어 usted, ustedes는 생략할 수 있다.

Tenga usted paciencia.

참으세요.

→**No tenga** paciencia.

참지 마세요.

Tengan ustedes paciencia.

여러분, 참으십시오.

→**No tengan** paciencia.

여러분, 참지 마세요.

Traiga usted la cuenta.

계산서를 가져와 주십시오.

→**No traiga** la cuenta.

계산서를 가져오지 마세요.

Traigan ustedes la cuenta.

여러분, 계산서를 가져오세요.

→**No traigan** la cuenta.

여러분, 계산서를 가져오지 마세요.

Ponga usted la mesa.

상을 차리십시오.

→**No ponga** la mesa.

상을 차리지 마십시오.

Pongan ustedes la mesa.

여러분, 상을 차리십시오.

→**No pongan** la mesa.

여러분, 상을 차리지 마세요.

Quite usted la mesa.

상을 치워 주십시오.

→**No quite** la mesa.

상을 치우지 마십시오.

Quiten ustedes la mesa.

여러분, 상을 치우십시오.

→**No quiten** la mesa.

여러분, 상을 치우지 마십시오.

Diga usted la verdad.

진실을 말씀해 주십시오.

→**No diga** la mentira.

거짓말을 하지 마세요.

Dígame **usted** la verdad.

나에게 진실을 말씀해 주십시오.

Dígamela a mí.

나에게 그것을 말씀해 주십시오.

→**No** me la **diga**.

나에게 그것을 말하지 마세요.

Digan ustedes la verdad.

여러분, 진실을 말씀해 주세요.

→**No digan** las mentiras.

여러분, 거짓말을 하지 마십시오.

1. 여러분, 잠깐만 기다려 주십시오.

2. 선생님, 너무 많이 자시지 마십시오.

3. 이쪽으로 들어가십시오.

4. 여러분, 문을 닫아 주십시오.

5. 승객 여러분, 소매치기(el carterista)를 조심하세요.

6. 서둘러 주십시오(darse prisa). 그렇지 않으면 열차를 놓칩니다.

7. 종업원, 블랙커피(café solo) 한 잔 가져와 주십시오.

8. 일등표를 두 장 사세요.

9. 사무실에 너무 늦게 도착하지 마십시오.

10. 아직 수업을 시작하지 말아 주십시오.

11. 신사 숙녀 여러분, 스페인어를 배우십시오.

12. 교실에서는 스페인어로 말해 주십시오.

번 역

1. Esperen ustedes un momento.

2. No coma usted demasiado.

3. Pase usted por aquí.

4. Cierren ustedes las puertas.

5. Señores pasajeros, tengan cuidado con los carteristas.

6. Dense prisa, o perderán el tren.

7. Camarero, tráigame una taza de café solo, por favor.

8. Saque dos billetes de primera clase.

9. No llegue usted demasiado tarde a la oficina.

10. No empiece usted la clase todavía.

11. Damas y caballeros, aprendan el español.

12. Hablen ustedes en español en la clase.

···하여 주십시오

정중한 표현을 하고 싶을 때 이 표현을 사용하면 편리하지만, 약간 딱딱한 표현이 될 수도 있기 때문에 자주 쓸 필요는 없다.

Haga el favor de+동사 원형

Tenga la bondad de+동사 원형

Tenga la amabilidad de+동사 원형

Sírvase+동사 원형

Haga el favor de sentarse aquí.

Tenga la bondad de sentarse aquí.

Tenga la amabilidad de sentarse aquí.

Sírvase sentarse aquí.

여기 앉아 주십시오.

Haga el favor de firmar los cheques.

Tenga la bondad de firmar los cheques.

Tenga la amabilidad de firmar los cheques.

Sírvase firmar los cheques.

수표에 서명해 주십시오.

Haga el favor de rellenar este impreso.

Tenga la bondad de rellenar este impreso.

Tenga la amabilidad de rellenar este impreso.

Sírvase rellenar este impreso.

이 인쇄물을 채워 주십시오.

Haga el favor de telefonearme.

Tenga la bondad de telefonearme.

Tenga la amabilidad de telefonearme.

Sírvase telefonearme.

저에게 전화해 주십시오.

Hagan el favor de callarse.

Tengan la bondad de callarse.

여러분, 조용히 해주십시오.

A : **Quisiera** enviar un telegrama a Barcelona, por favor.

B : **Tenga la bondad de** rellenar este impreso.

A :

Destinatario : D. Felipe Romero

Dirección : c/Ramón Llull 37, Barcelona.

Texto : Llegamos 20 septiembre avión Iberia.

Llegada a Barcelona 21,45. Esperamos

veros aeropuerto. Abrazos Ramón.

Remitente : Ramón Muñoz.

Avda. del Paseo Marítimo 13,

Nerja (Málaga).

번 역

A : 바르셀로나에 전보를 보내고 **싶은데요**.

B : 이 인쇄 용지를 채**워 주십시오**.

A :

받는 사람 : D. Felipe Romero

주소 : c/Ramón Llull 37, Barcelona.

본문 : 이베리아 항공 9월 20일 도착.

바르셀로나 21시 45분 도착.

공항에서 너희들을 만나기를 바람. 포옹 라몬.

보내는 사람 : Ramón Muñoz.

빠세오 마리띠모 **가** 13,

네르하, 말라가.

1. 메뉴를 가져와 주십시오.

2. 문을 열어 주십시오.

3. 창문을 닫아 주십시오.

4. 옆 창구(la ventanilla de al lado)에서 지불해 주십시오.

5. 여기가 어디인지 말씀해 주십시오.

해 답

1. Haga el favor de traer el menú.

   Tenga la bondad de traer el menú.

   Tenga la amabilidad de traer el menú.

   Sírvase traer el menú.

2. Haga el favor de abrir la puerta.

   Tenga la bondad de abrir la puerta.

   Tenga la amabilidad de abrir la puerta.

   Sírvase abrir la puerta.

3. Haga el favor de cerrar la ventana.

   Tenga la bondad de cerrar la ventana.

   Tenga la amabilidad de cerrar la ventana.

   Sírvase cerrar la ventana.

4. Haga el favor de pagar en la ventanilla de al lado.

   Tenga la bondad de pagar en la ventanilla de al lado.

   Tenga la amabilidad de pagar en la ventanilla de al lado.

   Sírvase pagar en la ventanilla de al lado.

5. Haga el favor de decirme dónde estamos.

   Tenga la bondad de decirme dónde estamos.

   Tenga la amabilidad de decirme dónde estamos.

   Sírvase decirme dónde estamos.

37

…합시다

1인칭 복수 명령형인 …합시다는 규칙 변화를 하는 동사는 그 어근에 **-ar 동사는 -emos, -er, -ir**동사는 **-amos**를 붙인다. 물론 접속법 현재에서 불규칙형을 가지고 있는 것은 그 형태를 쓴다. 다만 **ir**는 **vayamos (접속법 현재형)**가 아니고 **vamos (직설법 현재형)**이다. 그러나 부정 명령형에서는 **no vayamos**로 된다.

이 형태는 실제로 대화할 때는 앞에서 배운 Vamos a+「동사 원형」의 형태를 많이 사용한다.

estudi**ar** (공부하다)　→　estudi**emos** 공부합시다

Vamos a estudiar.

aprend**er** (배우다)　→　aprend**amos** 배웁시다

Vamos a aprender.

viv**ir** (살다)　→　viv**amos**　삽시다

Vamos a vivir.

Ayudemos a los pobres.　　　　　가난한 사람들을 도웁시다.

→No ayudemos al Satán.　　　　　악마를 돕지 맙시다.

Bebamos mucha agua.　　　　　물을 많이 마십시다.

→No bebamos mucha agua.　　　　물을 많이 마시지 맙시다.

Abramos la página quince.　　　　15쪽을 폅시다.

→No abramos la página 15.　　　　15쪽을 펴지 맙시다.

Digamos sólo la verdad.　　　　진실만을 말합시다.

→No digamos la mentira.　　　　거짓말을 하지 맙시다.

Salgamos para España.　　　　스페인으로 떠납시다.

→No salgamos para España.　　　　스페인으로 떠나지 맙시다.

Pongamos la mesa.　　　　　상을 차립시다.

→No pongamos la mesa.　　　　상을 차리지 맙시다.

Traduzcamos al coreano.　　　　한글로 번역합시다.

→No traduzcamos al coreano.　　　한글로 번역하지 맙시다.

Conduzcamos con cuidado.　　　　조심해서 운전합시다.

→No conduzcamos en estado de embriaguez.　취중에 운전하지 맙시다.

Vamos al hospital.　　　　　병원에 갑시다.

→**No vayamos** al hospital.　　　　병원에 가지 맙시다.

A : ¿Qué tal, don Ignacio? **Me alegro de**[1] verle. **Siéntese**[2].

B : ¡Hola, don Felipe! Parece Vd. en buena forma.

A : Gracias. ¿Qué le apetece tomar?

B : Parece un poco temprano, pero **tomaré**[3] un jerez.
  A propósito, ¿qué le parece si **nos tuteamos**[4]?

A : ¡Magnífico! Dime, Ignacio……

B : Las instalaciones de la fábrica son magníficas.

A : **Ven**[5] por aquí. **Pasemos** a esta sección.

B : Parecen muy eficientes.

해설

① **alegrarse de**+동사 원형 : …해서 기쁘다.
② **Siéntese**(앉으십시오) : sentarse(앉다) 의 존칭 명령.
③ **tomaré** : tomar(들다) 동사의 미래 1인칭 단수.
④ **nos tuteamos** : tutearse(친하게 지내다)의 현재 1인칭 복수.
⑤ **ven**(오너라) : venir(오다) 동사의 tú의 긍정 명령.

번 역

A : 안녕하세요, 이그나시오 씨. 뵙게 되어 반갑습니다. 앉으세요.

B : 안녕하십니까, 펠리뻬 씨. 신수가 좋으신 것 같습니다.

A : 감사합니다. 무얼 드시겠습니까?

B : 약간 이르지만 헤레스 한 잔 하겠습니다. 그런데 우리 말을 놓으면 어떨까요?

A : 좋습니다! 이그나시오, 나에게 말해요……

B : 공장 시설이 훌륭합니다.

A : 이쪽으로 오세요. 이 부서로 가십시다.

B : 무척 효과적인 것 같습니다.

 Tradúzcanse el coreano al español.

1. 스페인 어를 배웁시다.

   스페인 어를 배우지 맙시다.

2. 스페인사(史)(la Historia de España)를 공부합시다.

   스페인사를 공부하지 맙시다.

3. 건강을 위해(para la salud) 과음하지 맙시다.

4. 버스 정류장(la parada de autobuses)에서 버스를 탑시다.

5. 날마다(todos los días) 스페인 어로 일기를 씁시다.

6. 친구들에게 엽서(la postal)를 보냅시다.

7. 그라나다에서 플라멩코(el flamenco)를 배웁시다.

8. 우리 그 일을 하지 맙시다.

9. 우리 시골(el campo)에서 살자.

10. 노트북(el ordenador portátil) 한 대 삽시다.

해 답

1. Aprendamos español.

   No aprendamos el español.

2. Estudiemos la Historia de España.

   No estudiemos la Historia de España.

3. No bebamos demasiado para la salud.

4. Tomemos el autobús en la parada de autobuses.

5. Escribamos el diario en español todos los días.

6. Enviemos las postales a nuestros amigos.

7. Aprendamos el flamenco en Granada.

8. No lo hagamos.

9. Vivamos en el campo.

10. Compremos un ordenador portátil.

tú, vosotros의 부정 명령과 재귀 동사의 명령형

38

재귀 대명사도 위치는 usted, ustedes 또는 tú, vosotros 에 대한 명령형의 경우와 같다. 즉, 긍정 명령에서는 명령형 뒤에 붙고, 부정 명령에서는 명령형 앞에 놓인다. 다만 1인칭 복수 긍정 명령에서 **nos** 앞에 있는 활용 어미의 **s**를 탈락시키며, 2인칭 복수 긍정 명령에서 **os** 앞에 있는 **d**가 탈락한다. 그러나 예외가 하나 있으니 **irse** (가버리다, 떠나다) 는 **id**의 **d**를 탈락시키지 않고 **os**를 그대로 붙여 **Idos**이다. **tú, vosotros**의 부정 명령은 접속법 현재를 사용한다.

Espera. （너에게) 기다려라.	→	No esper**es**. 기다리지 마라.
Esperad. （너희들에게)기다려라.	→	No esper**éis**. 기다리지 마라.
Come. （너에게) 먹어라.	→	No com**as**. 먹지 마라.
Comed. （너희들에게) 먹어라.	→	No com**áis**. 먹지 마라.
Abre. （너에게) 열어라.	→	No abr**as**. 열지 마라.
Abrid. （너희들에게) 열어라.	→	No abr**áis**. 열지 마라.

sentarse 앉다

Siéntate aquí.　　　　　　　　　　여기 앉아라

→**No te sientes** aquí.

Senta*d*os aquí. (X)　　　　　　　너희들 여기 앉아라.

Sentaos aquí. (O)

→**No os sentéis** aquí.

Siéntese usted aquí.　　　　　　　여기 앉으십시오

→**No se siente** aquí.

Siéntense ustedes aquí.　　　　　여러분, 여기 앉으십시오.

→**No se sienten** ustedes aquí.

Sentémo*s*nos aquí. (X)　　　　　여기 앉읍시다.

Sentémonos aquí.　(O)

→**No nos sentemos** aquí.

lavarse 씻다

Lávate el pelo.　　　　　　　　　　머리를 감아라.

→**No te laves** el pelo.

Lava*d*os el pelo. (X)　　　　　　너희들 머리를 감아라.

Lavaos el pelo. (O)

→**No os lavéis** el pelo.

Lávese usted el pelo.　　　　　　머리를 감으십시오.

→**No se lave usted** el pelo.

Lávense ustedes el pelo.　　　　여러분 머리를 감으세요.

→**No se laven ustedes** el pelo.

Lavémo*s*nos el pelo. (X)　　　　머리를 감읍시다.

Lavémonos el pelo. (O)

→**No nos lavemos** el pelo.

ponerse 입다, 신다, 쓰다, 끼다

Ponte los zapatos.　　　　　　　　구두를 신어라.

→**No te pongas** los zapatos.

Pone*dos* los zapatos. (X)　　　　너희들 구두를 신어라.

Poneos los zapatos. (O)

→**No os pongáis** los zapatos.

Póngase usted los zapatos.　　　구두를 신으십시오.

→**No se ponga** usted los zapatos.

Pónganse ustedes los zapatos.　여러분, 구두를 신으십시오.

→**No se pongan ustedes** los zapatos.

Pongámo*snos* los zapatos. (X)　구두를 신읍시다.

Pongámonos los zapatos. (O)

→**No nos pongamos** los zapatos.

quitarse 벗다

Quítate los calcetines.　　　　　양말을 벗어라.

→**No te quites** los calcetines.

Quita*dos* los calcetines. (X)　너희들 양말을 벗어라.

Quitaos los calcetines. (O)

→**No os quitéis** los calcetines.

Quítese usted los calcetines.　양말을 벗으십시오.

→**No se quite usted** los calcetines.

Quítense ustedes los calcetines.　여러분, 양말을 벗으세요.

→**No se quiten ustedes** los calcetines.

Quitémo*snos* los calcetines. (X)　양말을 벗읍시다.

Quitémonos los calcetines. (O)

→**No nos quitemos** los calcetines.

servirse 자신이 들다

Sírvete.   어서 들어라.

→**No te sirvas**.

Servidos. (X)   너희들 어서 들어라.

Servíos. (O)

→**No os sirváis**.

Sírvase usted.   어서 드십시오.

→**No se sirva** usted.

Sírvanse ustedes.   여러분, 어서 드십시오.

→**No se sirvan** ustedes.

Sirvámosnos. (X)   우리 먼저 듭시다.

Sirvámonos. (O)

→**No nos sirvamos**.

irse 가버리다, 떠나다, 출발하다

Vete.   가거라/가버려라/떠나거라/꺼져라.

→**No te vayas**.

Idos. (O)   너희들 가버려라.

Ios. (X)

→**No os vayáis**.

Váyase usted.   가버리세요.

→**No se vaya**.

Váyanse ustedes.   여러분, 가버리세요.

→**No se vayan** ustedes.

Vámosnos. (X)   우리 갑시다/우리 떠납시다.

Vámonos. (O)

→**No nos vayamos**.

39

이 시제는 어떠한 관계에서 현재와 연결을 가지는 과거의 사항을 표현한
다. 완료형에서는 과거 분사의 어미는 변하지 않는다.

visitar의 현재 완료

he	visitado	나는 방문했다
has	visitado	너는 방문했다
ha	visitado	그는 방문했다
hemos	visitado	우리는 방문했다
habéis	visitado	너희들은 방문했다
han	visitado	그들은 방문했다

01 현재의 시점에서 완료한 일이나 완료한 행위를 나타낸다.

¿Adónde **ha ido ella**?	그녀는 방금 어디 갔습니까?
Ha ido a comprar un abanico y otras cosas.	부채와 다른 것들을 사러 갔습니다.
¿Ha comido usted?	식사하셨습니까?
Sí, ya **he comido**.	예, 벌써 먹었습니다.
No, todavía no **he comido**.	아닙니다, 아직 먹지 않았습니다.

02 현재를 뜻하는 부사 오늘, 금주, 이달, 올해, 금세기 등과 함께 「…했다」라는 과거 표시를 할 때 사용한다.

¿A qué hora **te has despertado** esta mañana?	오늘 아침 몇 시에 깼니?
Me he despertado muy temprano.	나는 매우 일찍 깨어났다.
Esta mañana **me he levantado** muy tarde.	오늘 아침 나는 무척 늦게 일어났다.
Esta semana no **he ido** al campo.	금주에는 시골에 가지 않았다.
Este invierno **ha nevado** mucho.	금년 겨울에는 눈이 많이 내렸다.
Este verano **ha llovido** poco.	금년 여름은 비가 거의 내리지 않았다.
Ha llovido mucho este año.	금년에는 비가 많이 내렸다.

 지금까지의 경험을 나타낸다.

¿**Ha estado** Vd. en España?
스페인에 가 보신 적 있습니까?

Sí, **he estado** muchas veces.
예, 여러 차례 가 보았습니다.

No, no **he estado** nunca.
아니오, 한 번도 가 본 적이 없습니다.

¿**Has probado** la tortilla?
너 또르띠야 맛본 적 있느냐?

Sí, la **he probado** en México.
예, 멕시코에서 맛본 적이 있습니다.

No, todavía no **he probado**.
아니, 나는 아직 맛본 적이 없다.

 지금까지의 계속을 나타낸다.

¿Cuánto tiempo **ha estudiado ella** el español?
그녀는 스페인어를 얼마동안 공부했습니까?

Ella ha estudiado el español cinco meses.
그녀는 스페인어를 5개월 공부했다.

Mi conocido ha aprendido la salsa tres años.
내 아는 사람은 살사 춤을 3년 배웠다.

Él ha aprendido la guitarra dos años.
그는 기타를 2년 배웠다.

해설

이 용법은 desde hace(…전부터)를 써서 주로 현재형으로 표현한다.

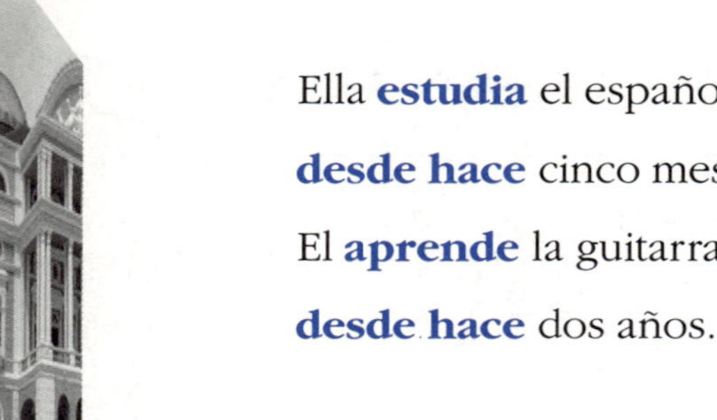

Ella **estudia** el español
desde hace cinco meses.
El **aprende** la guitarra
desde hace dos años.

그녀는 5개월 전부터 스페인 어를
공부하고 있다.
그는 2년 전부터 기타를 배우고 있다.

참 고

> tener+타동사의「과거 분사」도 완료를 나타내는데, **haber** +「과거 분사」
> 가 주로 행위의 완료를 나타내는데 반해, **tener** +「과거 분사」는 행위가 완료
> 된 후의 결과에 중점이 두어진다. 또 이 형식에서는 과거 분사가 직접 목적어의
> 성과 수와 일치해야 한다. 번역은 …해 두다, …해서 가지고 있다.

Tengo **escrita la carta**.
Tengo **escrito el diario**.
Tengo **escritas las postales**.
Tengo **escritos los papeles**.

나는 편지를 써 두었다.
나는 일기를 써 두었다.
나는 엽서를 써 두었다.
나는 서류를 써 두었다.

에콰도르 바뇨스의
사탕수수 가게

　　에콰도르의 유명한 온천이 있는 곳이 바뇨스라는 곳이다. 얼마나 유명하기에 이름도 목욕이라는 뜻일까 하고 호기심에 들린 곳이 바로 이곳이었다. 온천이 야외에 있는데 누런 황토물 같은 물속에서 남녀노소가 즐긴다. 온천물에 손을 넣어보니 미지근하다. 야외 온천장이라 마치 들판에서 멱감는 기분이다. 오지이지만 온천객으로 붐빈다. 사탕수수 가게는 버스정류장 주변에 많았다. 사탕수수로 즙을 내서 팔기도 하고 우리의 엿과 똑같은 엿을 만들어 팔기도 했다.(필자 촬영)

Nuestras vacaciones en Nerja **continúan**[1] felizmente.

Todos **nos sentimos**[2] muy optimistas y alegres.

Nerja es un lugar tranquilo y poco comercializado,

donde[3] **uno**[4] todavía puede disfrutar de las vacaciones.

Tiene una población de 80.000 habitantes,

cuyo[5] principal medio de vida es la pesca.

Me gusta mucho pasear por las mañanas y acercarme al puerto para comprar el pescado fresco. **Hemos visto**[6] varias cosas de interés en las excursiones que **hemos hecho**[7].

Por ejemplo, las cuevas prehistóricas que me **han impresionado**[8] mucho.

Nerja **dista**[9] cincuenta y un kilómetros de Málaga. Hoy **he hecho**[10] una visita a esta capital. Allí **he visitado**[11] el Banco de España. Después de mirar las cotizaciones oficiales, **he cambiado**[12] algunos cheques de viajero y mil dólares. Más tarde, **he ido**[13] a correos para enviar unas postales.

해설

① **continúan** : continuar (계속하다) 동사의 직설법 현재 3인칭 복수형. 직설법 현재는 불규칙으로 continúo, continúas, continúa, continuamos, continuáis, continúan으로 활용됨.

② **nos sentimos** : sentirse(느끼다) 동사의 직설법 현재 1인칭 복수.

③ **donde** : 관계 부사로 Nerja를 받는다.

④ **uno** : 일반 사람. 영어의 one.

⑤ **cuyo** : 관계 형용사로 medio를 수식.

⑥ **hemos visto** : ver(보다) 동사의 직설법 현재 완료 1인칭 복수.

네르하에서 우리의 휴가는 행복하게 **계속되고 있다**.

우리 모두는 아주 낙천적이고 즐겁게 **느끼고 있다**.

네르하는 조용하고 별로 상업화가 되지 않는 곳이다.

그래서 **그곳에서는 사람들은** 아직도 휴가를 즐길 수 있다.

인구가 8만 명이며 **그곳의** 주요 생활 수단은 어업이다.

나는 산을 돌아다니고 싱싱한 생선을 사러 항구에 가기를

좋아한다. 우리들은 소풍을 가서 여러 가지 재미있는 것들을

보았다.

예를 들면, 선사 시대의 동굴은 나를 무척이나 **감동시켰다**.

네르하는 말라가에서 51킬로미터 **떨어져 있다**.

오늘은 이 주도(州都)를 방문**했다**. 그곳에 있는 스페인 은행을

찾아갔다. 공정 시세를 알아본 후에 나는 여행자 수표 몇 장과

천 달러를 **환전했다**. 그 후에 나는 엽서를 보내려고 우체국에 **갔다**.

해설

⑦ **hemos hecho** : hacer 동사의 직설법 현재 완료 1인칭 복수.

⑧ **han impresionado** : impresionar(감동시키다) 동사의 직설법 현재
완료 3인칭 복수.

⑨ **dista** : distar(떨어져 있다) 동사의 직설법 현재 3인칭 단수.

⑩ **he hecho** : hacer 동사의 직설법 현재 완료 1인칭 단수.

⑪ **he visitado** : visitar 동사의 직설법 현재 완료 1인칭 단수.

⑫ **he cambiado** : cambiar 동사의 직설법 현재 완료 1인칭 단수.

⑬ **he ido** : ir 동사의 직설법 현재 완료 1인칭 단수.

>> 회 화 28

A : Hoy **he ido**[1] **al teatro**[2].

B : ¿Te **ha gustado**[3] la obra?

A : Sí, mucho. ¿Dónde **has estado**[4] tú?

B : Mis amigos y yo **hemos ido**[5] **al cine**[6].

A : **¿Lo habéis pasado**[7] **bien**[8]?

B : Sí, muy bien. **He dormido**[9] **todo el tiempo**[10].

해설

① **he ido** : ir 동사의 직설법 현재 완료 1인칭 단수형.
② **ir al teatro** : 극장에 가다, 오페라 구경 가다.
③ **ha gustado** : gustar 동사의 직설법 현재 완료 3인칭 단수형.
④ **has estado** : estar 동사의 직설법 현재 완료 2인칭 단수형.
⑤ **hemos ido** : ir 동사의 직설법 현재 완료 1인칭 복수형.
⑥ **ir al cine** : 극장에 가다, 영화 보러 가다.
⑦ **habéis pasado** : pasar 동사의 직설법 현재 완료 2인칭 복수형.
⑧ **pasarlo bien** : 잘 보내다.
⑨ **He dormido** : dormir 동사의 직설법 현재 완료 1인칭 단수형.
⑩ **todo el tiempo** : 죽, 계속, 내내.

번 역

A : 오늘 나는 오페라 구경 갔다.

B : 작품은 마음에 들었니?

A : 그래, 무척. 너는 어디 갔다 왔니?

B : 내 친구와 나는 영화 구경 갔어.

A : 너희들은 잘 보냈니?

B : 그래, 아주 잘. 나는 계속 잤어.

A : ¿**Ha ido**[1] usted **de vacaciones**[2]?

B : Sí, este año mi familia y yo

　　hemos ido[3] a Barcelona.

A : ¿Le **ha gustado**[4] Barcelona?

B : Mis hijos lo **han pasado**[5] muy bien.

A : ¿Y usted no lo **ha pasado**[6] bien?

B : Yo **he perdido**[7] cinco kilos en dos semanas.

　　¡Ah, el turismo!

해설

① **ha ido** : ir 동사의 직설법 현재 완료 3인칭 단수형.
② **ir de vacaciones** : 휴가 가다
③ **hemos ido** : ir 동사의 직설법 현재 완료 1인칭 복수형.
④ **ha gustado** : gustar 동사의 직설법 현재 완료 3인칭 단수형.
⑤ **han pasado** : pasar 동사의 직설법 현재 완료 3인칭 복수형.
⑥ **ha pasado** : pasar 동사의 직설법 현재 완료 3인칭 단수형.
⑦ **he perdido** : perder 동사의 직설법 현재 완료 1인칭 단수형.

번 역

A : 휴가 갔습니까?

B : 예, 금년에 내 가족과 나는 바르셀로나에 갔습니다.

A : 바르셀로나 좋았습니까?

B : 내 아이들은 잘 보냈습니다.

A : 그럼 당신은 잘 보내지 못했습니까?

B : 나는 2주 만에 5킬로그램 빠졌습니다. 아, 관광!

A : ¿Dónde **has pasado**[1] el mes de abril?

B : **He pasado**[2] en Sevilla tres semanas.

A : ¡Qué suerte! ¿Cuándo **has vuelto**[3]?

B : **He vuelto**[4] el viernes pasado.

A : **Has visto**[5] la feria, ¿no?

B : **¡Claro que no!**[6]

　　Sólo **he ido**[7] a Sevilla a ver los museos.

해설

① **has pasado** : pasar 동사의 직설법 현재 완료 2인칭 단수형.

② **He pasado** : pasar 동사의 직설법 현재 완료 1인칭 단수형.

③ **has vuelto** : volver 동사의 직설법 현재 완료 2인칭 단수형.

④ **He vuelto** : volver 동사의 직설법 현재 완료 1인칭 단수형.

⑤ **Has visto** : ver 동사의 직설법 현재 완료 2인칭 단수형.

⑥ **¡Claro que no!** : 물론 아니다!

⑦ **he ido** : ir 동사의 직설법 현재 완료 1인칭 단수형.

번 역

A : 4월에 어디서 보냈니?

B : 세비야에서 3주 보냈어.

A : 운이 좋았군! 언제 돌아왔니?

B : 지난 금요일에 돌아왔어.

A : 축제는 가보았지?

B : 물론 안 갔어.

　　박물관만 구경 하러 세비야에 갔어.

A : ¿Qué **has hecho**[1] hoy?

B : **Me he levantado**[2] a las seis y cuarto.

A : Y después ¿qué **has hecho**[?]?

B : Me **he lavado**[3], **me he afeitado**[4] . . .

A : Y después de eso, ¿qué?

B : Después **me he peinado**[5] . . . **oye**[6]

¿por qué **haces** estas **preguntas** tan estúpidas?

A : Porque **estoy aprendiendo**[7] los verbos reflexivos españoles.

해설

① **has hecho** : hacer 동사의 직설법 현재 완료 2인칭 단수형.

② **Me he levantado** : levantarse (일어나다) 의 직설법 현재 완료 1인칭 단수형.

③ **he lavado** : lavar (씻다) 동사의 직설법 현재 완료 1인칭 단수형.

④ **me he afeitado** : afeitarse (면도하다) 의 직설법 현재 완료 1인칭 단수형.

⑤ **me he peinado** : peinarse (머리를 빗다) 의 직설법 현재 완료 1인칭 단수형.

⑥ **oye** : oír 동사의 직설법 현재 3인칭 단수형으로 tú의 긍정 명령.

⑦ **estoy aprendiendo** : 나는 배우고 있는 중이다.

번 역

A : 너 오늘 무엇을 했니?

B : 6시 15분에 일어났어.

A : 그럼 그 다음에는 무엇을 했니?

B : 몸을 씻고, 면도하고…

A : 그럼 그 다음은 무엇을 했니?

B : 그 다음은 머리를 빗고… 이봐, 왜 이런 바보같은 **질문들을 하지**?

A : 난 스페인어 재귀동사를 배우고 있거든.

A : **¿Os habéis bañado**[1] ya?

B : Sí. **Hemos estado nadando**[2] tres horas.

A : Y los niños **¿se han bañado**[3] también?

B : Los niños **se han quedado**[4] en la playa tomando el sol.

A : **Os habréis divertido**[5] mucho, ¿no?

B : ¡Uf! **Después de**[6] estar un año sin nadar,

  me siento[7] **más muerto que vivo**[8].

해설

① **os habéis bañado** : bañarse 의 직설법 현재 완료 2인칭 복수형.
② **Hemos estado nadando** : nadar 동사의 현재 완료 진행 1인칭 복수형.
③ **se han bañado** : bañarse 의 직설법 현재 완료 3인칭 복수형.
④ **se han quedado** : quedarse 의 직설법 현재 완료 3인칭 복수형.
⑤ **os habréis divertido** : divertirse 의 직설법 미래 완료 2인칭 복수형.
⑥ **después de** : …후에, …한 후에
⑦ **me siento** : sentirse 의 직설법 현재 1인칭 단수형.
⑧ **más muerto que vivo** : (두려워서) 살아있는 사람 같지 않게

번 역

A : 너희들 벌써 해수욕했니?

B : 응. 우리는 세 시간 수영했어.

A : 그럼 아이들도 해수욕했니?

B : 아이들은 일광욕하면서 해변에 남아 있었어.

A : 무척 즐거웠겠구나, 그렇지?

B : 말도 마라! 수영하지 않은 지 1년이나 되어 그런지
  무척 두려워 살아 있는 사람 같지 않게 느껴져.

1. 나는 스페인에 있은 적이 있다(haber estado).

2. 내 아내는 멕시코에 가 본 적이 없다(no haber estado).

3. 당신은 인공위성(el satélite artificial)을 본 적이 있습니까(haber visto)?

4. 나는 사장님과 상의했다(haber consultado a).

5. 오늘 아침 비가 억수처럼 내렸다(haber llovido a cántaros).

6. 부모님은 벌써 외출하셨습니까(haber salido de casa)?

7. 어머님께서는 아직 돌아오시지 않으셨다(no haber vuelto).

8. 나는 두 시간을 계속 서 있었다(haber estado de pie).

9. 우리는 최근 10년 동안(durante estos últimos diez años) 이 수출입 회사
(la casa exportadora e importadora)에 근무해 왔다(haber trabajado).

10. 나는 귀중한 서류(precioso documento)를 지하철에 두고 왔다(haber
dejado)

번 역

1. Yo he estado en España.

2. Mi mujer no ha estado en México.

3. ¿Ha visto usted el satélite artificial?

4. Yo he consultado al director.

5. Esta mañana ha llovido a cántaros.

6. ¿Han salido ya de casa mis padres?

7. Mi madre no ha vuelto todavía.

8. Yo he estado de pie estas dos horas.

9. Nosotros hemos trabajado en esta casa exportadora e importadora
durante estos últimos diez años.

10. Yo he dejado en el metro mi precioso documento.

1. 나는 아직 편지를 쓰지 않았다(no haber escrito).

2. 나는 우리가 그것을 잘 설명했다(haber explicado bien)고 생각한다.

3. 내 평생에 나는 그런 일은 본 적이 없다!

4. 아이들은 벌써 잠자리에 들었다(haberse acostado).

5. 초대 손님들(los invitados)이 아직 도착하지 않았습니까?

6. 너 문 닫았느냐(haber cerrado)?

7. 당신은 그녀에게 그것을 말했습니까?

8. 너 아침 먹었니(haberse desayunado)?

   −아니, 아직 안 먹었어./ −응, 벌써 먹었어.

9. 너 외출하기 전에 문을 잠갔니?

10. 나는 그들에게 상황을 설명한 후에(habiéndoles explicado la situación) 자리에 앉는다(sentarse).

번 역

1. No he escrito la carta todavía.

2. Creo que lo hemos explicado bien.

3. ¡En mi vida he visto tal cosa!

4. Los niños ya se han acostado.

5. ¿No han llegado todavía los invitados?

6. ¿Has cerrado la puerta?

7. ¿Se lo ha dicho usted a ella?

8. ¿Te has desayunado?

   −No, no he desayunado todavía./ −Sí, ya he desayunado.

9. ¿Has cerrado las puertas con llave antes de salir de casa?

10. Habiéndoles explicado la situación, me siento.

40 El preterito indefinido de indicativo

부정 과거는 어떤 과거의 시점에서 **…가 일어났다, …을 했다** 를 나타내 과거에 일어난 어떤 일이 끝난 것을 표현한다. 영어의 과거형에 해당한다. 부정 과거에는 규칙 변화를 하는 규칙형과, 불규칙 변화를 하는 불규칙형이 있다.

ayud**ar**	vend**er**	sal**ir**
ayud**é**	vend**í**	sal**í**
ayud**aste**	vend**iste**	sal**iste**
ayud**ó**	vend**ió**	sal**ió**
ayud**amos**	vend**imos**	sal**imos**
ayud**asteis**	vend**isteis**	sal**isteis**
ayud**aron**	vend**ieron**	sal**ieron**

예 문

Yo ayud**é** a mis padres.	나는 부모님을 도왔다.
Tú ayud**aste** a tus padres.	너는 부모님을 도왔다.
El ayud**ó** a sus padres.	그는 부모님을 도왔다.
Ella ayud**ó** a sus padres.	그녀는 부모님을 도왔다.
Vd. ayud**ó** a sus padres.	당신은 부모님을 도왔다.
Ayud**amos** a nuestros padres.	우리는 부모님을 도왔다.
Ayud**asteis** a vuestros padres.	너희들은 부모님을 도왔다.
Ellos ayud**aron** a sus padres.	그들은 부모님을 도왔다.
Ellas ayud**aron** a sus padres.	그녀들은 부모님을 도왔다.
Vds. ayud**aron** a sus padres.	당신들은 부모님을 도왔다.
Yo aprend**í** español ayer.	나는 어제 스페인 어를 배웠다.
Tú aprend**iste** inglés ayer.	너는 어제 영어를 배웠다.
El aprend**ió** francés ayer.	그는 어제 프랑스 어를 배웠다.
Ella aprend**ió** japonés ayer.	그녀는 어제 일본어를 배웠다.

Vd. aprend**ió** alemán ayer. 당신은 어제 독일어를 배웠다.

Aprend**imos** italiano ayer. 우리는 어제 이태리어를 배웠다.

Aprend**isteis** latín ayer. 너희들은 어제 라틴 어를 배웠다.

Ellos aprend**ieron** chino. 그들은 중국어를 배웠다.

Ellas aprend**ieron** portugués. 그녀들은 포르투갈 어를 배웠다.

Yo abr**í** las ventanas. 나는 창문들을 열었다.

Tú abr**iste** las ventanas. 너는 창문들을 열었다.

El abr**ió** las ventanas. 그는 창문들을 열었다.

Abr**imos** las ventanas. 우리는 창문들을 열었다.

Abr**isteis** las ventanas. 너희들은 창문들을 열었다.

Vds. abr**ieron** las ventanas. 당신들은 창문들을 열었다.

¿Quién **abrió** la puerta? 누가 문을 열었느냐?

Yo (**abrí** la prerta). 내가 (문을 열었다).

María **abrió** la puerta. 마리아가 문을 열었다.

Nadie la **abrió**. 아무도 그것을 열지 않았다.

=No la **abrió** nadie.

02 불규칙형

1. **완전 불규칙형이라 할 수 있는 형으로 1인칭 단수형과 3인칭 단수형에 악센트가 없고 어근의 철자가 변하고 어미 변화가 나름대로 일정하게 변하는 동사들이다.**

estar	: estuve, estuviste, estuvo, estuvimos, estuvisteis, estuvieron
venir	: vine, viniste, vino, vinimos, vinisteis, vinieron
poder	: pude, pudiste, pudo, pudimos, pudisteis, pudieron
poner	: puse, pusiste, puso, pusimos, pusisteis, pusieron
tener	: tuve, tuviste, tuvo, tuvimos, tuvisteis, tuvieron
saber	: supe, supiste, supo, supimos, supisteis, supieron
querer	: quise, quisiste, quiso, quisimos, quisisteis, quisieron
andar	: anduve, anduviste, anduvo, anduvimos, anduvisteis, anduvieron
haber	: hube, hubiste, hubo, hubimos, hubisteis, hubieron
hacer	: hice, hiciste, **hizo**, hicimos, hicisteis, hicieron
decir	: dije, dijiste, dijo, dijimos, dijisteis, dij**eron**
traer	: traje, trajiste, trajo, trajimos, trajisteis, traj**eron**
traducir	: traduje, tradujiste, tradujo, tradujimos, tradujisteis, traduj**eron**
dar	: **di**, diste, **dio**, dimos, disteis, dieron
ver	: **vi**, viste, **vio**, vimos, visteis, vieron
ser/ir	: **fui, fuiste, fue, fuimos, fuisteis, fueron**

해설

① hacer 동사의 3인칭 단수는 발음 관계로 **hizo** 이다.
② decir처럼 3인칭 복수형에서 **j** 다음에서는 발음 관계로 **eron**이 된다.
③ ser, ir 동사는 과거형이 같으므로 문맥으로 구분하면 된다.

2. **aer, -eer, -oer, -oir, -uir**로 끝나는 동사의 어미 변화는 몇몇 예외 동사를 제외하고 **-í, -íste, -yó, -ímos, -ísteis, -yeron**으로 변한다.

caer	: caí, caíste, cayó, caímos, caísteis, cayeron
raer	: raí, raíste, rayó, raímos, raísteis, rayeron
creer	: creí, creíste, creyó, creímos, creísteis, creyeron
leer	: leí, leíste, leyó, leímos, leísteis, leyeron
oír	: oí, oíste, oyó, oímos, oísteis, oyeron
roer	: roí, roíste, royó, roímos, roísteis, royeron
huir	: **hui, huiste**, huyó, **huimos, huisteis**, huyeron
reír	: reí, reíste, **rio**, reímos, reísteis, **rieron**
sonreír	: sonreí, sonreíste, **sonrió**, sonreímos, sonreísteis, sonrieron.

3. **-car, -gar, -zar, -guar**로 끝나는 동사는 원음을 살리기 위해 **1인칭 단수형**에서만 **-car**은 **-qué**, **-gar**은 **-gué**, **-zar**은 **-cé**, **-guar**은 **-güé**로 철자가 변한다.

sa**car**	: sa**qué**, sacaste, sacó, sacamos, sacasteis, sacaron
lle**gar**	: lle**gué**, llegaste, llegó, llegamos, llegasteis, llegaron
al**zar**	: al**cé**, alzaste, alzó, alzamos, alzasteis, alzaron
men**guar**	: men**güé**, menguaste, menguó, menguamos, menguasteis, menguaron

4. 현재형에서 어근 모음이 변하는 **-ir** 동사는 다음과 같이 변한다. 어근 모음이 **e**인 동사는 부정 과거 3인칭 단수형과 복수형에서 **e**가 **i**로 변하고, 어근 모음이 **o**인 동사는 부정 과거 3인칭 단수형과 복수형에서 **o**가 **u**로 변한다.

mentir	: mentí, mentiste, **mintió**, mentimos, mentisteis, **mintieron**
reñir	: reñí, reñiste, **riñó**, reñimos, reñisteis, **riñeron**
morir	: morí, moriste, **murió**, morimos, moristeis, **murieron**

¿Qué buscó usted ayer?	당신은 어제 무엇을 찾았습니까?
Yo bus**qué** mis gafas de sol.	나는 내 선글라스를 찾았습니다.
Yo no bus**qué** nada.	나는 아무것도 찾지 않았습니다.
¿Las encontró usted?	그것을 찾았습니까?
Sí, las encontré en el bolso.	예, 핸드백에서 그것을 찾았습니다.
No, todavía no las encontré.	아니, 아직 그것을 찾지 못했소.
¿Llegó usted a Madrid?	당신은 마드리드에 도착했습니까?
Sí, lle**gué** ayer por la tarde.	예, 어제 오후에 도착했습니다.
¿Cuando volvió Vd. a casa?	언제 집에 돌아가셨습니까?
Volví a casa a las diez.	10시에 집에 돌아왔습니다.
¿A qué hora salió el avión?	비행기는 몇 시에 출발했습니까?
Salió a las trece cuarenta.	13시 40분에 출발했습니다.
¿A dónde **fuiste** el lunes?	월요일에 어디 갔었니?
Fui al banco a ahorrar.	예금하러 은행에 갔어.
¿A qué hora **durmió** Vd.?	몇 시에 주무셨습니까?
Dormí a eso de las once.	11시 경에 잤습니다.
¿En qué año **murió** su madre?	모친께서는 몇 연도에 돌아가셨습니까?
Murió en (el año) 2000.	2천년에 돌아가셨습니다.
¿Cuándo **viniste** a Corea?	언제 한국에 왔니?
Vine el 1 de octubre.	10월 1일에 왔어.
¿Qué **hizo** usted en casa?	집에서 무엇을 하셨습니까?
Trabajé todo el día.	온종일 일했습니다.
¿Cuántos hijos **tuvieron** ellos?	그들은 자녀가 몇이었습니까?
Tuvieron un hijo y dos hijas.	아들 하나와 딸 둘이었습니다.
¿Quién **tradujo** este poema?	누가 이 시를 번역했습니까?
Yo lo **traduje**.	제가 그것을 번역했습니다.
Ellos no me **dijeron** nada.	그들은 나에게 아무 말도 안 했다.

아르헨티나
Buenos Aires의 7월9일가

　　아르헨티나에 교사로 파견되신 남경희 선생님이 2006년 8월에 보내주신 엽서이다. Avenida 9 de Julio(7월 9일 가)는 폭이 100여 미터에 이르는 세계에서 제일 넓은 도로이다. 사진에서 보듯 마치 숲을 연상할만큼 양옆에 숲이 우거져 있는 아름다운 도로이다. 왼쪽은 아르헨티나의 수도 Buenos Aires에서 유래되어 전세계 춤꾼들을 매료시킨 탱고를 추는 장면이다. 탱고는 실내뿐만 아니라 야외에서 추는 춤이다.

Ayer Marisol me **dio**[1] unas avellanas,

y una de ellas **fue**[2] la causa de mi desdicha.

Me rompí[3] una muela.

Estoy muy orgullosa de mi dentadura,

ya que es tan buena como en mi juventud.

Mi familia no le **dio**[1] ninguna importancia, pero el caso es que **pasé**[4]

un día horrible, y esta mañana **decidí**[5] ir al dentista.

El dentista **fue**[2] muy comprensivo; primero me **puso**[6] una inyección;

y luego me **extrajo**[7] la muela rota.

La extracción no me **dolió**[8] mucho.

Me **mandó**[9] volver dentro de dos días.

Esta vez me **empastará**[10] dos dientes;

también **tendrá**[11] que ponerme un puente.

Cuando **salí**[12] de casa del dentista

Marisol y yo **fuimos**[13] a sentarnos a un café.

Mi hijo y mi nuera **fueron**[14] a dar un paseo.

해설

① **dio** : dar 동사의 직석법 부정 과거 3인칭 단수형.

② **fue** : ser 동사의 직설법 부정 과거 3인칭 단수형.

③ **me rompí** : romperse의 직설법 부정 과거 1인칭 단수형.

④ **pasé** : pasar 동사의 직설법 부정 과거 1인칭 단수형.

⑤ **decidí** : decidir 동사의 직설법 부정 과거 1인칭 단수형.

⑥ **puso** : poner 동사의 직설법 부정 과거 3인칭 단수형.

⑦ **extrajo** : extraer의 직설법 부정 과거 3인칭 단수형.

어제 마리솔이 나에게 개암을 몇 개 주어서

그것들 중의 하나가 내 불행의 원인이었다.

나는 어금니를 하나 부러뜨렸다.

내 젊은 시절 때처럼 치아가 좋기 때문에

나는 내 치아를 무척 자랑스레 생각하고 있다.

내 가족은 내 치아에 아무런 관심도 없지만,

사실을 말하자면, 나는 지긋지긋한 하루를 보냈다.

그래서 오늘 아침 치과에 가기로 결정했다.

치과의사는 이해심이 많았다.

처음에 나에게 주사를 놓고, 나중에 부러진

어금니를 뺐다.

이 빼는 것이 별로 아프지 않았다.

의사는 나더러 이틀 있다가 다시 오라고했다.

이번에는 두 이를 충전하고, 또 이를 걸어야

한단다. 치과에서 나와 마리솔과 나는 카페에

가서 앉았다. 내 딸과 며느리는 산책 갔다.

해설

⑧ **dolió** : doler 동사의 직설법 부정 과거 3인칭 단수형.

⑨ **mandó** : mandar 동사의 직설법 부정 과거 3인칭 단수형.

⑩ **empastará** : empastar 동사의 직설법 미래 3인칭 단수형.

⑪ **tendrá** : tener 동사의 직설법 미래 3인칭 단수형.

⑫ **salí** : salir 동사의 직설법 부정 과거 1인칭 단수형.

⑬ **fuimos** : ir 동사의 직설법 부정 과거 1인칭 복수형.

⑭ **fueron** : ir 동사의 직설법 부정 과거 3인칭 복수형.

>>회화 33

A : ¿Cuándo **llegasteis**[1] a Madrid?

B : Mis padres **llegaron**[2] **la semana pasada**[3].

A : ¿Y tus hermanas **llegaron**[2] ya?

B : Sí, ellas **llegaron**[2] ayer.

A : Y tú, ¿cuándo **llegaste**[4]?

B : Yo **llegué**[5] hoy, justo a tiempo para el banquete.

해설

① **llegasteis** : llegar 동사의 직설법 부정 과거 2인칭 복수형.

② **llegaron** : llegar 동사의 직설법 부정 과거 3인칭 복수형.

③ **la semana pasada** : 지난 주.

④ **llegaste** : llegar 동사의 직설법 부정 과거 2인칭 단수형.

⑤ **llegué** : llegar 동사의 직설법 부정 과거 1인칭 단수형. **llegar** 동사처럼 **-gar**로 끝나는 모든 동사는 직설법 부정 과거 1인칭 단수에서 원음을 보존하기 위해 **-gué**로 변한다. llegar 동사의 직설법 부정 과거는 lle**gué**, llegaste, llegó, llegamos, llegasteis, llegaron으로 활용된다.

번 역

A : 너희들은 언제 마드리드에 도착했니?

B : 내 부모님은 지난 주에 도착하셨어.

A : 그럼 네 누이들은 벌써 도착했니?

B : 그래, 그녀들은 어제 도착했어.

A : 그럼 너는 언제 도착했니?

B : 나는 파티 시간에 딱 맞추어 오늘 도착했어.

>> 회화 34

A : ¿Qué profesión tiene usted?

B : Soy abogado.

A : ¿Le gusta su profesión?

B : No. Siempre **quise**[1] ser piloto.

A : ¿Por qué no **se hizo**[2] piloto, entonces?

B : Por tradición. **Ha habido**[3] seis generaciones

　　de abogados en mi familia.

A : ¡Qué barbaridad!

B : Sí, los curas y los abogados abundan mucho en España.

해설

① **quise** : querer 동사의 직설법 부정 과거 1인칭 단수형.
② **se hizo** : hacerse (되다) 의 직설법 부정 과거 3인칭 단수형.
③ **ha habido** : haber 동사의 직설법 현재 완료 3인칭 단수형으로 hay의 현재 완료형이다.

번 역

A : 직업이 무엇이십니까?

B : 변호사입니다.

A : 당신의 직업이 마음에 드십니까?

B : 아닙니다. 늘 조종사가 되고 싶었어요.

A : 그런데 왜 조종사가 되지 않았습니까?

B : 전통 때문입니다. 내 가족에서는 여섯 대가 변호사가 나왔어요

A : 지독하군요!

B : 그래요. 스페인에서는 사제와 변호사는 넘쳐 납니다.

A : ¿A qué hora **aterriza**[1] el avión de Madrid, por favor?

B : Ayer **aterrizó**[2] a las 11,30.

A : ¿Es ésa la hora oficial de aterrizaje?

B : No, oficialmente **toma tierra**[3] a las 9,45.

A : ¿Y en la práctica?

B : Pues . . . entre las once **de la noche**[4]

y las cuatro **de la madrugada**[5].

Pero, ¿por qué **tiene** tanta **prisa**[6]?

해설

① **aterriza** : aterrizar (착륙하다) 의 직설법 현재 3인칭 단수형.
② **aterrizó** : aterrizar 동사의 직설법 부정 과거 3인칭 단수형.
③ **tomar tierra** : 착륙하다.
④ **de la noche** : 밤(의) (…시).
⑤ **de la madrugada** : 새벽(의) (…시).
⑥ **tener prisa** : 서두르다.

번 역

A : 마드리드에서 오는 비행기는 몇 시에 착륙합니까?

B : 어제 11시 30분에 착륙했습니다.

A : 그것이 공식 착륙 시간입니까?

B : 아닙니다. 공식적으로는 9시 45분에 착륙합니다.

A : 그럼 실제로는?

B : 에… 밤 11시와 새벽 4시 사이에. 그렇지만 왜 그리 서두르십니까?

 Tradúzcanse el coreano al español.

1. 어제 오후에 어디 있었느냐?

2. 우리는 스페인어 작문 시험이 있었다.

3. 어젯밤에 몇 시간 주무셨습니까?

4. 김 양은 주한 스페인 대사관에 비자를 부탁했다.

5. 나는 두통 때문에 모임에 참석할 수 없었다.

6. 종업원에게 팁을 몇 에우로 주셨습니까?

7. 나는 그에게 아무 말도 하지 않았다.

8. 오래 전에 나는 친구에게 빚을 갚았다.

9. 우리는 그녀의 차로 1개월간 스페인을 여행했다.

10. 나는 핸드백 닫는 걸 잊어 버렸어.

11. 어제는 무척 바빠서 너에게 전화할 수 없었다.

12. 그 불쌍한 시인(el pobre poeta)은 요절했다(morir joven).

번 역

1. ¿Dónde estuviste ayer por la tarde?

2. Tuvimos el examen de la composición española.

3. ¿Cuántas horas durmió usted anoche?

4. La señorita Kim pidió el visado en la Embajada de España en Corea.

5. No pude participar en la reunión, porque tuve dolor de cabeza.

6. ¿Cuántos euros dio usted al camarero de propina?

7. No le dije nada a él.

8. Le pagué la deuda a mi amigo hace mucho tiempo.

9. Viajamos por España por un mes en su coche.

10. Me olvidé de cerrar el bolso.

11. No pude telefonearte, porque estuve ocupadísimo ayer.

12. El pobre poeta murió joven.

1. 어제 오후에(ayer por la tarde) 두 사람은 공원을 산책했다(dar un paseo por el parque).

2. 나는 어제는 매우 피곤했지만 오늘은 훨씬 기분이 좋다.

3. 지난 선거(la última elección)에서 누가 민주당 대통령 입후보자(el candidato presidencial del Partido Demócrata)였습니까?

4. 알리시아와 그녀의 약혼자(su novio)는 왜 오지 않았느냐?

5. 기사(el mecánico)는 그것을 수리하고 싶었(querer arreglarlo)으나 할 수 없었다(no poder).

6. 누가 편지를 번역했습니까(traducir la carta)?

7. 한국은 작년(el año pasado)에 쌀(el arroz)을 얼마나 생산했습니까(producir)?

8. 그들은 아무 말도 하고 싶지 않았다(no querer decir nada)

9. 그녀의 손자들이 그녀에게 꽃을 가져왔다(traer las flores).

10. 우리들은 급하지 않았(no tener prisa)기 때문에 천천히 걸었다(caminar lentamente).

번 역

1. Los dos dieron un paseo por el parque ayer por la tarde.

2. Estuve cansadísima ayer, pero hoy me siento mucho mejor.

3. ¿Quién fue el candidato presidencial del Partido Demócrata en la última elección?

4. ¿Por qué no vinieron Alicia y su novio?

5. El mecánico quise arreglarlo, pero no pudo.

6. ¿Quién tradujo la carta?

7. ¿Cuánto arroz produjo Corea el año pasado?

8. Ellos no qusieron decir nada.

9. Sus nietos le trajeron las flores a ella.

10. Como no tuvimos prisa, caminamos lentamente.

직설법 불완료 과거

41

El pretérito imperfecto de indicativo

불완료 과거는 과거에 일어났던 어떤 행위의 계속이나 과거에 일어났던 습관이나 반복을 표현한다. 그래서 번역은

…가 일어나고 있었다, …을 하고 있었다,

…을 하고 있는 중이었다, 늘[항상] …했다,

반복해서 …했다 등으로 해석한다.

visitar	**aprend**er	**serv**ir
visit**aba**	aprend**ía**	serv**ía**
visit**abas**	aprend**ías**	serv**ías**
visit**aba**	aprend**ía**	serv**ía**
visit**ábamos**	aprend**íamos**	serv**íamos**
visit**abais**	aprend**íais**	serv**íais**
visit**aban**	aprend**ían**	serv**ían**

02　불규칙형 (3동사 뿐)

ser : era, eras, era, <u>éramos</u>, erais, eran

ir : iba, ibas, iba, <u>íbamos</u>, ibais, iban

ver : veía, veías, veía, veíamos, veíais, veían

예 문

Yo siempre **viajaba** cuando **estaba** en la República Dominicana.
나는 도미니카 공화국에 있었을 때 늘 여행했다.

Ella me **escribía** cada semana.
그녀는 나에게 매주 편지를 했다.

Ellos **leían** a veces en el metro.
그들은 가끔 지하철 안에서 독서를 했다.

Veíamos un coche en la calle.
우리는 거리에서 자동차를 보고 있었다.

Le vi cuando **iba** a la escuela.

En la iglesia encontré a mi vieja amiga Felisa, a **quien**[1] hacía **años** que no **veía**.

Su marido y **el mío**[2] **eran** compañeros de armas.

Teníamos tanto que decirnos.

Cuando **íbamos** hacia casa, entramos en una cafetería.

Ella **iba** muy elegante y **estaba** muy bien peinada.

Yo **descansaba** mientras los niños **jugaban**.

Su familia **miraba** la televisión mientras ella **tocaba** el piano.

Me afeitaba mientras mi mujer **se vestía**.

Los dos jóvenes **se reñían** en la calle.

Yo a veces **subía** al monte cercano de nuestra casa con mi mujer.

나는 학교에 가고 있을 때 그를 만났다.

나는 교회에서 내 옛 친구 펠리사를 만났는데 그녀를 만나지 못한 지가 여러 해가 되었다.

그녀의 남편과 내 남편은 전우(戰友)였다.

우리는 서로에게 할 말이 무척 많았다.

우리는 집 쪽으로 가다가 한 카페테리아에 들어갔다.

그녀는 무척 우아하게 차려 입었고 머리를 아주 단정히 빗고 있었다.

아이들이 놀고 있는 동안 나는 쉬고 있었다.

그녀가 피아노를 치고 있는 동안 가족들은 텔레비전을 보고 있었다.

내 아내가 옷을 입고 있는 동안 나는 면도를 하고 있었다.

두 청년이 길에서 말다툼을 하고 있었다.

나는 가끔 내 아내와 함께 집에서 가까운 산에 올라갔다.

① **quien** : 선행사 Felisa를 받는 관계 대명사.
② **el mío** : mi marido.

Ayer empecé por ir a misa, como buena católica.

En la iglesia encontré a mi vieja amiga Felisa,

a quien **hacía** años que no **veía**.

Doña Felisa es la viuda del general Santos.

Naturalmente, su marido y el mío **eran** compañeros de armas.

Hace tiempo que ambos **murieron**[1].

¡**Teníamos** tanto **que decirnos**[2]!

Cuando ya **íbamos**[3] hacia casa, entramos

en una cafetería del Paseo de Gracia.

Allí desayunamos.

Tomamos, ¿**cómo no**?[4] chocolate con churros.

¡Cuánto me gustó poder charlar con Felisa!

Es tan agradable encontrar a alguien de mi generación.

Mis hijos y nietos nunca tienen mucho **que decir**[5].

Felisa **iba**[6] muy elegante y **estaba** muy bien peinada.

Me recomendó su peluquería y ya he llamado

para pedirles hora.

해설

① **murieron** : morir (죽다) 동사의 직설법 부정 과거 3인칭 복수형.

② **que decirnos** (우리 서로에게 말해야 할) : que +「동사 원형」의 뜻은
　　「…해야 할」.

③ **íbamos** : ir 동사의 직설법 불완료 과거 1인칭 복수형.

어제 나는 독실한 천주교 신자로 미사에 참석하는 것부터 시작했다.

성당에서 나는 옛 친구 펠리사를 만났는데

내가 그녀를 못 본 지가 여러 해가 되었다.

펠리사 여사는 산또스 장군의 미망인이다.

물론 그녀의 남편과 내 남편은 전우였다.

두 사람이 죽은 지 오래되었다.

우리는 서로에게 할 말이 무척 많았다.

우리는 집 쪽으로 가다가 그라시아 산책로의

한 카페테리아에 들어갔다.

우리는 그곳에서 아침을 들었다.

물론, 도넛(churro)과 함께 초콜릿 차를 마셨다.

펠리사와 잡담을 나눌 수 있어서 무척 좋았다.

내 세대의 누굴 만난다는 것은 매우 기분이 좋은 일이다.

내 자식들과 내 손자들은 할 말이 그다지 많지 않다.

펠리사는 매우 우아하게 차려 입고 머리를 아주 단정히 빗고 있었다.

펠리사는 나에게 단골 미장원을 추천해 주어

벌써 전화해서 시간을 예약해 두었다.

해설

④ **¿cómo no?** : 물론(¡Cómo no!, Cómo no).

⑤ **que decir** : 말해야 할.

⑥ **iba** : ir 동사의 직설법 불완료 과거 3인칭 단수형.

>> 회화 36

A : ¿Cuántas erais?

B : Éramos trece en total.

A : ¿Había muchas cosas para comer?

B : Sí, había de todo.

A : ¿Qué pedisteis vosotras?

B : Yo pedí merluza a la vasca.

A : ¿Era buena?

B : Sí, era estupenda.

A : Y Carmen, ¿qué pidió?

B : Carmen pidió pollo asado.

A : ¿Y las otras chicas qué pidieron?

B : Nada. Como son muy supersticiosas casi se murieron de hambre.

번 역

A : 너희들 몇 명이었니?

B : 모두 열세 명이었어.

A : 먹을 것은 많았니?

B : 그래, 모든 것이 있었어.

A : 너희들은 무엇을 주문했니?

B : 나는 바스크식 대구를 주문했어.

A : 맛있었니?

B : 그럼, 아주 죽여 주었지.

A : 그러면 까르멘은 무엇을 주문했지?

B : 까르멘은 통닭구이를 주문했어.

A : 그럼 다른 아가씨들은 무얼 주문했니?

B : 아무것도 주문하지 않았어. 그녀들은 미신을 많이 믿어서 배고파 죽을 뻔했지.

>> 회 화 37

A : **¿Cuánto tiempo hacía**[1] **que**[2] no **volabas**[3]?

B : **Haciá** más de tres años.

A : Tu mujer y tú **viajabais**[4] mucho en avión, ¿no?

B : Sí, **solíamos**[5] volar bastante.

A : ¿Dónde está tu mujer ahora?

B : En uno de nuestros vuelos **tuvimos**[6]

　　un accidente. Ahora nunca viaja conmigo.

해설

　① **hacía** : hacer 동사의 직설법 불완료 과거 3인칭 단수형.
　② **¿Cuánto tiempo hace que** … : …한 지 얼마나 되었느냐?
　③ **volabas** : volar 동사의 직설법 불완료 과거 2인칭 단수형.
　④ **viajabais** : viajar 동사의 직설법 불완료 과거 2인칭 복수형.
　⑤ **solíamos** : soler 동사의 직설법 불완료 과거 1인칭 복수형.
　⑥ **tuvimos** : tener 동사의 직설법 부정 과거 1인칭 복수형.

번 역

A : 너 비행기 타지 않은 지 얼마나 됐니?

B : 3년도 넘었어.

A : 네 아내와 너는 비행기를 타고 여행을 많이 했었지?

B : 그래, 꽤 자주 비행기로 여행을 했었지.

A : 지금 네 아내는 어디 있니?

B : 우리는 비행기 여행 중에 사고를 당했어.

　　그래서 내 아내는 지금 나와 여행을 하지 못하지.

A : ¡Ah, por fin! Ya **creía**[1] que no **llegabais**[2].

B : **Veníamos**[3] a la hora, pero **debido a**l tráfico aéreo, no **pudimos**[4] aterrizar antes.

A : Lo que **importa**[5] es que **hayáis llegado**[6] y **estéis**[7] bien.

C : ¿Cómo están María y Diego?

Esperaba[8] ver**los** en el aeropuerto contigo.

A : Ya sabéis como es María. **Se quedó**[9] en casa **preparando** la cena. Diego **tenía**[10] trabajo pero **prometió**[11] estar en el aeropuerto a las nueve y media.

B : **Parece que**[12] no **pudo**[13] arreglarlo.

A : **De todos modos** no es problema.

He traído[14] el coche grande y **cabremos**[15] todos perfectamente.

D : Vamos, pronto, tío Felipe.

Estoy deseando ver un poco de Barcelona.

E : Debe **haber progresado**[16] mucho desde que **estuvimos**[17] aquí.

A : Barcelona progresa siempre.

해설

① **creía** : creer(믿다) 동사의 직설법 불완료 과거 1인칭 단수.

② **llegabais** : llegar 동사의 직설법 불완료 과거 2인칭 복수.

③ **veníamos** : venir 동사의 직설법 불완료 과거 1인칭 복수.

④ **pudimos** : poder 동사의 직설법 부정 과거 1인칭 복수.

⑤ **importa** : importar(중요하다) 동사의 직설법 현재 1인칭 단수.

⑥ **hayáis llegado** : llegar 동사의 접속법 현재 완료 2인칭 복수.

A : 아, 드디어 (오셨군요)! 나는 도착하지 못한다고 생각하고 있었어요.

B : 정시에 왔지만, 공중 교통 **때문에** 전에 도착할 수 없었어.

A : 중요한 것은 여러분들이 도착했고 건강하다는 것입니다.

C : 마리아와 디에고는 어떻게 지내고 있나?

　　나는 너와 함께 공항에서 **그 아이들을** 만나고 싶었는데.

A : 아시다시피 마리아야 뭐 그렇지오.

　　저녁 식사를 **준비하면서** 집에 있었어요.

　　디에고는 일이 있었지만 9시 30분에 공항에 나오겠다고 약속했어요.

B : 일을 끝낼 수 없었을 것 같군.

A : **좌우지간** 문제 없어.

　　내가 큰 차를 가져와서 우리 모두가 완전히 들어갈 거예요.

D : 펠리뻬 아저씨, 빨리 갑시다. 바르셀로나를 조금 **보고 싶어 안달이 납니다**.

E : 우리가 이곳을 떠난 후에 많이 발전했을 것임에 틀림없어.

A : 바르셀로나는 늘 발전하고 있어요.

해설

⑦ **estéis** : estar 동사의 접속법 현재 2인칭 복수.

⑧ **esperaba** : esperar(바라다) 의 불완료 과거 1인칭 단수.

⑨ **se quedó** : quedarse(머물다) 의 부정 과거 3인칭 단수.

⑩ **tenía** : tener 동사의 불완료 과거 3인칭 단수.

⑪ **prometió** : prometer(약속하다) 의 부정 과거 3인칭 단수.

⑫ **parece que …** : … 같다. 영어의 It seems that ….

⑬ **pudo** : poder 동사의 직설법 부정 과거 1인칭 단수.

⑭ **he traído** : traer(가져오다) 의 현재 완료 1인칭 단수.

⑮ **cabremos** : caber(들어갈 수 있다) 의 미래 1인칭 복수.

⑯ **haber progresado** : progresar(발전하다) 의 완료형 원형.

⑰ **estuvimos** : estar 동사의 부정 과거 1인칭 복수.

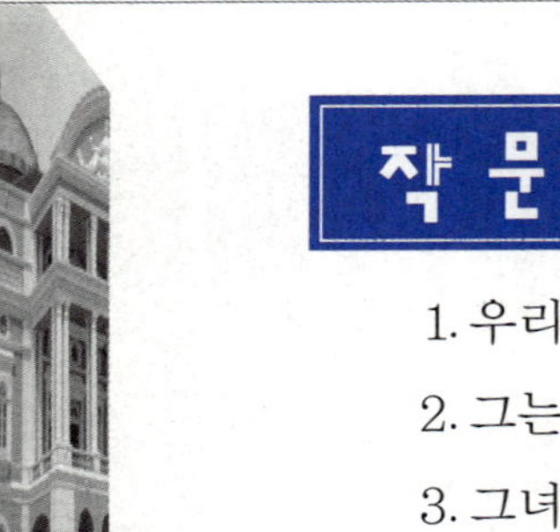

1. 우리는 토요일마다 함께 저녁을 들었다.

2. 그는 매년 새 차를 샀다.

3. 그녀는 가끔 나를 만나러 왔다.

4. 나는 거의 항상 일곱 시에 아침밥을 먹었다.

5. 그들은 매일 똑같은 소음(ruido)을 들었다.

6. 그는 4년마다 대통령 후보(candidato a Presidente)로 출마했다(presentar).

7. 개들은 짖고 있었다(ladrar).

8. 통화 중이었다.

9. 두 학생은 좋은 친구였다.

10. 우리가 그림(cuadro)을 거는(colgar) 동안 그들은 가구(mueble)를 옮겼다(mover).

11. 나는 매주(todas las semanas) 연주회에 갔다(asistir a los conciertos).

12. 부친께서는 몸이 불편하셨지만(aunque estar enfermo), 의사한테 진찰을
받기를 원하지 않으셨다(no querer consultar al médico)

번 역

1. Los sábados cenábamos juntos.

2. El compraba el coche nuevo cada año.

3. Ella venía a verme de vez en cuando.

4. Yo casi siempre desayunaba a las siete.

5. Ellos oían el mismo ruido cada día.

6. El presentaba como candidato a Presidente cada cuatro años.

7. Los perros ladraban.

8. Las líneas estaban ocupadas.

9. Los dos estudiantes eran buenos amigos.

10. Ellos movían los muebles mientras colgábamos los cuadros.

11. Yo asistía a los conciertos todas las semanas.

12. Aunque mi padre estaba enfermo, no quise consultar al médico.

1. 내 아내가 신문을 읽고 있을 때, 나는 창문을 열었다.

2. 남성들이 싸우고 있는 동안, 여인들은 그들의 뒷바라지를 하고 있었다.

3. 전쟁이 일어났을 때(cuando estallar la guerra), 나는 중병을 앓고 있었다 (estar en cama con enfermedad grave).

4. 내가 자고 있는 동안에(mientras domir) 누군가가 살며시(calladamente) 방으로 들어와 책상 위에 보따리를 놓고 갔다(dejar un paquete).

5. 우리들이 한 소년의 이야기를 하고 있는데, 본인(el interesado)이 갑자기(de repente) 방으로 들어왔다.

6. 김 선생이 그 소설에 대해서 이야기하고 있는 동안 우리들은 그의 말을 재미 있게 듣고 있었다.

7. 그 여자가 나를 찾아왔을 때 나는 식사를 하고 있었다.

8. 내가 공부하고 있는 동안 어머님께서는 저녁을 준비하고 계셨다.

9. 내가 늦게 귀가했을 때 아이들은 곤히(como un tronco) 잠들어 있었다.

번 역

1. Cuando mi mujer leía el periódico, yo abrí las ventanas.

2. Mientras los hombres peleaban, las mujeres les ayudaban.

3. Cuando estalló la guerra, yo estaba en cama con enfermedad grave.

4. Mientras yo dormía alguien entró calladamente en la habitación y dejó un paquete encima del pupitre.

5. Cuando hablábamos de un chico, el interesado entró de repente en el cuarto.

6. Mientras el señor Kim hablaba de la novela, le escuchábamos con interés.

7. Cuando ella me visitó, yo comía.

8. Mientras yo estudiaba, mi madre preparaba la cena.

9. Cuando volví a casa tarde, mis niños dormían como un tronco.

도미니카 공화국 수도
산또 도밍고의
콜롬부스 동생 Diego Colón의 침대

　　카리브해에 있는 섬나라 도미니카 공화국은 콜롬부스의 유적이 남아있는 곳이다. 이 사진은 산또 도밍고에 있는 박물관에 진열된 콜롬부스 동생 Diego Colón이 사용했던 침대이다. 박물관 건물도 콜롬부스의 동생이 기거했던 곳을 그대로 쓰고 있기 때문에 역사적인 건물이다. 북부 La Isabela라는 곳에는 콜롬부스가 실제 살았던 건물터와 아메리카 최초의 성당터도 남아 있다.

직설법 과거 완료

42

**El pluscuamperfecto de indicativo
=haber 직설법 불완료 과거+과거 분사**

어떤 과거보다 먼저 행해진 사건을 나타낸다. 과거 완료는 haber의 「직설법 불완료 과거형」에 과거 분사를 붙여서 만든다. 영어의 과거 완료에 해당한다.

había	estudi**ado**	나는 공부했었다
habías	estudi**ado**	너는 공부했었다
había	estudi**ado**	그는 공부했었다
habíamos	estudi**ado**	우리는 공부했었다
habíais	estudi**ado**	너희들은 공부했었다
habían	estudi**ado**	그들은 공부했었다

¿Cuándo **habíais pensado**
marchar a Madrid?

너희들은 언제 마드리드로 출발할
생각이었느냐?

Habíamos pensado hacerlo
pero no fue posible.

우리는 그렇게 하려고 생각했으나
불가능했다.

Yo llevo en España más de
diez años y todavía no **había
ido** a Barcelona.

나는 스페인에서 생활한 지가
10년이 넘었지만 아직 바르셀로나에
가 보지 못했다.

¿Dónde **te habías metido**?

너는 어디에 쳐 박혀있었니?

Yo **había ido** al sauna.

나는 사우나탕에 갔었어요.

Ella me dijo que **había
esperado** una hora.

그녀는 한 시간 기다렸다고
나에게 말했다.

Yo pasé por su oficina,
pero usted ya **había salido**.

나는 당신의 사무실에 들렸으나
이미 나가셨습니다.

Me habéis hecho pensar
que **os habíais perdido**.

너희들이 길을 잃어 버렸다고
나는 생각했다.

Todavía no **había bebido**
el daiquiri aunque visitaba
La Habana, la capital de
Cuba muchas veces.

나는 쿠바의 수도인 라 아바나를
여러 차례 방문했지만, 아직 다
이끼리 칵테일을 마셔 본 적이
없다.

Ellos **habían decidido**
quedarse en Buenos Aires.

그들은 부에노스 아이레스에서
머물기로 결정했었다.

Yo **había sangrado** mucho
por nariz.

나는 코에서 피가 많이 났었다.

Yo te **había estado** buscando
para presentarte a mi mujer.

나는 내 아내를 너에게 소개하기
위해 너를 찾고 있었다.

1. 내가 역에 도착했을 때 기차는 벌써 떠나버렸다.

2. 내가 귀가했을 때 아이들은 이미 자고 있었다.

3. 나는 미리 통지를 받았기 때문에 그녀가 전주(前週)(la semana pasada)에
   올 것을 알고 있었다.

4. 저런 불가사의한 일(cosa misteriosa)은 일어난 적이 없었다.

5. 나는 자주 그녀를 만나고 있었으므로 그 사람을 바로 알았다.

6. 어제 내가 전화했을 때 너는 이미 그 편지를 우체통에 넣었었니(echar al
   buzón)?

7. 내 친구가 나에게 전화했을 때(cuando llamar por teléfono) 나는 이미 잠
   자리에 들었었다.

8. 나는 무척 늦게 잠자리에 들었기 때문에 일찍 일어날 수가 없었다.

9. 나는 한 시간 넘게 피를 흘리고 있었다.

번 역

1. Cuando llegué a la estación, ya había salido el tren.

2. Cuando volví a casa, mis hijos ya se habían acostado.

3. Como yo había recibido la noticia de antemano,

   sabía yo que vendría él la semana pasada.

4. Nunca había ocurrido una cosa tan misteriosa.

5. La conocí inmediatamente, porque la había visto con frecuencia.

6. ¿Habías echado al buzón la carta, cuando te telefoneé ayer?

7. Cuando un amigo mío me llamó por teléfono, me había acostado ya.

8. Por háberme acostado tan tarde, no pude levantarme temprano.

9. Yo había estado sangrando más de una hora.

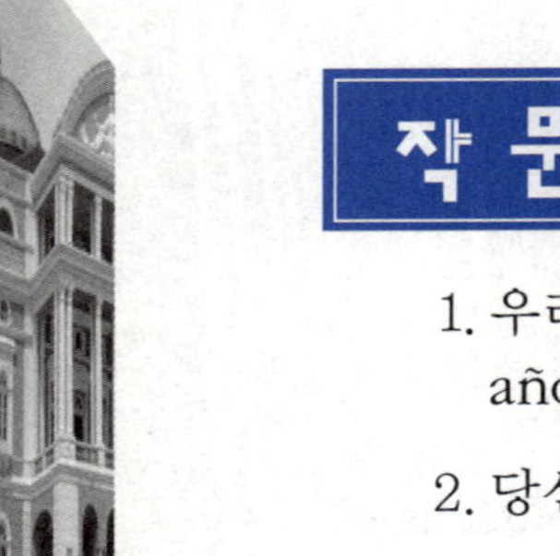

Tradúzcanse el coreano al español.

1. 우리들은 스페인에서 2년 이상 생활했는데(llevar en España más de dos años) 오르차따(la horchata)를 마셔 본 적이 없었다.

2. 당신은 이 대학교에 다니기 전에 스페인어나 다른 어학을 공부했었습니까?

3. 나는 스페인에 오기 전에 멕시코에 가 본 적이 있었다.

4. 내가 친구에게 전화를 걸었을(telefonear) 때 그는 이미 외출했었다(salir de casa).

5. 우리는 모두에게 작별을 하(despedirse de todos)고 떠났다.

6. 그는 나에게 여러 차례 엽서를 보냈다고 말했다.

7. 우리가 버스 터미널에 도착했(llegar a la terminal de autobuses) 을 때는 이미 부산행 버스는 출발하고 없었다.

8. 너는 2000년 이전에 카리브해에 있는 도미니카 공화국의 수도 산또 도밍고에 가 본 적이 있느냐?

번 역

1. Nosotros llevamos en España más de dos años y todavía no habíamos bebido la horchata.

2. ¿Había estudiado usted español u otra lengua extranjera antes de asistir a esta universidad?

3. Yo había estado en México antes de venir a España.

4. Mi amigo ya había salido de casa, cuando le telefoneé.

5. Después de habernos despedido de todos, salimos.

6. Él me dijo que había enviado muchas veces las postales.

7. Cuando nosotros llegamos a la terminal de autobuses, ya había partido el autobús de Busan.

8. ¿Habías estado en Santo Domingo, capital de la República Dominicana en el Caribe antes de 2000?

si 조건문(1) : 만일 ···이라면

43

si로 인도되는 조건문으로 **현재 사실의 반대를 가정하지 않는 경우는 직설법 동사를 쓴다. 종속절에서는 직전 과거 및 모든 미래 시제를 제외하고 직설법을 쓰고, 주절에서는 직전 과거를 제외한 직설법 시제를 쓴다.** 직전 과거 (haber의 직설법 부정 과거+과거 분사)는 현대 구어문에서 쓰지 않는다. 직설법 부정 과거로 대신하기 때문이다.

Si él me visita, no quiero verle.

만일 그 사람이 나를 방문한다면 그를 만나고 싶지 않다.

Si tú lo haces, yo también lo **haré**[1].

만일 네가 그 일을 한다면 나도 그 일을 하겠다.

Si me paseo por el parque, ¿qué haces tú en casa?

만일 내가 공원을 산책하면 당신은 집에서 무엇을 할 거요?

Si usted **estuvo**[2] en casa, nos **pudimos**[3] ver.

만일 당신이 댁에 계셨다면 우리는 서로 만날 수 있었다.

Si tú terminas el trabajo antes, avísamelo.

만일 네가 먼저 일을 끝내면 나에게 그것을 알려 다오.

Si María viene a mi oficina, quiero verla con mucho gusto.

만일 마리아가 내 사무실에 온다면 기꺼이 만나고 싶다.

Si tú vienes a mi oficina, puedo verte.

만일 네가 내 사무실에 온다면 너를 만날 수 있다.

Si lo haces quizá yo lo **haga**[4].

만일 네가 그 일을 하면 아마 나도 그 일을 할 지 모른다.

Si mi mujer me telefonea, **dile**[5] que acabo de salir.

만일 내 아내가 나한테 전화하면 방금 나갔다고 그녀에게 말해라.

해설

① **haré** : hacer 동사의 직설법 미래 1인칭 단수형.
② **estuvo** : estar 동사의 직섭법 부정 과거 3인칭 단수형.
③ **pudimos** : poder 동사의 직설법 부정 과거 1인칭 복수형.
④ **haga** : hacer 동사의 접속법 현재 1인칭 단수형.
⑤ **dile** (그녀에게 말해라) : di (말해라)+le (그녀에게).

직설법 미래

규칙 변화를 하는 미래형은 동사 원형에 **-é, -ás, -á, -emos, -éis, -án**를 붙인다.

asar	**entender**	**morir**
asar**é**	entender**é**	morir**é**
asar**ás**	entender**ás**	morir**ás**
asar**á**	entender**á**	morir**á**
asar**emos**	entender**emos**	morir**emos**
asar**éis**	entender**éis**	morir**éis**
asar**án**	entender**án**	morir**án**

sentir 느끼다	ir 가다	soñar 꿈꾸다
hablar 말하다	leer 읽다	traer 가져오다
trabajar 일하다	comprar 사다	contestar 대답하다
correr 달리다	vender 팔다	visitar 방문하다
reñir 싸우다	dormir 자다	entender 이해하다
cantar 노래하다	creer 믿다	permitir 허가하다
descansar 쉬다	morir 죽다	existir 존재하다
invitar 초대하다	vivir 살다	invitar 초대하다
pensar 생각하다	comer 먹다	beber 마시다
llegar 도착하다	tocar 만지다	coger 잡다
colgar 걸다	descolgar 내리다	montar 오르다
enviar 보내다	recibir 받다	estar 있다

01 동사 원형의 어미 -er의 e가 탈락하는 것 (5개)

caber : cabré, cabrás, cabrá, cabremos, cabréis, cabrán

haber : habré, habrás, habrá, habremos, habréis, habrán

poder : podré, podrás, podrá, podremos, podréis, podrán

querer : querré, querrás, querrá, querremos, querréis, querrán

saber : sabré, sabrás, sabrá, sabremos, sabréis, sabrán

02 동사 원형의 어미 -er, -ir의 e나 i가 d로 바뀐 것 (5개)

poner : pondré, pondrás, pondrá, pondremos, pondréis, pondrán

salir : saldré, saldrás, saldrá, saldremos, saldréis, saldrán

tener : tendré, tendrás, tendrá, tendremos, tendréis, tendrán

valer : valdré, valdrás, valdrá, valdremos, valdréis, valdrán

venir : vendré, vendrás, vendrá, vendremos, vendréis, vendrán

03 동사원형 중에 -ec, -ce가 탈락하는 것 (2개)

decir : diré, dirás, dirá, diremos, diréis, dirán

hacer : haré, harás, hará, haremos, haréis, harán

01 미래의 사건을 나타낸다.

Yo lo **haré** en seguida.	즉시 그 일을 하겠다.
María **volverá** a casa dentro de poco.	마리아는 곧 귀가할 것이다.
Ella **tendrá** buena suerte.	그녀는 행운이 있을 것이다.
Yo **saldré** de casa,	비가 억수로 퍼붓지만
aunque llueve a cántaros.	나는 외출하겠다.

02 현재의 일을 상상, 추측하거나 현재 일의 가능성을 나타낸다.

El director **estará** en la oficina.	사장은 사무실에 있을 것이다.
Ella **aprenderá** el piano.	그녀는 지금 피아노를 배울 거야.
Serán las cuatro de la mañana en Madrid.	마드리드는 지금이 새벽 4시일 것이다.
Los niños **dormirán** como un tronco.	아이들은 곤히 자고 있을 것이다.

03 명령을 나타낸다. (21, 64 참조)

Telefonearás pronto.	속히 전화해라.
Las personas interesadas **deberán** enviar por correo urgente o llevar personalmente Curriculum Vitae con fotografía reciente.	((광고)) 관심이 있는 자는 최근에 촬영한 사진과 함께 이력서를 빠른 우편으로 보내거나 직접 가져올 것.

과테말라 Tical 공원에서

과테말라에는 마야 유적지가 많은데 특히 Tical 지역은 1년 열두달 세계 각지에서 관광객이 몰려오는 곳이다. 필자는 이곳 Tical 유적지를 셀 수 없을 정도로 여러 차례 들린 곳인데 Tical 유적지인 밀림을 지나다가 특이하게 생긴 나무에 매달려 보았다. 유적지의 사진들은 어디에서고 볼 수 있을만큼 흔하지만 이런 모습은 생소하면서 흥미있을 것 같아 골라 보았다. (과테말라, 봉재춘 목사님 촬영)

Sevilla, 3 de mayo de 2006

Queridos todos :

Deseamos que **estéis** bien y contentos. Mañana **iremos** a Nerja y

pensamos pasar varias semanas allí, en la Costa del Sol.

Hemos aquilado un apartamento, a tres minutos de la playa.

Espero que **haga** buen tiempo.

Ya podéis imaginar que pensamos pasar el día en la playa

tumbados al sol, nadando, jugando al tenis, etc.

En los próximos días **haremos** varias excursiones

a lugares de interés como Granada.

Aquí en Sevilla, hemos pasado unos días estupendos,

disfrutando mucho con las ferias y todo lo demás.

Luis ha pasado un par de días con nosotros.

Hoy le escribo también.

Le **veréis** pronto,

ya que definitivamente **irá** a Barcelona en el verano.

Todavía no estamos seguros de la fecha de llegada. **Iremos** en

vuelo directo de Málaga a Barcelona. Os **avisaremos** con tiempo.

Un abrazo

Ramón y Julia

2006년 5월 3일, 세비야에서

사랑하는 모두에게

우리는 너희들이 건강하고 만족하길 바란다. 우리는 내일 네르하에 가서
그 곳 꼬스따 델 솔(태양의 해안)에서 여러 주를 보낼 생각이다.

우리는 해변에서 3분 거리에 있는 곳에 아파트를 한 채 세냈단다.

나는 날씨가 좋기를 바란다.

우리가 일광욕을 하면서, 수영도 하고 테니스도 치면서 해변에서 날을
보낼 생각인 것을 너희들은 이제 상상할 수 있을 거야.

며칠 있으면 우리는 그라나다와 같은 명승지를 구경
하게 될 것이다.

이곳 세비야에서 우리는 여러 축제와 다른 모든 것을 무척 즐기면서
정말 멋진 날들을 보냈단다.

루이스는 우리와 이틀을 보냈지.

오늘 그 아이에게도 편지를 쓴다.

최종적으로 그 아이는 여름에는 바르셀로나에 갈 것이기 때문에
너희들은 그 아이를 곧 만나게 될 거야.

아직 우리는 도착 날짜를 확정하지 못했다. 말라가에서 바르셀로나로
직항편으로 가게 될 것이다. 시간을 너희들에게 알려 주마.

재배(再拜)

라몬과 훌리아

A : ¡Hola, mamá! ¿Qué hay para comer?

Tengo un hambre canina.

B : Hay entremeses, sopa de verduras y merluza a la vasca.

C : Hemos tenido carta de tío Ramón.

Mañana **irán**[1] a Nerja.

A : ¿Cuándo vienen?

B : No están seguros. Dicen que nos **avisarán**[2] con tiempo.

A : ¿Dónde los **instalaremos**[3]?

B : Tus tíos **dormirán**[4] en el cuarto de los huéspedes; doña Cristina

ocupará[5] la otra habitación vacante, y Marisol puede dormir en una

cama plegable en el salón.

A : Y, ¿dónde **dormirá**[6] Luis cuando venga?

B : En tu habitación.

Tendremos[7] que poner otra cama plegable allí.

A : Cuando **vengan**[8], no los vamos a reconocer, después de tanto

tiempo. Sobre todo Marisol **estará**[9] muy cambiada.

C : Sí, ya **será**[10] una señorita **hecha y derecha**[11].

해설

① **irán** : ir 동사의 미래 3인칭 복수형
② **avisarán** : avisar 동사의 미래 3인칭 단수형.
③ **instalaremos** : instalar 동사의 미래 1인칭 복수형.
④ **dormirán** : dormir 동사의 미래 3인칭 복수형.

번 역

A : 엄마, 안녕하세요! 식사는 뭐가 있지오?

　　배고파 죽겠어요.

B : 오르되브로, 야채 수프와 바스크식 대구찜이 있어.

C : 라몬 삼촌한테서 편지가 왔는데 내일 네르하에 갈거래.

A : 언제 오시지오?

B : 확실하지는 않아. 우리에게 시간을 알려 주시겠다고 했어.

A : 어디에다 거처를 마련해 드리지오?

B : 네 삼촌과 숙모는 손님방에서 주무실 것이고, 끄리스띠나 여사는 다른 빈

　　방을 차지하실 것이고, 마리솔은 홀에 있는 접침대에서 자면 돼.

A : 그럼 루이스가 오면 어디서 자지오?

B : 네 방에서. 우리가 그곳에 접침대를 하나 더 넣어야 할 거야.

A : 그분들이 오면 하도 오랜만이라 우리는 그들을 알아보지 못할 겁니다.

　　더욱이 마리솔은 많이 변해 있을 겁니다.

C : 맞아, 이제 완전한 처녀가 되었을 거야.

해설

⑤ **ocupará** : ocupar 동사의 미래 3인칭 단수형.

⑥ **dormirá** : dormir 동사의 미래 3인칭 단수형.

⑦ **tendremos** : tener 동사의 미래 1인칭 복수형.

⑧ **vengan** : venir 동사의 접속법 현재 3인칭 복수형.

⑨ **estará** : estar 동사의 미래 3인칭 단수형.

⑩ **será** : ser 동사의 미래 3인칭 단수형.

⑪ **hecho y derecho** : 완전한.

Manolita : ¿Qué te pasa, Teresa? Pareces nerviosa.

Teresa : No me pasa nada. ¿Por qué me lo preguntas?

Manolita : Si no quieres decírmelo, allá tú, pero se ve que algo va mal.

Teresa : Es Diego. **Hace** dos días **que**[1] no le veo
y **ni siquiera**[2] me **ha telefoneado**[3].

Manolita : Bah, no tiene importancia. **Estará**[4] ocupado.
¿Por qué no le llamas tú?

Teresa : Ya le **he llamado**[5] a su casa y su madre
dice que no sabe nada de él.

Manolita : Ya **verás**[6] como te llama hoy. Cuando lo **haga**[7],
finge[8] indiferencia. **Valdrá**[9] **la pena**[10].

Teresa : Sí, le **haré**[11] **creer**[12] que no me importa.
¿Qué **estás haciendo**[13]?

Manolita : **Estoy escribiendo**[14] un artículo para
el periodista nuevo. ¿No te parece muy guapo?

Teresa : No está mal. ¿**Saldrás**[15] con él?

Manolita : Eso **quisiera**[16] yo. Probablemente no **sepa**[17] **que existo**[18].

해설

① **hace … que ~** : ~한지 …되었다.
② **ni siquiera** : …조차 …이 아니다.
③ **ha telefoneado** : telefonear 동사의 직설법 현재 완료 3인칭 단수형.
④ **estará** : estar 동사의 미래 3인칭 단수형.
⑤ **he llamado** : llamar 동사의 직설법 현재 완료 1인칭 단수형.
⑥ **verás** : ver 동사의 미래 2인칭 단수형
⑦ **finge** : fingir 동사의 tú의 긍정 명령.
⑧ **haga** : hacer 동사의 접속법 현재 3인칭 단수형.

마놀리따 : 떼레사, 무슨 일이냐? 신경질적인 것 같은데.

떼레사 : 아무 일도 아니야. 왜 나한테 그런 질문을 하니?

마놀리따 : 나한테 그걸 말하기 싫으면 그만 두어라. 그렇지만
뭔가 좋지 않아 보이는군.

떼레사 : 디에고 때문이야. 그를 만나지 않은지가 이틀 되었는데 나한테
전화 조차 없군 그래.

마놀리따 : 어렵쇼! 별것은 아닐 거야. 바쁘겠지. 네가 전화해 보지 그래?

떼레사 : 그의 집으로 벌써 전화했는데 그의 어머니가 하는 말이 그 아이에
대해서는 아무것도 모른데 글쎄.

마놀리따 : 오늘 너한테 전화할 줄 넌 알고 있지 않아.
전화하면 무관심한 체해라. 그래도 될 거야.

떼레사 : 맞았어. 내가 관심이 없다는 걸 믿게 해 주겠어.
너 지금 무엇을 하고 있니?

마놀리따 : 신임 신문기자를 위해 기사를 쓰고 있는 중이야.
미남이라 생각되지 않니?

떼레사 : 나쁜 것 같지는 않아. 너 그 기자와 외출할 거니?

마놀리따 : 그러고 싶지만. 아마 내가 있다는 걸 모를 거야.

해설

⑨ **valdrá** : valer 동사의 미래 3인칭 단수형.

⑩ **valer la pena** : (그럴만한) 가치가 있다.

⑪ **haré** : hacer 동사의 미래 1인칭 단수형.

⑫ **haré creer** (내가 믿게 하겠다) : hacer ＋동사 원형＝사역.

⑬ **estás haciendo** : hacer 동사의 현재 진행 2인칭 단수형.

⑭ **estoy escribiendo** : escribir 동사의 현재 진행 1인칭 단수형.

⑮ **saldrás** : salir 동사의 미래 2인칭 단수형.

⑯ **quisiera** : querer 동사의 접속법 과거 1인칭 단수형.

⑰ **sepa** : saber 동사의 접속법 현재 3인칭 단수형.

⑱ **que existo** (내가 있다는 것을) : 명사절로 sepa의 목적어.

A : Para mi madre puedes comprar una caja de bombones.

B : De acuerdo. **Se la**[1] compraré.

A : Para mi padre puedes comprar un par de corbatas.

B : Bueno. **Se las**[2] compraré.

A : Y para mí, si no cuestan mucho, **quisiera**[3] unas flores.

B : Claro que **te las**[4] compraré : rosas rojas.

　　Sabes que te quiero mucho.

해설

① **se las** (그녀에게 그것들을) : le las에서 le가 se로 바뀜.
② **se las** (그에게 그것들을) : le las에서 le가 se로 바뀜.
③ **quisiera** : querer 동사의 접속법 과거 1인칭 복수. 현재에서
　　완곡한 표현을 할 때 쓴다.
④ **te las** (너에게 그것들을) : las 는 unas flores를 받는다.

번 역

A : 내 어머니한테는 봉봉 한 상자 사 주면 돼.

B : 알았다. 그녀에게 그것을 사 줄게.

A : 내 아버지한테는 넥타이 두 개를 사 주면 돼.

B : 좋아. 그에게 그것들을 사 줄게.

A : 그리고 나한테는, 비싸지 않으면, 꽃을 몇 송이 사 주었으면 한다.

B : 물론 너에게 그것들을 사 주마. 붉은 장미 말이야.

　　내가 너를 무척이나 사랑하고 있다는 것을 너는 알고 있잖아.

1. 나는 너를 카페테리아에서 기다리겠다.

2. 우리는 최소한(por lo menos) 이제 몸을 씻고, 머리를 빗고, 면도할 수 있겠다.

3. 너희들은 이곳에서 일광욕을 할(tomar el sol) 수 있을 것이다.

4. 당신 나에게 언제 최신 모델(modelo más reciente) 휴대 전화(el teléfono móvil)를 사 줄 거예요?

5. 여러분들에게 내 약혼녀(la prometida)를 소개하겠습니다.

6. 여러분들은 지금 내 가족과 인사하(conocer)시게 될 겁니다.

7. 언젠가(Algún día) 나는 반드시(sin falta) 사장이 되겠다.

8. 내 가족과 나는 곧 마드리드에 있게 될 것이다.

9. 우리들은 내일 함께(juntos) 해변에 갈 것이다(ir a la playa).

10. 다음 주에(la semana que viene) 그것을 모두 수리하겠습니다.

번 역

1. Te esperaré en la cafetería.

2. Por lo menos ahora podremos lavarnos, peinarnos y afeitarnos.

3. Vosotros podréis tomar el sol aquí.

4. ¿Cuándo me comprarás un teléfono móvil de modelo más reciente?

5. Les presentaré a mi prometida a ustedes.

6. Ahora ustedes conocerán a mi familia.

7. Algún día yo seré director sin falta.

8. Mi familia y yo pronto estaremos en Madrid.

9. Mañana iremos juntos a la playa.

10. La semana que viene lo arreglaremos todo.

작문 31   Tradúzcanse el coreano al español.

1. 갑동이는 집에 있을 것이다.

2. 선글라스(las gafas de sol)가 어디 있을까?

3. 나는 오늘 밤에 가방을 꾸릴려고 한다.

4. 당신은 내일 오전에(mañana por la mañana) 무엇을 할 겁니까?

   나는 내일 오전에 장보러 갈 겁니다(ir de compras).

5. 누가 오늘 저녁에 식사를 준비해야 할까요?

6. 토요일에 한가하시면 극장에 가실 겁니까?

7. 우리는 이번 토요일에 파티를 열 겁니다.

8. 내 한 친구가 이번 주말에 나를 집에 초대할 것이다.

9. 내일 집에서 점심을 먹을 겁니까?

10. 비행기는 로스 안젤레스에 기착합니까 바로 멕시코로 갑니까?

번 역

1. Gapdong estará en casa.

2. ¿Dónde estarán las gafas de sol?

3. Haré las maletas esta noche.

   Voy a hacer las maletas esta noche.

4. ¿Qué hará usted mañana por la mañana?

   Mañana por la mañana iré de compras.

5. ¿Quién tendrá que preparar la comida esta noche?

6. Si usted tiene el sábado libre, ¿irá al cine?

7. Daremos una fiesta este sábado.

8. Un amigo mío me invitará a su casa este fin de semana.

9. ¿Almorzarás en casa mañana?

10. ¿Hará escala en Los Angeles el avión o irá directamente a México?

직설법 미래 완료

45

El futuro perfecto de indicativo
= haber의 미래+과거 분사

조동사 **haber**의 미래형에 과거 분사를 합하여 만든다.

habré	
habrás	
habrá	estudiado
habremos	aprendido
habréis	asistido
habrán	

>> 용 법

Tú habrás vuelto a Seúl para
el fin de semana.

너는 늦어도 주말까지는
귀경해야 할 것이다.

¿**Habrá podido usted** llegar a
Santiago para el 1 de octubre.

당신은 늦어도 10월 1일까지
산띠아고에 도착할 수 있겠소?

Habré terminado el trabajo
para el mediodía.

늦어도 정오까지는 일을 끝내겠소.

Habrás tenido que hacerlo
antes de acostarte.

너는 자기 전까지는 그 일을
해내야 할 것이다.

Él habrá ido a España para
el fin del año.

그는 연말까지는 스페인에
가야 할 것이다.

Vosotros os habréis divertido
mucho en la playa.

너희들 해변에서 무척
즐겁게 보냈겠구나.

Juan ya **habrá llegado** a Madrid.

후안은 이미 마드리드에
도착했을 것이다.

Ellos lo **habrá pasado** bien en
la Costa del Sol.

그들은 꼬스따 델 솔에서
잘 지냈을 것이다.

Ella habrá estado en La Habana.

그녀는 라 아바나에 간 적이 있을 것이다.

Él habrá comido la torta
a la mexicana.

그는 멕시코식 또르따를
먹어 보았을 거야.

¿**Habrás tomado** la tequila?

네가 떼낄라를 마셔 본 적이 있을까?

>> 회화 42

A : **¿Os habéis bañado**[1] ya?

B : Sí. **Hemos estado nadando**[2] tres horas.

A : Y los niños **¿se han bañado**[3] también?

B : Los niños **se han quedado**[4] en la playa **tomando el sol**[5].

A : **Os habréis divertido**[6] mucho, **¿no?**[7]

B : ¡Uf! Después de estar un año sin nadar,

　　me siento[8] más muerto que vivo.

해설

① **Os habéis bañado** : bañarse의 직설법 현재 완료 2인칭 복수.
② **Hemos estado nadando** : nadar 동사의 직설법 현재 완료 진행.
③ **se han bañado** : bañarse의 직설법 현재 완료 3인칭 복수형.
④ **se han quedado** : quedarse의 직설법 현재 완료 3인칭 복수형.
⑤ **tomando el sol** : 일광욕하면서.
⑥ **os habréis divertido** : divertirse 의 미래 완료 2인칭 복수.
⑦ **¿no?** : 부가 의문문.
⑧ **me siento** : sentirse의 직설법 현재 1인칭 단수형.

번역

A : 너희들 벌써 수영 다 했니?

B : 응. 우리는 세 시간 수영을 했어.

A : 그럼 아이들도 수영했니?

B : 아이들은 일광욕을 하면서 해변에 있었어.

A : 그럼 너희들은 무척 재미있었겠구나.

B : 말도 마라! 1년만에 수영을 하니 죽을 맛이었어.

작문 32　　**Tradúzcanse el coreano al español.**

1. 나는 늦어도 내일까지는(para mañana) 그 소설을 다 읽을 것이다.

2. 주말(el fin de semana)까지는 제 컴퓨터(mi ordenador)를 수리해 (componer) 주시겠지요.

3. 여러분들은 오후 5시 이전에 서울에 도착해 있을 겁니다.

4. 또 한 차례(otra vez) 한강에서 수영하(bañarse)면 그곳에서 네 차례 수영하는 것이 될 것이다.

5. 소포(el paquete postal)는 벌써 발송했을 겁니다.

6. 당신은 일곱 시까지는 저녁 식사를 할 겁니까?

7. 사장님께서는 토요일에 스페인에 도착하실 겁니다.

8. 이 편지가 도착할 때까지는(para cuando) 네가 이미 회복되어 있을 것이라고 나는 생각하고 있다.

9. 내 사촌누이들은 장보로 갔을 겁니다(ir de compras).

10. 아나는 자기보다 훨씬 연상의 남자(hombre mucho mayor)와 결혼했을 것이다(casarse con).

11. 아이들은 낮잠을 자고 있었을 것이다(dormir la siesta).

해 답

1. Habré leído la novela para mañana.

2. Habrán compuesto mi ordenador para el fin de semana.

3. Ustedes habrán llegado a Seúl antes de las cinco de la tarde.

4. Si me baño en el río Han otra vez, me habré bañado allí cuatro veces.

5. Ya habrán enviado el paquete postal.

6. ¿Habrás cenado para las siete?

7. El director habrá llegado a España el sábado.

8. Para cuando llegue esta carta, creo que ya te habrás restablecido.

9. Mis primas habrán ido de compras.

10. Ana se habrá casado con un hombre mucho mayor.

11. Los niños habrán estado durmiendo la siesta.

동사 원형의 용법

46

El uso del infinitivo

동사 원형은 **주어, 보어, 목적어 및 전치사의 목적어가 된다**. 영어의 부정사 (to infinitive)와 동명사의 역할을 한다.

Querer es **poder**.   뜻 있는 곳에 길이 있다.

El ver es **creer**.   백문이 불여일견

Quiero **ver**te ahora mismo.   지금 당장 너를 보고 싶다.

Me alegro de **ver**te.   너를 만나게 되어 반갑다.

Tengo mucho gusto en   처음 뵙겠습니다.

conocerle a usted.   (알게 되어 무척 기쁩니다)

Vamos a **perder** el tren.   우리 기차 놓치겠다.

¿En qué puedo **server**la,   아가씨, 무엇을 도와 드릴까요?

señorita?

¿Qué vas a **tomar**?   너는 무엇을 먹을 거니?

Más vale **pedir** que hurtar.   도둑질하는 것보다 구걸하는 편이 낫다.

Siento mucho **haber**le   당신을 기다리게 해서 대단히

hecho esperar.   미안합니다.

Entre **saber** y **enseñar**   아는 것과 가르치는 것과는

hay gran diferencia.   다르다.

Comer para **vivir** y no   살기 위해 먹는 것이지

vivir para **comer**.   먹기 위해 사는 것이 아니다.

Ayer vi a la chica **bajarse**   어제 나는 그 아가씨가 버스

del autobús.   에서 내리는 것을 보았다.

Oí **llorar** y **gritar** al niño.   사내아이가 울고불고하는 소리를

나는 들었다.

Nunca le he oído **hablar**   나는 그가 다른 사람을 험담하

mal de otros.   는 것을 한 번도 듣지 못했다.

Si quieres **asegurar** la paz,   《속담》 평화를 원하거든

prepárate para la guerra.   전쟁을 준비해라.

En el apartamento

A : Buenas tardes, señores. ¿**Han tenido**[1] **buen**[2] viaje?

B : Sí, gracias. **Mucho gusto en conocerla**[3].

A : **Esta primera puerta**[4], **a la izquierda**[5] del vestíbulo,

da a[6]l **cuarto de aseo**[7].

C : **Me alegro de**[8] **que**[9] **haya**[10] ducha y un lavabo extras. Así

tendremos[11] **donde ir**[12] **cuando Marisol se encierre**[13]

en el cuarto de baño[14 · 15].

A : Y éstos son los dos dormitorios **más pequeños**[16].

D : **¡Caramba!** Éste es **el salón-comedor**[17].

Es raro encontrar[18] habitaciones tan amplias en un piso tan

moderno.

C : ¡Qué **tresillo**[19] tan bonito! ¿**Será**[20] **de**[21] cuero?

B : No, sólo imitación.

D : La mesa de comedor **parece**[22] de **madera de roble**[23].

E : ¡Oh! **Vamos a**[24] ver la terraza.

¡Qué vista tan magnífica con el mar a nuestros pisos!

B : **¡Mirad!**[25] **¡Qué hermosa**[26] **puesta del sol**[27]!

D : Casi **podremos**[28] **tomar el sol**[29] aquí, sin necesidad de ir a la playa.

B : ¡Ah! Aquí tenemos la cocina. Me gusta y la cocina es eléctrica.

Más cómoda y limpia **que**[30] **la de**[31] gas.

E : Mamá, el baño es precioso. Todo es de color rosa :

las paredes, el techo, el lavabo, el bidé, todo.

아파트에서

A : 여러분, 안녕하세요.

　여행은 좋으셨습니까?

B : 예, 덕분에. 처음 뵙겠습니다.

A : 현관 왼쪽에 이 첫 문은 화장실로 나 있습니다.

C : 샤워실과 세면장이 추가로 있어서 반갑구나.

　이래서 마리솔이 화장실에 쳐박혀 나오지 않을 때 갈 곳이 있게 되었군.

A : 그리고 이것들은 가장 작은 두 개의 침실입니다.

D : 맙소사! 이것은 홀 겸용 식당이군.

　이렇게 현대적인 아파트에 이렇게 넓은 방이 있는 건 드문 일입니다.

C : 야, 예쁜 응접 세트군! 가죽 제품일까?

B : 아니예요, 모조품일 뿐입니다.

D : 식당의 탁자는 떡갈나무 같은데.

E : 오! 테라스에 가 봅시다.

　발 아래 바다와 잘 어울리는 경치군요!

B : 보세요! 정말 아름다운 **석양**이군요!

D : 바닷가에 갈 필요없이 이곳에서 일광욕을 할 수 있을 것 같소.

B : 아! 여기에 주방이 있군요.

　마음에 듭니다. 전기 레인지군요.

　가스 레인지보다 더 편하고 깨끗해요.

E : 엄마, 욕실이 아름답군요. 온통 장밋빛이군요.

　벽, 천정, 세면대, 비데 그리고 모두가요.

B : Me gusta nuestro dormitorio.

Da a[6] la piscina.

Los muebles son bonitos y estas cortinas amarillas también.

C : Marisol, ¿**quieres**[32] bajar la televisión, por favor?

No **sé**[33] **cómo puedes soportar ese ruido infernal**[34].

D : Además **hemos venido**[35] aquí a descansar,

no a enfermar de los nervios.

C : ¡**Gracias a Dios**[36] que no hay tocadiscos en el apartamento!

① **han tenido** : tener 동사의 현재 완료 3인칭 복수형.

② **buen** : bueno가 남성 단수 명사 앞에 오면 o탈락.

③ **Mucho gusto en conocerla** : 처음 뵙겠습니다.

④ **esta primera puerta** : da의 주어.

⑤ **a la izquierda** : 왼쪽에.

⑥ **dar a** : …에 면해 있다.

⑦ **el cuarto de aseo** : 화장실.

⑧ **Me alegro de** : 나는 기쁘다. alegrarse de que+접속법.

⑨ **que** : 명사절을 이끄는 접속사. Me alegro de의 목적어.

⑩ **haya** : hay의 접속법. haber 동사의 접속법 현재 3인칭 단수형.

⑪ **tendremos** : tener 동사의 미래 1인칭 복수형.

⑫ **donde ir** : 갈 곳.

⑬ **se encierre** : encerrarse의 접속법 현재 3인칭 단수형.

⑭ **cuando … baño** : 부사절.

⑮ **el cuarto de baño** : 욕실, 목욕실.

⑯ **más pequeños**(가장 작은) : 비교급이 명사 dormitorios을 수식하면 최상급.

⑰ **el salón-comedor** : 홀 겸용 식당.

⑱ **Es raro encontrar** : 발견하는 것은 드물다.

B : 우리의 침실이 마음에 들군요.

수영장으로 통해요.

가구들은 예쁘고, 또 이 노란 커튼들도 예쁘네요.

C : 마리솔, 텔레비전 소리 좀 낮추어 주겠니?

그 지독한 소리를 어떻게 참을 수 있는지 모르겠구나.

D : 더욱이 우리는 이곳에 쉬러 왔지

신경을 쓰려고 온 게 아니야.

C : 그나마 아파트에 전축이 없어서 정말 천만다행이구나!

해설

⑲ **el tresillo** : 응접 세트.

⑳ **será** : ser 동사의 직설법 미래 1인칭 단수형.

㉑ **ser de** : …의 제품이다, …로 만들어지다.

㉒ **parece** : … 같다.

㉓ **la madera de roble** : 떡갈나무 목재.

㉔ **Vamos a** +동사 원형 : …하자, …합시다.

㉕ **Mirad** : mirar(보다) 동사의 vosotros 긍정 명령.

㉖ **¡Qué hermosa!** : qué +「형용사 · 부사 · 명사」는 감탄문이다.

㉗ **la puesta del sol** : 석양(夕陽).

㉘ **podremos** : poder 동사의 미래 1인칭 복수형.

㉙ **tomar el sol** : 일광욕하다.

㉚ **más … que ～** : ～보다 더 ….

㉛ **la de** : la cocina de (의 레인지) 에서 cocina가 생략.

㉜ **quieres** : querer 동사의 직설법 현재 2인칭 단수형.

㉝ **sé**(나는 안다) : saber(알다) 동사의 1인칭 단수형.

㉞ **cómo … infernal** : sé의 목적으로 명사절.

㉟ **hemos venido** : venir 동사의 현재 완료 1인칭 복수형.

㊱ **Gracias a Dios** : 하느님 덕택에; 천만다행이다.

1. 우리 식사하지 그래요?
2. 값이 오른다고 합니다.
3. 잠깐만 기다려 주십시오.
4. 스페인어를 배우는 것은 국제 사회에서 매우 중요한 일이다.
5. 그 여자를 방문할 기회를 가져서 무척 기쁘다.
6. 신고하실 것이라도 있습니까?
7. 내 한 친구는 스페인어와 영어를 유창하게(con fluidez) 한다.
8. 나는 가끔(de vez en cuando) 야구 구경 가는 것을 무척 좋아한다.
9. 현대는 인터넷 시대(la era del internet) 라고 말해도 과언은 아니다(no es exageración).
10. 소방차(bombero)가 도착하기 전에 화재는 진화되었다.
11. 우리는 할 일이 많(mucho que hacer)아서 올 수 없었다.
12. 달러를 에우로로 환전했으면 싶습니다(Quisiera cambiar).

번 역

1. ¿Por qué no vamos a comer?
2. Se dice que van a subir.
3. Tenga la bondad de esperar un momento.
4. Es muy importante aprender español en la sociedad internacional.
5. Me alegro mucho de haber tenido la oportunidad de visitarla.
6. ¿Tiene usted algo que declarar?
7. Un amigo mío habla español e inglés con fluidez.
8. Me gusta mucho ir al béisbol de vez en cuando.
9. No es exageración decir que el tiempo actual es la era del internet.
10. Se extinguió el incendio antes de llegar los bomberos.
11. No pudimos venir, porque teníamos mucho que hacer.
12. Quisiera cambiar el dólar con el euro.

1. 다시 내 자신을 소개하겠습니다.
2. 제 자신을 여러분께 소개하겠습니다.
3. 지는 것(perder)이 때로는(a veces) 이기는 것(ganar)이다.
4. 나는 오늘 쇼핑(hacer las compras)을 시작해야 한다(tener que empezar).
5. 기다리게 해서(hacer esperar) 죄송합니다(sentir).
6. 나도 구두 한 켤레(un par de zapatos)를 사야 한다(necesitar comprar)
7. 무식한 사람은 장님이나 마찬가지이다.
8. 예방은 치료보다 낫다.
9. 부부 싸움은 칼로 물 베기.
10. 거자일소(去者日疎)/안 보면 정도 멀어진다.
11. 집처럼 안전한 곳은 없다.
12. 살기 위해서 먹지 먹기 위해선 사는 것이 아니다.
13. 배우는데는 늦는 법이 없다.

번 역

1. Volveré a presentarme yo mismo/misma.
2. Permítame presentarme a mí mismo/misma.
3. Perder a veces es ganar.
4. Tengo que empezar a hacer las compras hoy.
5. Siento haberle hecho esperar.
6. Yo también necesito comprarme un par de zapatos.
7. No saber es como no ver.
8. Más vale prevenir que curar [lamentar].
9. Riñen a menudo los amantes por el gusto de hacer las paces.
10. Del mirar nace el amar, y del no ver, olvidar.
11. El mejor caminar es no salir de casa.
12. Comer para vivir y no vivir para comer.
13. Para aprender nunca es tarde.

접속법 현재(接續法現在)

47

El presente de subjuntivo

앞에서 배운 **직설법은 사실 그대로, 확실한 것을 나타낼 때 사용했으나**, 접속법은 영어의 가정법에 해당하는 것으로 **사실에서 벗어나거나 불확실한 것을 나타낼 때 사용한다.** 종속문인 명사절, 형용사절, 부사절이 접속법을 사용해야 하는 조건에 맞으면 접속법을 사용하기 때문에 그 조건을 배우면 된다. 따라서 **복문(複文)에서 주절의 동사가 희망, 요구, 명령, 권고, 허가, 금지, 필요, 목적, 의혹, 의문, 불확실, 부정, 무지, 감정을 나타낼 때는 종속절의 동사에 접속법이 요구된다.** 그러기 위해서는 주절의 동사와 종속절의 동사의 주어가 다른 사람이라야 할 필요가 있다. 접속법 동사는 종속문 중에 쓰는 것과 독립문에서 쓰는 경우가 있지만, 종속문에서 사용되는 편이 많으며 접속사 **que** 와 접속되어 주동사에 지배되는 것이므로 접속법(**modo subjuntivo**) 이라는 명칭이 붙었다.

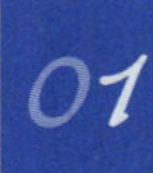

 규칙형 : **-ar** 동사는 어미 **-ar**를 **-e, -es, -e, -emos, -éis, -en**으로, **-er**와
-ir 동사는 **-er**와 **-ir**를 **-a, -as, -a, -amos, -áis, -an**으로 바꾼다.

cant**ar**	com**er**	abr**ir**
cant**e**	com**a**	abr**a**
cant**es**	com**as**	abr**as**
cant**e**	com**a**	abr**a**
cant**emos**	com**amos**	abr**amos**
cant**éis**	com**áis**	abr**áis**
cant**en**	com**an**	abr**an**

02 불규칙형

1) 불규칙한 직설법 현재 1인칭 단수형의 어미 -o를 -a, -as, -a, -amos,
-áis, -an으로 바꾸어 놓으면 된다.

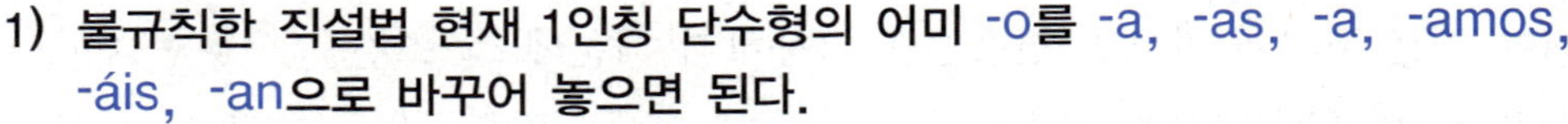

tener ： teng**o** → teng**a**, teng**as**, teng**a**, teng**amos**, teng**áis**, teng**an**

venir ： veng**o** → veng**a**, veng**as**, veng**a**, veng**amos**, veng**áis**, veng**an**

poner ： pong**o** → pong**a**, pong**as**, pong**a**, pong**amos**, pong**áis**, pong**an**

salir ： salg**o** → salg**a**, salg**as**, salg**a**, salg**amos**, salg**áis**, salg**an**

decir ： dig**o** → dig**a**, dig**as**, dig**a**, dig**amos**, dig**áis**, dig**an**

hacer ： hag**o** → hag**a**, hag**as**, hag**a**, hag**amos**, hag**áis**, hag**an**

traer ： traig**o** → traig**a**, traig**as**, traig**a**, traig**amos**, traig**áis**, traig**an**

oír ： oig**o** → oig**a**, oig**as**, oig**a**, oig**amos**, oig**áis**, oig**an**

caer ： caig**o** → caig**a**, caig**as**, caig**a**, caig**amos**, caig**áis**, caig**an**

valer ： valg**o** → valg**a**, valg**as**, valg**a**, valg**amos**, valg**áis**, valg**an**

aser ： asg**o** → asg**a**, asg**as**, asg**a**, asg**amos**, asg**áis**, asg**an**

ver ： ve**o** → ve**a**, ve**as**, ve**a**, ve**amos**, ve**áis**, ve**an**

2) 어근 모음 변화 동사도 직설법 현재형과 마찬가지로 어근 모음 e를 ie로, o 를 ue로 바꾸고, 접속법 현재의 규칙형처럼 활용시키면 된다.

sentar : s**ie**nto → siente, sientes, siente, sentemos, sentéis, sienten
cerrar : c**ie**rro → cierre, cierres, cierre, cerremos, cerréis, cierren

querer : qu**ie**ro → quiera, quieras, quiera, queramos, queráis, quieran
perder : p**ie**rdo → pierda, pierdas, pierda, perdamos, perdáis, pierdan

contar : c**ue**nto → cuente, cuentes, cuente, contemos, contéis, cuenten
costar : c**ue**sto → cueste, cuestes, cueste, costemos, costéis, cuesten

poder : p**ue**do → pueda, puedas, pueda, podamos, podáis, puedan
doler : d**ue**lo → duela, duelas, duela, dolamos, doláis, duelan

3) -ir로 끝나는 동사가 직설법 현재에서 어근 모음이 e가 ie로, e가 i로, o가 ue로 변하는 동사는 접속법 현재 1인칭 복수형과 2인칭 복수형에서 e는 i 로, o는 u로 바뀐다.

sentir : s**ie**nto → sienta, sientas, sienta, s**i**ntamos, s**i**ntáis, sientan
mentir : m**ie**nto → mienta, mientas, mienta, m**i**ntamos, m**i**ntáis, mientan
referir : ref**ie**ro → refiera, refieras, refiera, ref**i**ramos, ref**i**ráis, refieran

pedir : p**i**do → pida, pidas, pida, p**i**damos, p**i**dáis, pidan
servir : s**i**rvo → sirva, sirvas, sirva, s**i**rvamos, s**i**rváis, sirvan
vestir : v**i**sto → vista, vistas, vista, v**i**stamos, v**i**stáis, vistan

dormir : d**ue**rmo → duerma, duermas, duerma, d**u**rmamos, d**u**rmáis,
                     duerman
morir : m**ue**ro → muera, mueras, muera, m**u**ramos, m**u**ráis, mueran.

4) 직설법 현재 1인칭 단수형을 기초로 하지 않는 동사가 있다. **estar, dar, ser, ir, saber, haber** 등 여섯 개의 동사는 직설법 현재 1인칭 단수가 o로 끝나지 않았기 때문에 이 동사들은 완전 불규칙에 해당되지만 어미 변화는 규칙처럼 활용되고 있다.

estar : est**oy** → est**é**, est**és**, est**é**, estemos, est**éis**, est**én**

ser : s**oy** → sea, seas, sea, seamos, seáis, sean

dar : d**oy** → d**é**, des, d**é**, demos, deis, den

ir : v**oy** → vaya, vayas, vaya, vayamos, vayáis, vayan

saber : s**é** → sepa, sepas, sepa, sepamos, sepáis, sepan

haber : h**e** → haya, hayas, haya, hayamos, hayáis, hayan

5) 동사 원형의 원음과 악센트의 위치를 보존하기 위해 변화를 하는 동사가 있다.

sa**car** → sa**que**, sa**ques**, sa**que**, sa**quemos**, sa**quéis**, sa**quen**

lle**gar** → lle**gue**, lle**gues**, lle**gue**, lle**guemos**, lle**guéis**, lle**guen**

al**zar** → al**ce**, al**ces**, al**ce**, al**cemos**, al**céis**, al**cen**

ven**cer** → ven**za**, ven**zas**, ven**za**, ven**zamos**, ven**záis**, ven**zan**

zur**cir** → zur**za**, zur**zas**, zur**za**, zur**zamos**, zur**záis**, zur**zan**

delin**quir** → delin**ca**, delin**cas**, delin**ca**, delin**camos**, deli**cáis**, delin**can**

co**ger** → co**ja**, co**jas**, co**ja**, co**jamos**, co**jáis**, co**jan**

se**guir** → si**ga**, si**gas**, si**ga**, si**gamos**, si**gáis**, si**gan**

exi**gir** → exi**ja**, exi**jas**, exi**ja**, exi**jamos**, exi**jáis**, exi**jan**

env**iar** → env**íe**, env**íes**, env**íe**, enviemos, enviéis, env**íen**

sit**uar** → sit**úe**, sit**úes**, sit**úe**, situemos, situéis, sit**úen**

6) 특수 동사

oler : **h**uela, **h**uelas, **h**uela, olamos, oláis, **h**uelan.

jugar : **jue**gue, **jue**gues, **jue**gue, juguemos, juguéis, **jue**guen

명사절에서의 접속법(1)

48

주절의 동사가 희망, 요구, 명령, 권고, 허가, 금지, 필요, 사역 등의 뜻을 가질 때 종속절에서는 접속법을 쓴다. 종속절에서 접속법 동사를 요하는 주절의 주요동사들은 **querer, desear, esperar, pedir, mandar, ordenar, aconsejar, recomndar, permitir, prohibir, necesitar, rogar, hacer, sugerir 등이다.** 다시 말하면 이런 동사들 다음에 que 이하의 명사절에서는 무조건 접속법 동사를 사용하면 된다.

Espero que Vd. no **se olvide**
de nosotros.

당신이 우리를 잊지 말기를
나는 바란다.

Quiero que tú **aprendas**
el español.

나는 네가 스페인어를 배우길
바란다.

Mis padres **quieren** que
yo **sea** funcionario público.

내 부모님께서는 내가
공무원이 되길 바라신다.

Él **desea que** yo **escriba**
en Madrid.

그는 내가 마드리드에서
편지하길 원한다.

Deseo que me **escribas**
cuanto antes.

나는 네가 되도록 빨리
나에게 편지하길 바란다.

El médico me **aconseja que**
no **fume**.

의사는 나에게 담배를 피우지
말라고 권한다.

El profesor nos **manda que**
hablemos en español.

선생님은 우리에게 스페인어로
말하라고 명령하신다.

Mi padre me **permite que**
viaje por la América Latina.

내 부친께서는 내가 라틴아메리
카를 여행하는 것을 허락하신다.

Pido que no me **molestes**.

나는 네가 나를 귀찮게 하지 말기를
부탁한다.

Ruéguele **que** me **enseñe**
espanol.

나에게 스페인어를 가르쳐 달라고
그에게 부탁해 주십시오.

La compañía **prohíbe que**
los obreros **hagan** huelga.

회사는 공장 노동자들이 파업하는
것을 금하고 있다.

Esto **hace que** yo no salga.

이 일로 나는 외출하지 않는다.

Dile a él **que** venga.

그에게 오라고 말해라.

Dile a él que ella viene.

그녀가 온다고 그에게 말해라.

49

명사절에서의 접속법(2)

주동사가 **희노애락 등 감정적인 관념**을 가질 때 종속절에서 접속법을 쓴다.

Me alegro de que usted **venga** a Corea.	당신이 한국에 온다니 기쁘다.
Ella **siente** mucho **que** yo **salga** de Corea.	그녀는 내가 한국을 떠난다니 섭섭해 한다.
Siento mucho **que** él no **pueda** verme.	그 사람이 나를 만날 수 없다니 나는 무척 섭섭하다.
Temo que el Sr. Kim no **esté** en casa ahora.	김 선생이 지금 집에 없을까 걱정이다.
Mi madre **teme** mucho **que** yo no **tenga** éxito en el examen.	내 어머님께서는 내가 시험에 불합격될까 무척 걱정을 하고 계신다.
Ella **tiene miedo de que** su hija **esté** enferma.	그녀는 딸이 아플까 걱정이다.
Me **extraña**[1] **que** él **sea** abogado.	그가 변호사라니 이상하다.
Me **sorprende**[2] **que** ella **sea** soltera.	그녀가 독신이라니 놀랍다.

해설

① **extraña** : extrañar (이상하게 생각되다) 동사의 직설법 현재 3인칭 단수형으로 비인칭 표현이다. que 이하가 이 문장의 주어이기 때문에 동사가 3인칭 단수가 되었다.

② **sorprende** : sorprender (놀라게 하다) 동사의 직설법 현재 3인칭 단수형. extraña와 같은 용법이다.

명사절에서의 접속법(3)

50

주절의 동사가 **의문, 불확실, 부정, 무지** 등의 뜻을 가질 때 종속절에서 접속법을 쓴다.

Dudo que ella **pueda** venir
tan temprano.

그녀가 그렇게 일찍 올
수 있을지 의심스럽다.

Dudo que el tren **llegue**
a tiempo.

열차가 제 시간에 도착할지
의심스럽다.

Ella **duda que** yo **estudie**
mucho.

그 여자는 내가 공부를
열심히 할지 의심한다.

No creemos que él **pueda**
resolverlo.

우리는 그가 그것을 해결할
수 있다고 믿지 않는다.

No **puedo creer que** ella lo
haga sin ayuda.

나는 그 여자가 혼자 힘으로
그것을 하리라고 믿지 않는다.

No creo que llueva mucho.

비가 많이 오리라고는
생각하지 않는다.

No creo que él **sea** profesor.

나는 그가 교수라고 믿지 않는다.

Los alumnos **no creen que**
un amigo suyo les **hablen**.

학생들은 친구가 말하는
것을 믿지 않는다.

Nadie cree que ella **vaya** a
España.

아무도 그 여자가 스페인에
가리라고 믿지 않는다.

Niego que mi hijo **se case**
con la señoita Kim.

나는 내 자식이 김 양과
결혼하는 것을 거절한다.

El **ignora que** tú **seas**
española.

그는 네가 스페인 사람이라는
것을 모르고 있다.

No estoy seguro de que
ella me **llame** por teléfono.

나는 그 여자가 나에게
전화하리라는 확신이 없다.

형용사절에서의 접속법

51

관계 대명사 **que**를 쓰는 글에서 선행사인 사람이나 물건의 존재가 불확실하거나 부정(否定)되는 경우에 **que** 다음의 관계절 중의 동사는 접속법을 사용한다.

Quiero comprar **una corbata que sea** bonita.

나는 예쁜 넥타이를 하나 사고 싶다.

No hay **nadie que** le **conozca** mejor que nosotros.

그를 우리보다 더 잘 알고 있는 사람은 없다.

Escoja usted **cualquiera que** le **guste**.

당신 마음에 드는 것은 무엇이든 고르세요.

¿Conoces a **alguien que estuviera**[1] allí durante la huelga?

파업 동안 그곳에 있었던 사람을 누구 알고 있느냐?

No hay **nada que** nosotros **necesitemos**.

우리가 필요한 것은 아무것도 없다.

¿No había **nadie** allí **que supiera**[2] escribir a máquina?

타자 칠 줄 아는 사람이 그곳에는 아무도 없었습니까?

Haré **lo que** usted me **pida**.

당신이 (앞으로) 나에게 부탁할 것을 하겠다.

Haré lo que usted me **pide**.

당신이 지금 나에게 부탁한 것을 (나중에) 하겠다.

Quienquira que sea, no quiero verle.

그 사람이 누구이건 간에 나는 그를 만나고 싶지 않다.

Adondequiera que vayas, te acompaño.

그대가 가는 곳은 어디라도 그대를 따라간다.

해설

① **estuviera** : estar 동사의 접속법 불완료 과거 3인칭 단수형.
② **supiera** : saber(알다) 동사의 접속법 불완료 과거 3인칭 단수형.

52

항상 접속법을 사용하는 경우

antes (de) que …하기 전에

para que …하도록, …하기 위해서

a fin de que …하도록, …할 목적으로

no sea que …하지 않도록

en caso de que …하는 경우에는, …하는 조건으로

a condición de que …하는 조건으로

con tal (de) que …이라면, …하는 조건으로

a menos que …이 아니면

a no ser que …이 아니면.

sin que …하지 않고, …함이 없이

La señora Ramírez preparará
la comida **antes que lleguen**
los invitados.

라미레스 부인은 손님들이
도착하기 전에 식사를 준비
할 것이다.

Para que sepas la verdad,
haré unas investigaciones.

네가 그 사실을 알도록 나는
몇 가지 조사를 하겠다.

A fin de que ella **pueda**
volver al país sin novedad,
le mando bastante dinero.

그녀가 무사히 귀국할 수
있도록 충분한 돈을 그녀
에게 보내겠다.

En caso de que ella **olvide**
la fecha de la reunión,
le mandaremos una invitación

그녀가 모임 날짜를 잊을
경우에는, 우리는 그녀에게
서면 초청장을 보내겠다.

Te presto dinero **a condición
de que** me lo **devuelvas**
sin olvidarte.

네가 잊지 않고 나에게
돌려준다면 너에게 돈을
빌려 주겠다.

Con tal que digan la verdad,
no los castigaremos.

그들이 진실을 말하면 우리는
그들을 벌하지 않겠다.

A menos que yo a ella se la
explique, ella no entenderá
la situación.

만일 우리가 그녀에게 그것을
설명해 주지 않는다면, 그녀는
상황을 이해하지 못할 것이다.

Salió **sin que** yo le **viera**[1].

내가 그를 만나지 않았는데,
그는 떠났다.

해설

① 주절의 동사가 부정 과거(salió) 이므로 시제의 일치에 의해 종속절에서 접
속법 과거(viera)가 쓰였음.

부사절에서의 접속법(2)

53

직설법을 사용할 수도 있고 접속법을 사용할 수도 있는 접속사들이지만 여기서는 접속법을 사용할 경우의 **때, 장소, 방법 등의 부정(不定)의 내용을 가진 가정적 부사절에서 접속법이 사용되는 경우이다.** 이 경우는 **주절의 동사가 미래이거나 명령의 경우**가 대부분이다.

cuando ···하면

hasta que ···할 때까지

después (de) que ··· 후에

mientras (que) ···하는 동안, ···하기만 하면, ··· 하는 한

en cuanto ···하자마자

tan pronto como ···하자마자

luego que ···하자마자

así que ···하자마자

Cuando ellos **vengan**, les diré lo que ha pasado.	그들이 오면 일어난 일을 그들에게 말하겠다.
Visítame **cuando quieras**.	언제든지 나를 찾아오너라.
Me quedo aquí **hasta que se arregle** el asunto.	사건이 해결될 때까지 나는 이곳에 머물겠다.
Tan pronto como sepa la verdad, te avisaré.	내가 사실을 알게 되면 바로 너에게 알리마.
En cuanto me **devuelvas** el libro, se lo prestaré a Luisa.	네가 나에게 책을 돌려 주면 바로 루이사에게 그것을 빌려 주겠다.
Mientras (que) estudies, aprenderás.	네가 공부를 하기만 하면, 배우게 될 것이다.
Te ayudaré **siempre que esté** libre.	시간이 있으면 언제나 너를 돕겠다.

Se lo explicaré **después que salgas**.	네가 떠난 후에 그에게 그것을 설명하겠다.
Siéntese **donde quiera**.	원하는 곳에 앉으십시오.
El profesor habla despacio **de modo que** los alumnos le **entiendan**.	학생들이 그의 말을 이해 하도록 선생님은 천천히 말씀하신다.
El profesor habla despacio de modo que le entienden los alumnos.	선생님이 천천히 말씀하셔 서 학생들은 그의 말을 이해한다.
Aunque llueva, voy a dar un paseo.	설령 비가 내릴지라도 나는 산책을 가겠다.
Aunque llueve, voy a dar un paseo.	비가 내리고 있지만 나는 산책을 가겠다.

Estoy en la estación de metro de Argüelles

esperando que **llegue**[1] mi tren.

Hoy no voy a la ciudad universitaria,

porque tengo otras cosas que hacer.

Es posible que[2] mañana **vaya**[3] a Sevilla;

ya que tenemos dos días de vacaciones, **quisiera**[4] visitar a mi familia.

Dudo que haya[5] billete para el tren, así que **quizás vaya**[3] en avión.

El viaje en avión es muy corto. **No creo que dure**[6] una hora.

Mientras espero en el andén, observo a las personas cerca de mí.

¡Qué caras más serias tienen todos!

Sólo una persona **sonríe**[7] : es una chica rubia y muy guapa.

Tiene el pelo largo y los ojos castaños.

No es muy alta, pero tiene buena figura,

y cuando **sonríe**[7] enseña unos dientes perfectos;

pero . . . con ella está su novio.

¡Qué mala **suerte tengo**[8]!

해설

① **llegue** : llegar 동사의 접속법 현재 3인칭 단수형.
② **Es posible que** : …하는 것이 가능하다. 다음에는 항상 접속법 동사가 필요함.
③ **vaya** : ir 동사의 접속법 현재 1인칭 단수형.
④ **quisiera** : querer 동사의 접속법 과거 1인칭 단수형.

나는 내가 탈 기차가 오기를 기다리면서

아르구에예스 지하철역에 있다.

나는 다른 할 일이 있어서, 오늘 대학촌에 안 간다.

나는 내일 세비야에 갈 가능성이 있다.

이틀 휴가이므로, 나는 내 가족을 방문했으면 한다.

기차표가 있을지 의심스럽다.

그래서 아마도 비행기로 가게 될 것이다.

비행기 여행은 시간이 아주 적게 걸리므로 한 시간이 걸리리라고 생각하지 않는다.

플랫폼에서 기다리는 동안 나는 내 근처에 있는 사람들을 관찰한다.

모두들 대단히 심각한 얼굴을 하고 있다!

단 한 사람만 미소를 짓고 있는데 금발이고 아주 잘생긴 아가씨이다.

머리카락은 길고 눈은 밤색이다.

키는 별로 크지 않으나 용모가 출중하다.

그리고 웃을 때 고른 이가 보인다.

그러나 … 그녀와 함께 연인이 있다.

재수가 더럽군!

해설

⑤ **haya** : haber 동사의 접속법 현재 3인칭 단수형.
⑥ **dure** : durar 동사의 접속법 현재 3인칭 단수형.
⑦ **sonríe** : sonreír (미소하다) 동사의 직설법 현재 3인칭 단수형.
⑧ **tener suerte** : 운이 있다.

Dirigiéndose al banco

A : Perdone, ¿puede decirme dónde hay una sucursal del Banco de
  España?

B : Sí, está en la Avenida de Cervantes.

A : ¿Está muy lejos de aquí o se puede ir andando?

B : Está bastante cerca. Siga hasta el final de esa calle y **tuerza** a la
  derecha. **Continúe andando** hasta que llegue a la tercera bocacalle
  de la izquierda.
  El banco es un edificio grande **que hace esquina**.

A : Muy amable. Muchas gracias.

번 역

은행으로 가면서

A : 죄송합니다만, 스페인은행 지점이 어디에 있는지 말씀해 주십시오.

B : 세르반테스가에 있습니다.

A : 여기서 머나요, 아니면 걸어가도 되나요?

B : 아주 가깝습니다. 그 거리 끝까지 가서서 오른쪽으로 **꺾어지십시오**.
  왼쪽 세 번째 거리 입구에 도착할 때까지 **계속 걸으세요**.
  은행은 **길모퉁이에 있는** 큰 건물입니다.

A : (친절하게 해 주셔서) 정말 감사합니다.

Durante el vuelo

A : Papá, estoy un poco mareada y me **zumban**[1] mucho los oídos.

B : **Toma**[2] este caramelo y **déjalo**[3] que **se disuelva**[4] en la boca.

C : ¿Cómo es posible? Este aparato apenas parece moverse.

B : Efectivamente. **A mí**[5] también me resulta un viaje muy cómodo y
  relajante.

D : **Callaos**[6]. **Está hablando**[7] el piloto.

Piloto : Señoras y caballeros, les habla el capitán Viñuela.

  El vuelo **sigue**[8] su curso normal.

  Volamos[9] a una altura de 5.000 metros.

  Aterrizamos[10] en el aeropuerto de Barcelona a las 21,45.

C : Ya **debemos**[11] estar llegando. ¿No crees?

B : **Supongo**[12] que sí, ya que tiene la llegada a las diez menos cuarto.

해설

① **zumban** : zumbar(울리다) 동사의 직설법 현재 3인칭 복수형.
② **toma** (받아라) : tomar 동사의 tú의 긍정 명령.
③ **déjalo** (그것을 두어라) : deja(두어라)+lo(그것을). tú의 긍정 명령은 직설
  법 현재 3인칭 단수형으로 만든다.
④ **se disuelva** : disolverse(녹다)의 접속법 현재 3인칭 단수형.
⑤ **A mí** : 뒤에 있는 me를 강조하기 위해 쓰인 중복형.

비행 중에

A : 아빠, 약간 멀미를 하고 귀가 많이 울립니다.

B : 이 캐러맬을 받아라.

그리고 입속에서 녹게 두어라.

C : 어떻게 이럴 수가 있지요?

이 비행기는 거의 움직이는 것 같지 않군요.

B : 맞았어. 나도 아주 편하고 긴장이 풀리는 여행이오.

D : 조용히 해라. 기장이 이야기하고 있다.

기장 : 신사 숙녀 여러분,

기장 비뉴엘라입니다.

정상적인 항로로 계속 비행 중입니다.

현재 5천 미터 상공을 비행 중입니다.

21시 45분에 바르셀로나 공항에 착륙합니다.

C : 이제 도착하는군요. 안 그래요?

B : 도착이 9시 45분이니 그렇군.

해설

⑥ **callaos** : callarse(입을 다물다) 의 vosotros의 긍정 명령.

⑦ **está hablando** : hablar 동사의 현재 진행 3인칭 단수형.

⑧ **sigue** : seguir 동사의 직설법 현재 3인칭 단수형.

⑨ **volamos** : volar 동사의 직설법 현재 1인칭 복수형.

⑩ **aterrizamos** : aterrizar 동사의 직설법 현재 1인칭 복수형.

⑪ **debemos** : deber 동사의 직설법 현재 1인칭 복수형.

⑫ **supongo** : suponer 동사의 직설법 현재 1인칭 단수형. suponer 동사는 su 와 poner 동사의 합성어이므로 모든 시제는 poner 동사처럼 활용된다.

 Tradúzcanse el coreano al español.

1. 그에게 늦어도 오후 2시까지는 와 달라고 전해 주세요(decir).

2. 나에게 스페인어를 가르쳐 달라고 그녀에게 부탁해 주십시오(rogar).

3. 그 서류(el documento)를 읽고 큰 소리로(en voz alta) 한글로 번역하라고 말씀해 주십시오.

4. 그 사진을 즉시(en seguida) 돌려 달라고 그들에게 편지해 주십시오 (escribir).

5. 반드시(sin falta) 모임(la reunión)에 나오라(asistir a)고 그에게 알려 주십시오.

6. 내가 물건들을 포장하는 것(empaquetear)을 도와 달라고 그에게 부탁해 다오.

7. 추천장(la carta de recomendación)을 써 달라고 부친께 부탁하십시오.

8. 설령 그 여자가 영리할지라도 게으르다.

9. 한가하시면(cuando estar libre) 놀러 오세요(venir a verme).

10. 장마(la estación de las lluvias)가 그치면 우리는 해변으로 해수욕하러 (bañarse en el mar) 갈 겁니다.

번 역

1. Dígale a él que venga para las dos de la tarde.

2. Ruéguele a ella que me enseñe español.

3. Dígale que lea el documento, y lo traduzca al coreano en voz alta.

4. Escríbales que me devuelvan la fotografía en seguida.

5. Avísele que asista a la reunión sin falta.

6. Pídele a él que me ayude a empaquetear las cosas.

7. Pídale a su padre que le escriba la carta de recomendación.

8. Aunque ella sea inteligente, es perezosa.

9. Cuando esté usted libre, venga a verme.

10. Cuando termine la estación de las lluvias, iremos a la playa para bañarnos en el mar.

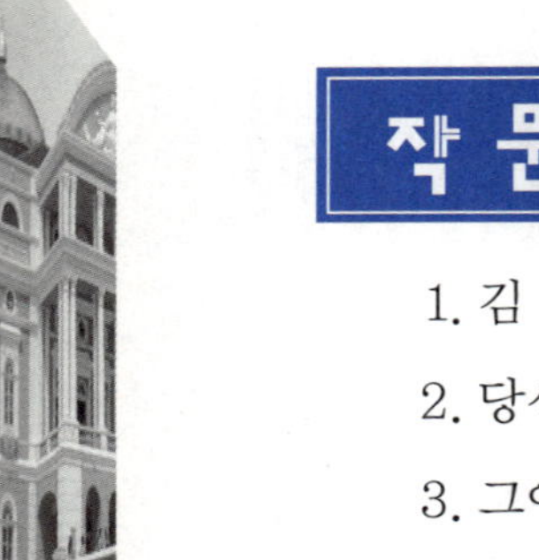

작 문 36   Tradúzcanse el coreano al español.

1. 김 교수가 내 사무실에 오면, 당신에게 전화하겠습니다.

2. 당신이 서울에 갈 때 함께 가서(acompañarle) 쇼핑을 할 생각입니다.

3. 그에게 편지를 쓸 때, 여러분들이 건강하다는 것을 알리겠습니다.

4. 늦어도 일요일까지 돌려준다면 자동차를 빌려 드리겠습니다.

5. 꼭 나를 만나러 와 주신다면, 11시까지 기다리겠습니다.

6. 당신이 스페인에서 엽서를 보내 주시면(enviar la postal) 기꺼이(gusto-
samente) 답장을 쓰겠습니다(contestar).

7. 내가 시험에 좋은 성적을 낸다(tener buenas notas)면, 부모님께서는 내가
여름 방학에 스페인에 여행하는(ir de viaje a España) 것을 허락해 주실 것
이다.

8. 당신이 부지런히(diligentemente) 일한다면, 당신의 마음에 들(complacer)
도록 노력하겠습니다.

번 역

1. Le llamaré por teléfono, cuando el profesor Kim venga a mi oficina.

2. Cuando vaya usted a Seúl, deseo acompañarle, y hacer algunas
compras allí.

3. Le informaré de que ustedes están bien de salud, cuando yo le
escriba.

4. Le prestaré el coche con tal (de) que me lo devuelva para el
domingo.

5. Le esperaré hasta las once con tal que venga usted a verme sin falta.

6. Le contestaré gustosamente con tal que usted me envíe la postal.

7. Mis padres me permitirán ir de viaje a España en las vacaciones de
verano con tal que yo tenga buenas notas en los exámenes.

8. Procuraré complacerle a usted con tal que trabaje usted diligente-
mente.

 Tradúzcanse el coreano al español.

1. 귀사가 폐사에 물건을 보내 주신다면, 그 물건 대금을 지금 바로(ahora mismo) 지불하겠습니다.

2. 그것을 원하는 사람이 누구건, 나는 그에게 그것을 주겠다.

3. 그런 고급차를 살 사람은 아무도 없다.

4. 만일 네가 수상한 사람을 보면 나에게 알려 다오.

5. 나는 스페인 문학(la literatura de España)를 다룬 책을 찾고 있습니다.

6. 네가 스페인에 공부하러 간다니 정말 기쁘구나.

7. 당신이 나를 방문할 수 없다니 무척 서운합니다.

8. 그에게 나를 기다리지 말라고 말씀해 주세요.

9. 나는 그 아이가 입학 시험에 낙방하(salir mal en el examen de ingreso)리라고는 생각하지 않는다.

10. 그 여자가 도착하기 전에 식사를 준비해 둡시다.

번 역

1. Pagamos ahora mismo por esa mercancía con tal que ustedes nos la envíen.

2. Quienquiera que lo quiera, se lo daré.

3. No hay nadie que pueda comprar tal coche de lujo.

4. Si ves cualquier persona que te resulte sospechosa, avísame.

5. Busco un libro que trate de la literatura de España.

6. ¡Cuánto me alegro de que tú vayas a estudiar a España!

7. Siento mucho que usted no me pueda visitar.

8. Dígale a él que no me espere.

9. No creo que el chico salga mal en el examen de ingreso.

10. Vamos a preparar la comida antes de que ella llegue.

도미니카 공화국
Puerto Plata에서

　　필자는 도미니카 공화국에서 꽤 여러 차례, 오랜 기간을 체류했기 때문에 수도 Santo Domingo는 말할 것도 없고, 전국 여러 도시들이 눈에 선하다. 특히 북부 관광 도시 Puerto Plata는 잊지 못할 추억이 깃든 곳이다. 여기서 만난 분이 유명한 화가 Carlos다. Carlos에게 필자가 근처 강에서 탐석한 관통석을 선물하고 기념 촬영을 한 장면이다. Carlos는 나를 친자식처럼 대해 주어 잊을 수 없는 분이다. 방문할 때마다 손수 끓인 차를 대접하고 그림 이야기도 많이 해주었다. Carlos는 특히 쿠바의 우표 수집가여서 내가 쿠바에 여행 때마다 선물한 우표에 늘 고마워했다.

간접 명령(間接命令)

54

제삼자에 대하여 간접적으로 하는 명령은 **que**+**접속법 현재형**을 사용하여 **…하게 하십시오** 라로 번역하면 되겠다.

Que él no **beba** tanto. 그에게 그렇게 많이 마시지
말라고 해 주십시오.

Que ella me **visite** 그녀에게 내일 오후에
mañana por la tarde. 나를 방문하라고 해 주십시오.

Que Ana **venga** pronto. 아나에게 빨리 오라고 하십시오.

Que Luisa no nos **espere**. 루이사에게 우리를 기다리지
말라고 하십시오.

Que ellos **hagan** la tarea. 그들에게 그 일을 하라고
해 주십시오.

Que ella **se lave**, 날씨가 무척 더우니
que hace mucho calor. 그 여자에게 몸을 씻게 하세요.

Que José no **se acueste** 호세에게 너무 늦게 잠자리에
demasiado tarde. 들지 말라고 해 주세요.

Que **se levanten** temprano 내일 할 일이 많으니 그들에게
porque tengan mucho 일찍 일어나라고 해 주십시오.
que hacer mañana.

Que no **vengan** a vernos 비가 많이 오면 사람들에게 우리를
si llueve mucho. 만나러 오지 말라고 하세요.

Que no **se sienten** a la 사람들에게 아직 식탁에 앉지
mesa todavía. 말라고 해 주세요.

Que me **suban** la maleta. 내 가방을 올려 달라고 하세요.

Que me **bajen** el equipaje. 내 짐을 내려 달라고 하세요.

Que ellos **salgan** para 그들에게 바로 아르헨티나로
la Argentina en seguida. 떠나라고 해 주십시오.

현재 또는 미래의 일에 대한 단순한 원망문

55

Ojalá que+접속법 현재형을 사용하여 …하기를(바란다), …였으면(좋겠다) 등으로 번역한다. Ojalá(원컨대, 바라건대)는 원망을 강조하고 있다. ojalá 또는 que를 생략하는 일도 있다.

¡Ojalá que él **tenga** cuidado!	부디 그가 몸조심하시기를 바란다.
=¡Que tenga cuidado!	
¡Ojalá que **llegues** a tiempo!	제발 네가 제시간에 도착하길!
¡Ojalá que mi hija **esté** sin novedad!	부디 내 딸아이가 무사하길 바란다.
¡Ojalá que **haga** buen tiempo mañana!	제발 내일 날씨가 좋기를 바란다.
¡Ojalá que no **llueva** mucho este verano!	제발 금년 여름은 비가 많이 내리지 않기를!
¡Ojalá que su hijo **tenga** éxito en el examen!	아드님이 부디 시험에 합격 하기를 바랍니다.
¡Ojalá que les **guste** la comida coreana!	한국 음식이 여러분들의 마음에 들었으면 합니다.
¡Ojalá que mis padres **vivan** mucho tiempo con nosotros!	부디 부모님께서 오래오래 우리와 함께 사시기를!
¡Ojalá que **volvamos** al país sin novedad!	부디 우리가 무사히 귀국하기를 바란다.
¡Ojalá que él **reciba** mi carta!	제발 그가 내 편지를 받기를!
¡Ojalá que **seas** bueno!	부디 네가 착한 사람이 되길!
¡Ojalá que mi tío me **regale** un ordenador portátil!	부디 내 삼촌이 나에게 노트북 컴퓨터를 선물하시길!
¡Ojalá que no **haya** mucha gente en la playa!	제발 해변에 사람이 많지 않기를 바란다.
¡Ojalá el hotel no **esté** lleno!	제발 호텔이 만원이 아니길!
¡Ojalá podamos **comer** juntos!	부디 우리 함께 식사할 수 있길!

접속법 현재 완료는 **haber**의 접속법 현재형에 과거 분사를 붙여서 만든다. 주절의 동사가 현재, 미래, 현재 완료형일 때 종속절에서 접속법을 필요로 하면 접속법 현재형이나 현재 완료형을 쓸 수 있다.

ayudar		saber		partir	
haya		haya		haya	
hayas		hayas		hayas	
haya		haya		haya	
hayamos	+ayudado	hayamos	+sabido	hayamos	+partido
hayáis		hayáis		hayáis	
hayan		hayan		hayan	

Quiero que usted **haya aprendido** bien el español.	나는 당신이 스페인어를 잘 배웠기를 원한다.
Deseo que mi mujer **haya llegado** a Barcelona bien.	나는 아내가 바르셀로나에 잘 도착했기를 바란다.
Espero que ellos **hayan empezado** el trabajo.	나는 그들이 그 일을 시작했기를 바란다.
Me alegro mucho **de que** vosotros **hayáis salido** bien en el examen.	너희들이 시험에 합격했다니 정말 기쁘다.
Me alegro mucho **de que** tu familia **haya vuelto** a casa sin novedad.	네 가족이 무사히 귀가했다니 무척 반갑다.
Me alegro mucho **de que** usted lo **haya pasado** bien.	당신이 잘 지냈다니 무척 기쁩니다.
Dudamos que ella **haya salido** para México.	우리는 그 여자가 멕시코로 출발했을지 의심스럽다.
Busco un libro que **haya escrito** sobre la historia contemporánea de España.	나는 스페인 현대사에 관해 쓴 책을 찾고 있습니다.
No estoy seguro de que el niño lo **haya robado**.	나는 그 아이가 그것을 훔쳤다고 확신하지 않는다.
No creen que yo **haya estado** en La Habana.	사람들은 내가 라 아바나에 갔다온 것을 믿지 않는다.
Siento mucho **que** Ana todavía no **haya venido**.	아나가 아직 오지 않았다니 정말 섭섭합니다.
Temo que ella **se haya perdido** en Madrid.	나는 그녀가 마드리드에서 길을 잃었을까 걱정이다.

 Tradúzcanse el coreano al español.

1. 저희 파티(la fiesta)에 와 주셔서 정말로 감사를 드립니다(agradecer).

2. 그 아이가 스페인에 갔다왔다는 것을 아무도 믿지 않는다.

3. 우리는 당신의 따님이 입학 시험에 합격했(tener éxito en el examen de ingreso)기를 바랍니다.

4. 선생님께서 도미니카 공화국(la República Dominicana)에 무사히 (sin novedad) 도착하셨다니 반갑기 그지없습니다.

5. 그녀가 집에 이미 귀가했을지 의심스럽다(dudar).

6. 내가 벌써 집에서 나왔다고 그에게 말씀을 전해 주세요.

7. 나는 그것을 한 사람을 결코 아무도 몰랐다.

8. 기술자가 엔진을 수리할 시간이 없(no tener tiempo de arreglar el motor)어서 미안합니다.

9. 여러분들이 시험을 통과하지 못했으면(a menos que haber salido bien en los exámenes) 졸업을 할(graduarse) 수 없을 것이다.

번 역

1. Le agradezco mucho que haya venido a nuestra fiesta.

2. Nadie cree que el niño haya estado en España.

3. Esperamos que su hijita haya tenido éxito en el examen de ingreso.

4. Me alegro mucho de que usted haya llegado a la República Dominicana sin novedad.

5. Dudo que ella haya vuelto a casa.

6. Dígale a él que yo ya haya salido de casa.

7. Nunca he conocido a nadie que haya hecho eso.

8. Siento que el mecánico no haya tenido tiempo de arreglar el motor.

9. A menos que ustedes hayan salido bien en los exámenes, no podrán graduarse.

1. 모든 것이 잘 되었다니 정말 기쁩니다.

2. 그 여자가 스페인에서 돌아왔을지 의심스럽다.

3. 당신이 스페인어를 많이 공부했기를 바랍니다.

4. 네가 잘 잤기(dormir bien perfectamente)를 바란다.

5. 스페인 요리에 관해 쓴 책을 한 권 찾고 있습니다.

6. 네가 쿠바의 수도, 라 아바나(La Habana, capital de Cuba)를 다녀온 것을 사람들은 믿지 않는다(no se cree).

7. 그 아이가 그런 일을 했다고는 나는 믿지 않는다.

8. 사람들은 그 사람이 이미 출국했다는 것을 부인하고 있다.

9. 네가 스페인어를 잘 배웠으면, 나와 함께 스페인어 사용국(los países de habla española)을 여행할 수 있을 것이다.

10. 부친께서 자동차 사고로 돌아가셨다니 정말 안됐습니다.

번 역

1. ¡Cuánto me alegro de que todo haya ido bien!

2. Dudo que ella haya vuelto de España.

3. Quiero que usted haya estudiado español mucho.

4. Espero que tú hayas dormido bien perfectamente.

5. Busco un libro que se haya escrito sobre la cocina de España.

6. No se cree que tú hayas ido a La Habana, capital de Cuba.

7. No creo que el niño haya hecho tal cosa.

8. Niegan que él ya haya salido del país.

9. Tú puedes viajar por los países de habla española conmigo, cuando hayas aprendido bien el español.

10. Siento mucho que su padre haya muerto en el accidente automovilístico.

가능법 불완료형

El condicional imperfecto

가능법은 완곡한 표현을 하거나 과거의 사건에 대한 추측, 과거에서 본 미래를 나타낸다.

01 규칙형

　가능법 불완료형의 규칙 변화는 동사 원형에 **-ía, -ías, -ía, -íamos, -íais, -ían**을 붙인다.

amar　: amar**ía**, amar**ías**, amar**ía**, amar**íamos**, amar**íais**, amar**ían**

caer　: caer**ía**, caer**ías**, caer**ía**, caer**íamos**, caer**íais**, caer**ían**

abrir　: abrir**ía**, abrir**ías**, abrir**ía**, abrir**íamos**, abrir**íais**, abrir**ían**

02 불규칙형

　가능법 불완료형에서 불규칙 변화를 하는 동사는 직설법 미래형의 불규칙 동사 (12개)와 같다.

tener　→ ten**d**ría, ten**d**rías, ten**d**ría, ten**d**ríamos, ten**d**ríais, ten**d**rían

venir　→ ven**d**ría, ven**d**rías, ven**d**ría, ven**d**ríamos, ven**d**ríais, ven**d**rían

poner　→ pon**d**ría, pon**d**rías, pon**d**ría, pon**d**ríamos, pon**d**ríais, pon**d**rían

salir　→ sal**d**ría, sal**d**rías, sal**d**ría, sal**d**ríamos, sal**d**ríais, sal**d**rían

valer　→ val**d**ría, val**d**rías, val**d**ría, val**d**ríamos, val**d**ríais, val**d**rían

poder　→ podría, podrías, podría, podríamos, podríais, podrían

saber　→ sabría, sabrías, sabría, sabríamos, sabríais, sabrían

querer→ querría, querrías, querría, querríamos, querríais, querrían

haber　→ habría, habrías, habría, habríamos, habríais, habrían

caber　→ cabría, cabrías, cabría, cabríamos, cabríais, cabrían

decir　→ diría, dirías, diría, diríamos, diríais, dirían

hacer　→ haría, harías, haría, haríamos, haríais, harían

01 완곡한 표현

현재의 일을 완곡하게 표현한다. 어조를 부드럽게 하고 정중하게 말하거나, 겸손하거나 혹은 강한 원망을 나타내기도 한다.

예 문

¿Qué le **gustaría** visitar?	어디를 가보고 싶으세요?
Me **gustaría** ir en primer lugar a Granada.	처음에 그라나다를 갔으면 싶습니다만.
Desearía pasar por su oficina.	귀 사무실에 들렸으면 싶은데.
Desearía tomar una taza de café solo.	블랙커피 한 잔 마셨으면 싶은데.
Querría ir al teatro.	오페라 구경을 갔으면 합니다.
Querría comprar un kilo de uvas y kilo y medio de tomates.	포도 1킬로그램과 토마토 1킬로그램 반을 샀으면 합니다.
¿**Podría** usted ayudarme?	나를 좀 도와주실 수 있을까요?
¿**Haría** usted el favor de cerrar la puerta?	문 좀 닫아 주시겠습니까?
¿**Tendría** usted la bondad de prestarme bolígrafo?	볼펜 좀 빌려 주시겠습니까?
¿**Se podría** usar este teléfono?	이 전화를 사용해도 될까요?

예 문

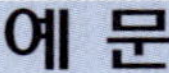

Cuando llamé por teléfono, Luisa **estaría** en la oficina.	내가 전화했을 때 루이사는 사무실에 있었을 것이다.
Serían las cinco de la tarde cuando volví a casa.	내가 귀가했을 때가 오후 5시였을 것이다.
Yo **tendría** quince años cuando te vi en el campo.	내가 시골에서 너를 만났을 때가 15세였을 것이다.
A mí también me **pasaría** lo mismo.	나한테도 똑같은 일이 일어났을 것이다.
Yo **participaría** a la fiesta, estando libre entonces.	그때 내가 한가했으면 파티에 참가했을 것이다.

03 어떤 과거에서 본 미래 :
주절의 동사는 반드시 과거형이 되어야 한다.

예 문

Ella me **escribió** que **llegaría** a La Habana el 11 de Septiembre.	그 여자는 9월 11일에 라 아바나에 도착한다고 나에게 편지했다.
El me **avisó** que **iría** a estudiar la historia de España.	그는 스페인사(史)를 공부하겠다고 나에게 알려 왔다.
Mi hijita me **llamó** que **volvería** a casa a eso de las doce.	딸아이가 12시 경에 귀가하겠다고 나에게 전화했다.

쿠바의 수도
La Habana 공항에서

쿠바의 수도 La Habana에 있는 공항의 공식 이름은 Aeropuerto Internacional de José Martí(호세 마르띠 국제 공항)이다. 국영 비행기 이름이 Cubana이다. 쿠바에 입국하기 위해서는 Mexicana를 비롯해서 몇몇 국적 비행기가 있지만 Cubana를 타 보는 것도 나쁘지는 않을 것이다. 미국의 장기 경제 봉쇄로 기체가 낡았지만 세계에서 가장 사고율이 적은 비행기가 Cubana라면 탈만할 것이다.(봉재춘 목사님 촬영)

Me **gustaría**[1] volverme atrás.

¡Me cuesta tanto dejar Madrid!

He pasado aquí muchos años, que **fueron**[2] difíciles,

hasta que por fin conseguí abrirme camino;

pero **sería**[3] estúpido desperciar esta oportunidad.

Ahora me dedico a hacer las maletas.

¡Qué tarea más molesta!

En mi cuarto reina el más absoluto desorden.

Mis pantalones y chaquetas están en la tintorería.

Me dijeron que **estarían**[4] listos mañana.

Hoy debo comprarme un par de pijamas,

y en cuanto **llegue**[5] a Barcelona un abrigo nuevo.

Dejaré para última hora los artículos de tocador：

el jabón, las toallas, la máquina de afeitar, etc.

También debo recordar los varios cepillos,

la pasta de dientes, las tijeras . . .

¡Nunca pude imaginar que **acumularía**[6] tantas cosas!

Hay muchas que más **valdría**[7] **la pena**[8] no encontrar!

Me refiero a un sin fin de facturas que no he pagado.

해설

① **gustaría** : gustar 동사의 가능법 불완료 3인칭 단수형.

② **fueron** : ser 동사의 직설법 부정 과거 3인칭 복수형.

③ **sería** : ser 동사의 가능법 불완료 3인칭 단수형.

④ **estarían** : estar 동사의 가능법 불완료 3인칭 복수형.

옛날로 돌아갔으면 좋겠다.

마드리드에 남는다는 것은 아주 많은 희생을 요한다!

나는 이곳에서 어려운 여러 해를 보냈다.

그래서 드디어 나는 출세길이 열렸다.

그러나 이 기회를 이용하지 못한다면 어리석을 거야.

지금 나는 가방을 꾸리기에 전념하고 있다.

정말 귀찮은 일이군!

내 방안은 무질서하기 짝이 없다.

내 바지와 재킷은 세탁소에 있다.

내일 준비해 두겠다고 나에게 말했었다.

오늘 나는 파자마 한 벌을 사야 한다.

그리고 바르셀로나에 도착하자마자 새 오바를 사야 한다.

화장 용품들인 비누와 수건과 면도기 등은

마지막 시간에 써야 하므로 그냥 두겠다.

또 칫솔이랑 치약이랑 가위도 잊지 말아야 한다.

이렇게 많은 물건들을 쌓아두고 있으리라고는

한 번도 상상해 본 적이 없었다!

없는 것이 더 나을 물건들이 많다.

문제는 내가 아직 지불하지 않은 수많은 청구서들이다.

해설

⑤ **llegue** : llegar 동사의 접속법 현재 1인칭 단수형.
⑥ **acumularía** : acumular 동사의 가능법 불완료 1인칭 단수형.
⑦ **valdría** : valer 동사의 가능법 불완료 1인칭 단수형.
⑧ **valer la pena** +「동사 원형」: …할 가치가 있다.

A : ¿Es usted colombiano o español?

B : Soy de origen español, aunque **nací**[1] y vivo en Colombia.

A : ¿Conoce usted España?

B : No la conozco pero **querría**[2] ir pronto.

A : Si **fuera**[3] a España, ¿qué le **gustaría**[4] visitar?

B : **Iría**[5] en primer lugar a Granada.

A : **No cabe duda**[6] que **la Alhambra** es única.

B : También **he oído decir** que las granadinas son muy guapas.

해설

① **nací** : nacer(태어나다) 동사의 직설법 부정 과거 1인칭 단수형.

② **querría** : querer 동사의 가능법 불완료 1인칭 단수형.

③ **fuera** : ir 동사의 접속법 과거 3인칭 단수형.
   si+접속법 과거= 현재 사실의 반대 (가정법) : 만일 …이라면

④ **gustaría** : gustar 동사의 가능법 불완료 3인칭 단수형.

⑤ **iría** : ir 동사의 가능법 불완료 1인칭 단수형.

⑥ **No cabe duda** : 의심의 여지가 없다.

번 역

A : 당신은 콜롬비아 사람입니까 스페인 사람입니까?

B : 콜롬비아에서 태어나 살고 있지만 스페인 혈통입니다.

A : 스페인에는 가 보셨습니까?

B : 가 보지 못했습니다만 빠른 시일 안에 가 보고 싶습니다.

A : 만일 스페인에 가신다면, 어느 곳을 가 보고 싶으세요?

B : 맨먼저 그라나다에 갔으면 싶습니다.

A : 알암브라 궁전이 독특하다는 것은 의심의 여지가 없습니다.

B : 그라나다 여인들이 미녀라고 하던데요.

   Tradúzcanse el coreano al español.

1. 호세는 너를 만나러 오겠다고 나에게 말했다.

2. 그런 일은 두 번 다시 하지 않겠다고 그는 나에게 약속했다(prometer).

3. 그 물건들은 값이 꽤 비싸질 것이라고 점원(el dependiente)은 우리에게 말했다.

4. 사장(el director)은 곧(pronto) 내 봉급(mi sueldo)을 올려 주겠다고 말했다.

5. 에스떼반(Esteban)은 스페인에 여행 가(ir de viaje)겠다고 늘 말했다.

6. 벼룩 시장(el Rastro)으로 가는 길을 가르쳐 주겠다고 여자아이가 말했다.

7. 비가 내렸지만 그는 우산을 가지고 가지 않았다.

8. 비가 내렸을지라도 그는 우산을 가지고 가지 않았을 것이다.

9. 그들은 좋은 친구였지만 가끔 서로 만나지 않았다.

10. 그들은 좋은 친구였을지라도 가끔 서로 만나지 않았을 것이다.

번 역

1. José me dijo que vendría a verte.

2. Él me prometió que no volvería a hacer tal cosa.

3. El dependiente nos dijo que los artículos costarían bastante caro.

4. El director me dijo que pronto aumentarían mi sueldo.

5. Esteban siempre decía que iría de viaje a España.

6. La niña dijo que me enseñaría el camino para el Rastro.

7. Aunque estaba lloviendo, él no llevó el paraguas.

8. Aunque lloviera, él no llevaría el paraguas.

9. Aunque ellos eran buenos amigos, no se vieron a veces.

10. Aunque ellos fueran buenos amigos, no se verían a veces.

쿠바의 소악단

쿠바에는 너댓 명으로 구성된 악단은 헤아리기 어려울 정도로 많다. 큰 호텔이건 작은 호텔이건 호텔에는 이런 소규모 악단이 있어 관광객을 즐겁해 해주고, 또 돈도 벌어 생계를 꾸리기도 한다. 필자가 처음 쿠바에 입국했을 때는 한국인이 없었지만, 지금은 꽤 많은 한국인이 관광차 들리고 있고, 또 코트라가 사무실을 내고 있으니 격세지감이다. 쿠바를 카리브해의 진주라고 할 정도이니 한 번 가 볼만한 곳이다. (필자 촬영)

가능법 완료형

58

El condicional perfecto
＝haber의 가능법 불완료＋과거 분사

habría		
habrías		ayudado
habría	+	sabido
habríamos		partido
habríais		
habrían		

01 **완곡한 표현** : 과거의 일을 완곡하게 말할 때, 즉 정중한 표현을 할 때 쓴다.

Me **habría gustado** verte.

그때 가능하면 나는 너를
만나고 싶었었는데.

Ella **habría querido** ir a
a Santiago.

그녀는 가능하면 산티아고에
가고 싶었는데.

El **habría deseado** comprar
un coche de lujo.

그는 가능하면 고급차를 한대
사고 싶었는데.

02 **과거에서 본 완료 미래** : 과거에서 보아 어느 미래보다 전에 완료한 일을 나타낸다.

Ella me dijo que ya **habría**
terminado los deberes para
el fin de semana.

그녀는 늦어도 주말까지는
숙제를 끝내겠다고 나에게
말했다.

Luisa le escribió a Juan que
habría vuelto a Guatemala
para la Navidad.

루이사는 늦어도 크리스마스까지는
과테말라에 돌아가겠다고
후안에게 편지했다.

03 **과거 완료의 추측** : 과거 완료로 나타내는 일을 추측해서 말한다.

Los niños ya **se habrían levantado**.

아이들은 벌써 일어났을 것이다.

Yo **habría podido** llevarte
a conocer los sitios de interés.

내가 너를 명승지에 가 보도록
데리고 갈 수 있었을 텐데.

Lo **habrías pasado** bien.

네가 재미있게 보냈을 텐데.

접속법 불완료 과거

59

El pretérito imperfecto de subjuntivo

접속법 과거에는 **-ra**형과 **-se**형의 두 가지가 있는데, 어느 것이나 직설법 부정 과거 3인칭 복수형에서 **-ron**을 떼고 **-ra, -ras, -ra, -ramos, -rais, -ran**이나 **-se, -ses, -se, -semos, -seis, -sen**을 붙여서 만든다. 따라서 직설법 부정 과거 3인칭 복수형이 불규칙이면 접속법 과거도 또한 불규칙하게 된다.

cantar (cantaron) :

    cantara, cantaras, cantara, cantáramos, cantarais, cantaran

    cantase, cantases, cantase, cantásemos, cantaseis, cantasen

comer(comieron) :

    comiera, comieras, comiera, comiéramos, comierais, comieran

    comiese, comieses, comiese, comiésemos, comieseis, comiesen

vivir (vivieron) :

    viviera, vivieras, viviera, viviéramos, vivierais, vivieran

    viviese, vivieses, viviese, viviésemos, vivieseis, viviesen

tener (tuvieron) :

    tuviera, tuvieras, tuviera, tuviéramos, tuvierais, tuvieran

    tuviese, tuvieses, tuviese, tuviésemos, tuvieseis, tuviesen

decir (dijeron) :

    dijera, dijeras, dijera, dijéramos, dijerais, dijeran

    dijese, dijeses, dijese, dijésemos, dijeseis, dijesen

dar (dieron) :

    diera, dieras, diera, diéramos, dierais, dieran

    diese, dieses, diese, diésemos, dieseis, diesen

ser, ir (fueron) :

    fuera, fueras, fuera, fuéramos, fuerais, fueran

    fuese, fueses, fuese, fuésemos, fueseis, fuesen

01 접속법 과거는 주절의 동사가 직설법의 과거, 불완료 과거, 가능법 불완료형일 때 종속절에서 사용한다.

Me alegré de que ella me **invitara**.   그녀가 나를 초대한다니 기뻤다.

Me alegraba de que ella me **invitara**.   그녀가 나를 초대한다니 기뻤다.

No creí que ella **viniera**.   그녀가 오리라고 나는 생각하지 않았다.

No creía que ella **viniera**.   그녀가 오리라고 나는 생각하고 있지 않았다.

02 **¡Ojalá que**+접속법 과거! : 실현성이 의심스럽거나 실현성이 없는 현재나 미래의 일에 대한 원망문에 쓴다. **ojalá** 나 **qué**를 생략할 수도 있다.

¡Ojalá que viviera mi padre!   아버님이 살아 계신다면 좋겠는데!

¡Ojalá que no **viniera** ella!   제발 그녀가 안 왔으면 좋겠는데!

¡Que pudiera yo ir al extranjero!   내가 외국에 갈 수 있으면 좋으련만!

03 현재에서 정중한 표현을 할 때 사용한다.

Quisiera ver al director.   사장님을 좀 뵀으면 싶은데.

Quisiera enviar una postal.   엽서를 보냈으면 싶습니다만.

Quisiera comprar un recuerdo de España.   스페인의 기념품을 샀으면 합니다만.

Quisiera poner una conferencia a Madrid.   마드리드에 장거리 전화를 걸었으면 싶은데요.

Hoy **ha sido**[1] un día de preparativos :

por una parte la fiesta de despedida,

y **por la otra** la preparación del equipaje.

Julia y familia **regresa**[2] a Chile.

Salen de Barcelona **mañana por la noche**.

Debido al excesivo peso **harán**[3] el viaje **en barco**.

Vamos a **echar**les mucho **de menos**[4].

La fiesta **resultó**[5] muy bien.

Éramos[6] veinte personas en total :

los cinco miembros de la familia Muñoz; Teresa con sus padres y

hermano; Manuel Pereda, **a quien** ya conocen; algunos otros amigos

nuestros; y, naturalmente, Felipe, Diego y yo.

Tuvimos[7] una cena fría en el jardín, **que consistió**[8] en canapés de

caviar, salmón ahumado, champán, etc.

Después de la cena **pusimos**[9] discos para que **bailaran**[10] los jóvenes.

Son las tres de la madrugada, y **me estoy durmiendo**[11].

¡Buenas noches!

해설

① **ha sido** : ser 동사의 직설법 현재 완료 3인칭 단수.

② **regresa** : regresar(돌아가다) 동사의 직설법 현재 3인칭 단수.

③ **harán** : hacer(하다) 동사의 미래 3인칭 복수.

④ **echar de menos** : 그립다, 보고 싶다, 서운하다.

⑤ **resultó** : resultar(이 되다) 동사의 부정 과거 3인칭 단수.

⑥ **éramos** : ser 동사의 직설법 불완료 과거 1인칭 복수.

오늘은 준비하는 날이었다.

한편으로는 작별 파티를 준비하고,

또 **다른 한편으로는** 짐을 준비했다.

훌리아와 가족은 칠레로 돌아간다.

그들은 **내일 밤에** 바르셀로나를 떠난다.

과도한 무게 **때문에** 그들은 배로 여행을 할 것이다.

우리는 그들을 떠나 보내면 무척 보고 싶을 것이다.

파티는 아주 잘 되었다.

우리들은 모두 스무 명이었다.

무뇨스 가족 5명, 떼레사와 그녀의 부모님과 오빠,

여러분이 이미 **알고 있는** 마누엘 뻬레다,

약간의 우리의 다른 친구들,

그리고, 당연히 펠리뻬와 디에고 그리고 나였다.

우리들은 정원에서 찬 저녁을 들었는데 저녁 식사는 캐비아 빵과
훈제 연어, 샴페인 등으로 준비되었다. 저녁을 든 후 젊은 사람들이
춤을 추도록 우리는 레코드를 틀었다. 새벽 세 시여서 졸립니다.

안녕히 주무세요!

해설

⑦ **tuvimos** : tener 동사의 부정 과거 1인칭 복수.

⑧ **consistió** : consistir(기초하다) 동사의 부정 과거 3인칭 단수.

⑨ **pusimos** : poner 동사의 부정 과거 1인칭 복수.

⑩ **bailaran** : bailar(춤추다) 동사의 접속법 불완료 과거 3인칭 복수.

⑪ **me estoy durmiendo** : dormirse(졸리다)의 현재 진행형.

<u>Preparativos de última hora</u>

A : ¿Qué **quieres**[1] que **haga**[2] ahora, María?

B : **Será**[3] mejor **que**[4] **descanse**[5] un ratito, doña Cristina.

A : ¡Tonterías! Yo no **me canso**[6] jamás.

   Odio[7] el estar inactiva.

   Marisol, **sal**[8] del baño de una vez y **ven**[9] a ayudar, perezosona.

C : Yo **puedo**[10] ayudar**la**[11].

   No tengo nada **que hacer**.

A : Tú eres una muchacha sensata.

   Diego **ha tenido**[12] mucha suerte en conocerte.

C : Es Vd. muy amable. No **me imaginaba**[13] que **tuviera**[14] tan buena

   opinión de mí.

A : No **sería**[15] mala idea que Marisol te **imitara**[16] e **hiciera**[17] algo

   provechoso, **en vez de** tener tantos pájaros en su cabecita.

   Se pasa[18] el día **mirándose**[19] al espejo.

B : Eso son cosas de los dieciséis años.

   Ya **verá**[20] Vd. como dentro de un par de años **sentará**[21] la cabeza.

A : **Esperemos**[22] que así **sea**[23].

   ¡Ojalá **se pareciera**[24] a su hermano!

   Luisito **ha sido**[25] siempre un chico modelo . . .

B : Teresa, por favor. ¿Te **importaría**[26] secar esos platos?

C : ¡Por supuesto que no!

A : Los invitados **estarán**[27] **al llegar**[28].

마지막 시간의 준비

A : 마리아, 이제 무얼 할까?

B : 끄리스띠나 여사, 잠깐 쉬시는 것이 좋겠습니다.

A : 바보 같은 소리!

나는 결코 지치지 않아요.

나는 활동하지 않는 것을 싫어해요.

마리솔, 화장실에서 빨리 나와 날 좀 도와 주라, 이 게을러 터진 아이야.

C : 제가 여사를 도와 드릴 수 있는데요.

저는 할 일이 아무것도 없습니다.

A : 너는 사려 깊은 아이구나.

디에고가 너를 알게 되어 무척 운이 좋구나.

C : 감사합니다. 아주머니가 저에 대해 이렇게 좋은 생각을 가지시리라고는

상상하지 못했습니다.

A : 마리솔이 머릿속에 헛된 망상을 가진 대신에 너를 닮고 유익한 일을 한다면

나쁜 생각은 아닐 거야.

온종일 거울을 보면서 지내니 원.

B : 그건 열여섯 나이 때의 일이예요.

2년 있으면 분별력이 생긴 것을 아실 거예요.

A : 그렇게 되길 바라자.

제 오빠만 닮기를 바란다!

루이스는 늘 모범 소년이었어.

B : 떼레사, 제발.

그 접시들을 말려 주지 않겠어요?

C : 물론 해 드리지오!

A : 초대 손님들이 도착할 때가 되었겠다.

① **quieres** : querer 동사의 직설법 현재 2인칭 단수.

② **haga** : hacer 동사의 접속법 현재 1인칭 단수.

③ **será** : ser 동사의 미래 3인칭 단수.

④ **que** : 접속사. 비인칭 표현에서 que 다음에는 접속법 동사.

⑤ **descanse** : descansar(쉬다) 동사의 접속법 현재 3인칭 단수.

⑥ **me canso** : cansarse(지치다)의 직설법 현재 1인칭 단수.

⑦ **odio** : odiar(싫어하다) 동사의 직설법 현재 1인칭 단수.

⑧ **sal**(나오너라) : salir 동사의 tú의 긍정 명령. 부정은 no salgas.

⑨ **ven**(오너라) : venir 동사의 tú의 긍정 명령. 부정은 no vengas.

⑩ **puedo** : poder 동사의 직설법 현재 1인칭 단수.

⑪ **la**(당신을) : 직접 목적 대명사의 여성 단수형.

⑫ **ha tenido** : tener 동사의 직설법 현재 완료 3인칭 단수.

⑬ **me imaginaba** : imaginarse의 직설법 불완료 과거 1인칭 단수.

⑭ **tuviera** : tener 동사의 접속법 불완료 과거 3인칭 단수.

⑮ **sería** : ser 동사의 가능법 불완료 3인칭 단수.

⑯ **imitara** : imitar 동사의 접속법 불완료 과거 3인칭 단수.

⑰ **hiciera** : hacer 동사의 접속법 불완료 과거 3인칭 단수.

⑱ **se pasa** : pasarse의 직설법 현재 3인칭 단수. se는 강조.

⑲ **mirándose** : mirarse(들여다보다)의 현재 분사.

⑳ **verá** : ver 동사의 미래 3인칭 단수.

㉑ **sentará** : sentar 동사의 미래 3인칭 단수.

㉒ **esperemos**(바랍시다) : esperar 동사의 접속법 현재 1인칭 복수.

㉓ **sea** : ser 동사의 접속법 현재 3인칭 단수.

㉔ **se pareciera** : parecerse(닮다)의 접속법 불완료 과거 3인칭 단수.

㉕ **ha sido** : ser 동사의 직설법 현재 완료 3인칭 단수.

㉖ **importaría** : importar 동사의 가능법 불완료 3인칭 단수.

㉗ **estarán** : estar 동사의 미래 3인칭 복수.

㉘ **al llegar**(도착할 때) : al +「동사 원형」=…할 때.

1. 내가 열심히 공부하는 것을 그녀는 의심스레 생각하고 있었다.
2. 그녀가 스페인에 간다는 것을 아무도(nadie) 믿지 않았다.
3. 의사는 내가 그 환자(el paciente)의 집에 들리(pasar por)지 말 것을 지시했다.
4. 그는 어린아이들이 언제나 옆에서(a su lado) 놀면 기분이 좋았다.
5. 우리들은 여러분들이 자주(a menudo) 놀러 오시기(venir a vernos)를 바랍니다(desear).
6. 당신은 온종일(todo el día) 집에 있는 것이 좋겠소(sería mejor).
7. 그는 노부모(sus padres viejos)의 마음에 들도록 노력해 달라(procurar complacer a)고 나에게 부탁했다(pedir).
8. 의사는 나에게 전지 요양을 하(cambiar de aires)라고 권했다.
9. 그녀는 항상 남편에게 과음하(beber demasiado)지 말라고 부탁했다.
10. 아무도 그 일을 떠맡(encargarse del trabajo)을 사람이 없었다.
11. 우리들이 새처럼 하늘을 날 수 있다면 좋을텐데.
12. 복권이 당첨되면 좋겠는데.

번 역

1. Ella dudaba que yo estudiara mucho.
2. Nadie creyó que ella fuera a España.
3. El médico me había dicho que no pasara por la casa del paciente.
4. Le gustaba que sus niños jugaran siempre a su lado.
5. Desearíamos que ustedes vinieran a vernos a menudo.
6. Sería mejor que te quedaras en casa todo el día.
7. El me pidió que procurara complacer a sus padres viejos.
8. El médico me recomendió que cambiara de aires.
9. Ella siempre le pedía a su marido que no bebiera demasiado.
10. No había nadie que se encargase del trabajo.
11. ¡Ojalá que pudiéramos volar por el cielo como los pájaros.
12. ¡Ojalá que me tocara la lotería!

쿠바 La Habana의
혁명 박물관

　　La Habana에는 크고 작은 박물관이 많다. 그 중에서 제일 규모 큰 곳이 이 혁명 박물관이다. 특히 1959년 Castro가 혁명을 일으켰을 당시에 대한 상세한 설명과 유품들이 많이 전시되어 있다. 90년대 초에 내가 쿠바에 들락거릴 때만 해도 이 혁명 박물관을 제외하고는 모든 박물관은 입장료가 없었으니 호랑이 담배 먹을 적 일이 되었다. 그 유명한 Baradero 해수욕장은 관광객 찾아보기가 어려웠던 시절도 있었다. 지금은 관광객으로 발 디딜 틈이 없지만.(필자 촬영)

60

무인칭 표현과 함께 쓰이는 접속법

의지, 의혹, 감정 따위를 나타내는 뜻이 무인칭 표현 속에 포함되어 있으면 que 이하의 종속절에서 접속법이 쓰인다. 무인칭 표현이란 내가, 네가, 그가, 그녀가, 당신이, 우리가, 너희들이, 그들이, 그녀들이, 당신들이, 루이사가 와 같은 인칭을 가지지 않고 동사의 3인칭 단수형만 있는 것이다. 대부분 ser + 형용사/명사의 형태이다. 접속법을 요구하는 무인칭 표현의 대표적인 것은 다음과 같다.

Es bueno 좋다	Es malo 나쁘다
Es extraño 이상하다	Es necesario 필요하다
Es dudoso 믿기 어렵다	Es preciso 필요하다
Es fácil 쉽다	Es indispensable 불가결하다
Es difícil 어렵다	Es posible 가능하다
Es menester 필요하다	Es incierto 불확실하다
Es (una) lástima 유감이다	Es imposible 불가능하다
Es hora (de) …의 시간이다	Es tiempo (de) …의 때이다
Es probable 있을법하다	Basta 충분하다
Importa 관계가 있다	Conviene 적당하다

+que+접속법

Es necesario que compre

ella un diccionario español

para aprender español bien.

그녀는 스페인 어를 잘 배우기

위해 스페언어사전을 사는

것이 필요하다.

Es preciso que usted **lea**

el mejor libro.

당신은 제일 좋은 책을 읽는

것이 필요하다.

Es dudoso que ella **venga**

a verme a la oficina.

그녀가 나를 만나러 사무소에

올지 의심스럽다.

Es probable que me **llame**

Luisita desde La Habana.

루이사가 라 아바나에서 나에게

전화할 수 있을 것이다.

Es mejor que contestes

a esas preguntas.

너는 그 질문에 답하는 것이

좋겠다.

Ya **es tiempo de que nos
acostemos**.

벌써 우리가 잠자리에 들 시간이다.

Es imposible que todos

hagan y piensen lo mismo.

모두가 같을 것을 하거나

생각한다는 것은 불가능하다.

Es bueno que nos demos

un paseo para la salud

todas las mañanas.

건강을 위해 우리가 아침마다

산책을 하는 것은 좋은 일이다.

Es posible que llegue él.

그는 도착할 가능성이 있다.

Es difícil que él **compre**

un coche nuevo.

그가 새 차를 사기는 어렵다.

**Es menester que nos
levantemos** temprano

mañana.

우리는 내일 일찍 일어나는

것이 필요하다.

Era hora de que llegara el autobús.

버스가 도착할 시간이었다.

Por+형용사/부사+접속법 동사 :
아무리 …일[할]지라도

61

No hay que dejar el asunto
hasta el final **por** muy **pe-
noso que sea**.

Por más que hagamos
no podremos convencer
a nuestro director.

Por fuerte que sea,
nadie podrá levantar
el árbol caído.

De todos modos, tengo
que resolver este problema
por difícil que sea.

No hay nadie que no en-
cuentre tiempo para estudiar,
por ocupado que esté.

Por cansado que él **esté**,
me ayudará.

Por mucho que ella **gane**,
no va a ahorrar nada.

Por rico que él **sea**,
no va a estar contento.

Por caro que sea, ella
insiste en comprarlo.

Por duro que sea,
tienes que tener paciencia.

아무리 괴롭더라도 그 일을
끝까지 포기해선 안된다.

우리가 아무리 해도 사장님을
설득시킬 수가 없을 것이다.

아무리 힘이 세다 하더라도
넘어진 나무를 일으킬 수 있는
사람은 아무도 없다.

좌우지간 아무리 어렵더라도
나는 이 문제를 풀지 않으면
안된다.

아무리 바쁘다고 하더라도
공부할 시간이 없는 사람은
아무도 없다.

그가 아무리 피곤할 지라도
나를 도와 줄 것이다.

그녀는 아무리 돈을 많이 벌어도
아무것도 저축하지 않을 것이다.

그는 아무리 부유해도 만족하지
않을 것이다.

아무리 비싸도 그것을 사겠다고
그녀는 고집을 부린다.

아무리 고되더라도,
너는 참아야 한다.

62

독립문에서의 접속법

quiza(s), probablemente, tal vez, acaso (아마…이리라, 혹 어쩌면…일지도 모른다) 라는 의혹을 나타내는 부사나 부사구와 함께 쓰인다.

Quizás **tengas** tú razón.   아마 네 말이 맞을 수 있어.

Quizás **tienes** tú razón.   아마 네 말이 맞을 것이다.

Quizás **vengan** mañana.   아마 그들은 내일 올 거야.

Quizás **vienen** mañana.   아마 그들은 내일 온다.

Quizás ella no me **haya entendido**.   아마도 그녀는 내 말을 이해하지 못했을 가능성이 있다.

Quizás ella no me **ha entendido**.   아마 그녀는 내 말을 이해하지 못했을 것이다.

Probablemente **llegue** yo tarde, empiecen ustedes sin mí.   아마도 내가 늦을 가능성이 있으니 나 없이 시작하세요.

Probablemente **llegaré** tarde, empiecen sin mí.   아마도 내가 늦을테니 나 없이 시작하십시오.

Tal vez ella no se **haya enterado**.   아마도 그녀가 듣지 못했을 가능성이 있어.

Tal vez ella no se **ha enterado**.   아마 그녀가 듣지 못했을 것이다.

Acaso **sea** cierto lo que él me dijo.   아마도 그가 나에게 말했던 것이 사실일 가능성이 있어.

Acaso **es** cierto lo que él me dijo.   아마 그가 나에게 말했던 것이 사실일 것이다.

해설

사실로 확신을 말하는 기분이 강하면 직설법을 사용한다.

A : Y ahora, **¿qué pasa**[1], **querido**[2]?

B : ¡Qué fastidio! **Perdí**[3] las llaves del coche **otra vez**[4].

A : **Quizás**[5] las **dejaste**[6] en la puerta **como siempre**[7].

B : Sí, probablemente **tengas**[8] **razón**[9].

A : **¿Qué te parece**[10] si vamos hacia el coche, entonces?

B : El problema es, ¿dónde **dejé**[11] el coche?

해설

① **¿Qué pasa?** : 무슨 일이오?
② **querido** (여보) : 남편을 부를 때 쓴다. 아내에게는 querida.
③ **perdí** : perder(잃다) 동사의 부정 과거 1인칭 단수형.
④ **otra vez** : 다시.
⑤ **quizás**(아마) : 확신을 갖고 말했기 때문에 다음에 직설법.
⑥ **dejaste** : dejar(두다) 동사의 직설법 부정 과거 2인칭 단수형.
⑦ **como siempre** : 여느 때처럼, 늘 그러듯이.
⑧ **tengas** : tener 동사의 접속법 현재 2인칭 단수형.
⑨ **tener razón** : 옳다.
⑩ **¿Qué te parece?** : 당신 생각은 어때요?
⑪ **dejé** : dejar 동사의 부정 과거 1인칭 단수형.

번 역

A : 여보, 지금 무슨 일이예요?

B : 정말 짜증나 죽겠소! 또 자동차 열쇠를 잃어버렸소.

A : 아마 늘 그랬던 것처럼 문에 두었을 거예요.

B : 그렇군요. 아마 당신 말이 맞을 가능성이 있어요.

A : 그러면 우리가 차 있는 곳으로 가면 어떻겠어요?

B : 문제는 내가 차를 어디에 두었는가 예요.

A : Ana, mañana **quisiera**[1] salir de pesca.

Si no te molesta me levantaré temprano.

B : **No te preocupes**[2] en absoluto.

Ya estaré levantada y te prepararé el desayuno y la merienda para

todo el día.

A : Ya **tengo** la caña **preparada**[3] con el anzuelo y hasta el cebo.

A propósito, ¿tienes alguna cesta que me **puedas**[4] prestar?

B : Ésta quizás te **sirva**[5]. A ver si la llenas.

A : ¡Ojalá!

해설

① **quisiera**(했으면 싶은데) : 완곡한 표현.
② **No te preocupes**(걱정 마라) : preocuparse의 tú의 부정 명령.
③ **tener** +과거 분사 : …해 두다. 과거 분사는 목적어의 성과 수에 일치.
④ **puedas** : poder 동사의 접속법 현재 2인칭 단수형.
⑤ **sirva** : servir 동사의 접속법 현재 3인칭 단수형.

번 역

A : 아나, 내일 낚시 갔으면 싶은데. 당신한테 폐가 되지 않으면 일찍 일어나겠오.

B : 아무 걱정 말아요. 일찍 일어나 아침과 온종일 먹을 사이참을 준비하겠어요.

A : 벌써 낚시와 떡밥까지 낚싯대를 준비해 두었다오.

그런데 나한테 빌려 줄 바구니 있소?

B : 아마 이거면 당신한테 쓸모가 있을 거예요. 가득 채우나 봅시다.

A : 제발 그랬으면!

접속법 과거 완료(대과거)

63

El pluscuamperfecto de subjuntivo
= haber 접속법 과거+과거 분사

> 접속법 과거 완료는 **haber**의 접속법 과거형(**-ra**형, **-se**형)에 과거 분사를 붙여서 만든다. 접속법 과거 완료는 접속법 대과거라고도 말한다.

hubiera
hubieras
hubiera
hubiéramos
hubierais
hubieran
+ ayudado
  aprendido
  conducido

hubiese
hubieses
hubiese
hubiésemos
hubieseis
hubiesen
+ ayudado
  aprendido
  conducido

주

-ra형과 -se형은 용법상의 차이가 없다.

01 시제의 일치를 위해 종속절에서 쓴다.

Temíamos que él **se hubiera vuelto** loco.
우리는 그 사람이 미쳐버리지나 않았을지 걱정이었다.

Ellos llegaron a la aldea **sin que** la tormenta de nieve les **hubiese impedido** el paso.
그들은 눈보라의 방해를 받지 않고 마을에 도착했다.

Me alegré mucho **de que** él **hubiera llegado** sin novedad.
그 사람이 무사히 도착했다니 나는 무척 기뻤다.

El **no creyó que** yo **hubiera dejado** de fumar.
그는 내가 담배를 끊었다는 것을 믿지 않았다.

02 접속법 과거 완료는 독립문으로 사용되어, 과거의 완료된 일에 대해 추측, 희망, 의혹을 나타내거나 정중한 표현이 되거나 한다. 이 경우는 가능법 완료형과 같은 뜻을 가진다.

Hubiera deseado hablar con el doctor Kim un rato.
김 박사님과 잠깐 이야기를 하고 싶었는데.

03 실현되지 않았던 과거에 대한 원망문 : **¡Ojalá que**+접속법 과거 완료! …였더라면 좋았을 텐데!

¡Ojalá que hubiera nevado mucho entonces!
그때 눈이 많이 내렸더라면 좋았을텐데!

¡Ojalá que usted **hubiera comprado** un coche!
당신이 자동차를 샀더라면 좋았을텐데!

La Habana의
거리 사진사

쿠바의 수도 La Habana는 역사적인 도시지만 경제적 곤란으로 역사성이 있는 수많은 건물들이 썩어가고 있어 안타깝다. 물론 La Habana Vieja(구 라 아바나 지역)는 유네스코의 원조로 대부분의 건물들은 말끔히 수리되었지만 그래도 건물들의 추악한 모습은 여기저기에서 보이고 있다. 주민들도 열악하기는 마찬가지라 거리에는 사진에서와 마찬가지로 50~60년대에나 볼 수 있는 햇빛을 이용해 흑백 사진을 찍는 거리의 사진사를 볼 수 있다. 필자는 사진 한장 찍어 주고, 함께 기념 사진을 찍었다.

Me **mandaron**[1] a Andorra **para que**[2] **hiciese**[3]

un reportaje. Teresa **pidió**[4] permiso en la oficina

y **vino**[5] **conmigo**[6]; su madrina vive en Andorra.

Reonozco[7] que la culpa de que **ocurriese**[8]

el accidente **fue**[9] mía.

Teresa **hubiera querido**[10] que **nos quedásemos**[11],

pero yo **insistí**[12] en que **volviésemos**[13] a Barcelona.

Total, que entre unas cosas y otras, **se hizo**[14] de noche.

A la media hora de salir **se desató**[15] una tormenta.

Había[16] unos relámpagos impresionantes,

y unos truenos ensordecedores.

Por otra parte **cayó**[17] un chaparrón precedido de

granizo.

El resultado **fue**[9] que **patinó**[18] el coche,

y **al**[19] no poder dominar el volante,

chocamos[20] contra un árbol.

No es que **fuese**[21] nada serio,

pero **estuvimos**[22] inconscientes un rato.

Nos **recogió**[23] un miembro de Auxilio en Carretera,

que nos llevó en ambulancia a una **Casa de Socorro**[24].

Yo **escapé**[25] con unos arañazos y **unas cuantas**[26] incisiones,

pero la **pobrecita**[27] Teresa **estuvo**[28] hospitalizada un día.

(신문사는) 내가 취재하도록 안도라에 보냈다.

떼레사는 사무소에 허가를 신청해 나와 함께 왔다.

그녀의 대모(代母)가 안도라에서 살고 있다.

사고가 일어난데 대한 잘못은 나한테 있다는 것을

나는 인정한다.

떼레사는 우리가 머물러 있기를 원했지만,

내가 바르셀로나로 돌아가자고 고집을 부렸다.

결국 이래저래 밤이 되었다.

출발 반시간 만에 폭풍우가 쏟아졌다.

인상적인 번개도 쳤고,

귀청이 터질 듯한 천둥이 울렸다.

또 다른 한편으로는 우박을 동반한 폭우가

쏟아졌다.

그 결과 자동차는 미끄러졌고,

핸들을 바로잡을 수 없었을 때,

우리는 나무에 부디쳤다.

심각한 것은 아니었지만,

우리는 잠시 무의식 상태에 빠졌다.

도로 구조대원이 우리를 꺼냈고,

우리는 응급 구제소로 앰블런스에 실려 갔다.

나는 약간 긁히고 몇 군데가 찢어진데 불과하지만,

불쌍한 떼레사는 하루 병원에 입원해 있었다.

① **mandaron** : mandar(보내다) 동사의 직설법 부정 과거 3인칭 복수.

② **para que**(하도록) : 다음에는 무조건 접속법 동사가 온다.

③ **hiciese** : hacer 동사의 접속법 불완료 과거 1인칭 단수.

④ **pidió** : pedir 동사의 직설법 부정 과거 3인칭 단수.

⑤ **vino** : venir 동사의 직설법 부정 과거 3인칭 단수.

⑥ **conmigo** : 나와 함께.

⑦ **reconozco** : reconocer 동사의 직설법 현재 1인칭 단수.

⑧ **ocurriese** : ocurrir 동사의 접속법 불완료 과거 3인칭 단수.

⑨ **fue** : ser 동사의 직설법 부정 과거 3인칭 단수.

⑩ **hubiera querido** : querer 동사의 접속법 과거 완료 3인칭 단수.

⑪ **nos quedásemos** : quedarse의 접속법 불완료 과거 1인칭 복수.

⑫ **insistí** : insistir(고집하다) 동사의 직설법 부정 과거 1인칭 단수.

⑬ **volviésemos** : volver 동사의 접속법 불완료 과거 1인칭 복수.

⑭ **se hizo** : hacerse의 직설법 부정 과거 3인칭 단수.

⑮ **se desató** : desatarse(폭풍우가 쏟아지다)의 직설법 부정과거 3인칭 단수.

⑯ **había** : hay의 불완료 과거. haber 동사의 직설법 불완료 과거 3인칭 단수.

⑰ **cayó** : caer(떨어지다) 동사의 직설법 부정 과거 3인칭 단수.

⑱ **patinó** : patinar(미끄러지다) 동사의 직설법 부정 과거 3인칭 단수.

⑲ **al+동사 원형** : …할 때.

⑳ **chocamos** : chocar(부딪치다) 동사의 직설법 부정 과거 1인칭 복수.

㉑ **fuese** : ser 동사의 접속법 불완료 과거 3인칭 단수.

㉒ **estuvimos** : estar 동사의 직설법 부정 과거 1인칭 복수.

㉓ **recogió** : recoger 동사의 직설법 부정 과거 3인칭 단수.

㉔ **Casa de Socorro** : 응급 구제소.

㉕ **escapé** : escapar(피하다) 동사의 직설법 부정 과거 1인칭 단수.

㉖ **unas cuantas** : 약간의.

㉗ **pobrecita** : pobre(불쌍한, 가련한)의 축소사 여성형

㉘ **estuvo** : estar 동사의 직설법 부정 과거 3인칭 단수.

1. 나는 아내가 벌써 외출했(salir de casa)다고 믿지 않고 있었다.

2. 열차가 이미 떠나버려서 유감이었다.

3. 네가 제시간에 돌아오(volver a tiempo)지 않아 무척 섭섭했다.

4. 그런 일은 결코 일어나지 않았을 것이다.

5. 나는 그가 빚을 갚으리(pagar la deuda)라는 것을 의심하고 있었다.

6. 비가 그렇게 많이 내리지 않았더라면 좋았을텐데!(¡Ojalá que llover!)

7. 어머님께서 살아 계셨더라면 좋았을텐데!

8. 그때 우리한테 복권이 당첨되(tocar la lotería)었더라면 좋았을텐데!

9. 우리가 라 아바나(La Habana)에서 만났더라면 좋았을텐데!

10. 그때 우리가 스페인 어를 배웠더라면 좋았을텐데!

번 역

1. Yo no creía que mi mujer hubiera salido de casa ya.

2. Fue una lástima que el tren ya hubiese partido.

3. Sentí mucho que no hubieses vuelto a tiempo.

4. Nunca hubiera ocurrido tal cosa.

5. Yo dudaba que él hubiera pagado la deuda.

6. ¡Ojalá que no hubiera llovido tanto!

7. ¡Ojalá que mi madre hubiese vivido!

8. ¡Ojalá que nos hubiera tocado la lotería entonces!

9. ¡Ojalá que nos hubiésemos visto en La Habana!

10. ¡Ojalá que hubiésemos aprendido el español!

쿠바의 국부, 호세 마르띠

José Martí 는 쿠바 공화국의 국부이다. 1853년 태어나 1895년 스페인군에 대항해 싸우다 전사했으니 42년이라는 짧은 생애였지만 그의 업적은 어마어마하다. 작가, 정치가, 신문 기자, 혁명가 등으로 활동하면서 1895년에는 쿠바혁명당(Partido Revolucionario Cubano)을 조직하기도 했으며, 소설을 비롯해 많은 작품을 남겨 쿠바 사람들이 가장 존경하는 인물이다. 특히 1 peso 짜리 지폐와 동전에 그의 초상이 들어 있어, 전세계의 많은 화폐 수집가들이 그를 가까이 접하고 있다. 필자도 그의 전집을 비롯해, 그의 초상이 들어있는 지폐, 동전, 우표 등을 다수 수집해 소장하고 있다.(필자 촬영)

조건문(2)

64

El condicional
…이라면 …할 텐데, …였다면 …했을 텐데

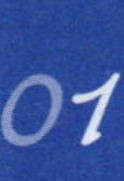

01 현재 사실 및 확실한 미래의 일에 반대의 가정을 나타낼 때 : 종속절 (si가 이끄는 부사절) 에서는 접속법 과거 -ra형이나 -se형을, 주절에서는 가능법 불완료형을 쓴다. 번역은 「만일 …이라면, …할 텐데」로 한다.

예 문

Si usted **fuera** mi padre,	만일 당신이 내 아버지라면,
yo le diría la verdad.	당신에게 사실을 말하겠는데.
Si yo **tuviera** mucho dinero,	만일 내가 많은 돈을 가지고
viajaría por la Europa.	있다면, 유럽을 여행할텐데.
El habla **como si fuera**	그는 마치 내 선생님인 것처럼
mi profesor.	말한다.
El habló **como si fuera**	그는 마치 내 사장님인 것처럼
mi director.	말했다.

02 과거 사실의 반대의 가정을 나타낼 때 : 종속절에서는 접속법 과거 완료를, 주절에서는 가능법 완료형이나 접속법 과거 완료형을 쓴다. 번역은 「만일 …이었더라면, …했을 텐데」로 한다.

예 문

Si yo **hubiese tenido**	만일 내가 열쇠를 가지고
la llave, **habría podido**	있었더라면, 방에 들어갈
entrar en la habitación.	수 있었을텐데.
El me dijo **como si**	그는 마치 내 삼촌처럼
hubiera sido mi tío.	말했다.

페루의 아마존
이끼또스 인디오와 함께

Iquitos는 페루의 아마존 밀림 지역에 있는 오지다. 이곳이 아마존 강(El Amazonas)의 발원지가 되어 5천킬로미터 이상을 도도히 흐르고 있는 것이다. 나는 운이 좋았던지 이곳을 관광할 수 있었고, Iquitos에서 카누를 타고 밀림에 들어가 밀림 체험을 할 수 있었다. 위의 사진은 그곳에서 살고 있는 원주민 추장과 일행 중 페루의 한 가족과 기념으로 찍은 사진이다. 이곳 원주민들은 남녀노소를 불문하고 아래만 가리고 있었으며, 어린아이들이 따라다니면서 눈에 보이는 것은 모두 달라고 해, 한참 거절하느라 진땀을 빼기도 했다. 안내원의 방명록에는 한국 사람으로는 페루의 국가 배구팀 박만복 감독이 처음이고, 필자가 두 번째라고 하면서 박 감독의 사인을 보여 주었다.

Parece imposible que hayan pasado tres meses,

y que **estemos** en el Puerto **a punto de**[1] partir.

Es una sensación de tristeza indescriptible.

Me pregunto[2] si habrá ocurrido algún desastre en mi ausencia.

Fuera del hospital, estoy cual pez fuera del agua.

A todos nos cuesta dejar a Luis,

y **de modo especial**[3] a Julia, naturalmente.

Esperamos que pueda unirse a nosotros el próximo verano,

si termina su licenciatura en económicas.

Mi madre está muy triste también,

y Marisol, sobre todo, se muestra muy huraña.

Creo que **tenía esperanzas de que**[4] la dejáramos aquí; pero,

ésa es una cuestión que **ni siquiera**[5] **vale la pena**[6] mencionar;

debe volver al colegio: lo que le **conviene**[7].

El Puerto de Barcelona ofrece una vista impresionante;

es la hora del crepúsculo.

Los grandes transatlánticos **encienden**[8] sus luces,

y hay multitud de personas que se despiden.

Nuestro barco **se hará a la mar**[9] dentro de una hora.

해설

① **estar a punto de** +동사 원형 : …할 찰나이다, 막 …하려 하다
② **me pregunto** : preguntarse의 직설법 현재 1인칭 단수형.
③ **de modo especial**(특별히) : de modo +형용사=부사.
④ **tener esperanzas de que** : …을 희망하다.
⑤ **ni siquiera** : 결코 …이 아니다.

3개월이 지나고 우리가 항구에서 막 출발하려고
하다니 믿을 수가 없다.
말로 표현할 수 없이 슬픈 감정이다.
내가 없는 동안 무슨 사고라도 일어나지 않았을까
자문해 본다.
병원 밖에서는 나는 물 밖의 물고기 신세다.
우리 모두는 루이스를 두고 가는 것이 마음 아프고
특히 훌리아는 말할 것도 없다.
루이스가 경제학 학사 과정을 마치면,
내년 여름에 우리가 합할 수 있기를 우리는 바란다.
내 어머님께서도 무척 슬퍼하시고 계시며,
특히 마리솔은 사람을 싫어하는 기미가 보인다.
마리솔은 우리가 그녀를 이곳에 두고 가기를 희망했다고 생각하지만,
그것은 결코 언급할 만한 것이 못되는 문제이다.
그녀는 학교에 돌아가야 한다. 그것이 그녀에게 어울리는 일이다.
바르셀로나 항은 전망이 인상적이다. 황혼 무렵이다.
대형 대서양 횡단 정기선에는 불이 켜지고,
많은 사람들이 작별을 하고 있다.
우리의 배는 한 시간 있으면 출항할 것이다.

해설

⑥ **valer la pena**＋동사 원형 : …할 가치가 있다, 할 만하다.
⑦ **conviene** : convenir 동사의 직설법 현재 3인칭 단수형.
⑧ **encienden** : encender 동사의 직설법 현재 3인칭 복수형.
⑨ **hacerse a la mar** : 출항하다.

Durante la fiesta

A : Ven, papá, quiero presentarte al doctor Muñoz de quien ya te **ha hablado**[1]. Don Ramón, **permítame** presentarle a mi padre.

B : Encantado, señor Claret. Sabe que salimos mañana por la noche, muy en contra de mis deseos.

C : Sí, creo que comprendo como **se siente**[2] Vd.

A los españoles siempre nos **cuesta**[3] el dejar España.

B : Es cierto. Tengo el presentimiento de que no **tardaremos**[4] en regresar definitivamente.

C : ¿Qué le parece si **nos unimos**[5] a las señoras?

B : Perfecto. Así **podremos**[6] conocer a nuestras repectivas esposas.

……

D : Julia, ésta es la señora de Claret, doña Montserrat.

E : Le **agradezco**[7] mucho que **haya venido**[8] a nuestra fiesta.

F : Encantada de hacerlo. Es una lástima que no **nos hayamos conocido**[9] antes.

E : Me **hubiera gustado**[10] hacerlo, y Teresa lo **sugirió**[11] el otro día, pero **queríamos**[12] aprovechar todo el tiempo para estar con nuestro hijo.

해설

① **ha hablado** : hablar 동사의 직설법 현재 완료 3인칭 단수.
② **se siente** : sentirse의 직설법 현재 3인칭 단수.
③ **cuesta** : costar 동사의 직설법 현재 3인칭 단수.
④ **tardaremos** : tardar 동사의 미래 1인칭 복수.
⑤ **nos unimos** : unirse의 직설법 현재 1인칭 복수.
⑥ **podremos** : poder 동사의 미래 1인칭 복수.

파티 동안

A : 아빠, 오세요. 아빠에게 말씀드렸던 무뇨스 박사님을 소개하겠습니다.

　　라몬 씨, 제 아버지를 소개합니다.

B : 끌라렛 선생님, 처음 뵙겠습니다. 우리 뜻과는 달리 내일밤에 우리가

　　떠나는 걸 아시고 계실 겁니다.

C : 예, 선생께서 느낌이 어떤지 이해합니다. 우리 스페인 사람들은 늘 스페인을

　　떠나는 게 힘이 들지오.

B : 맞습니다. 결론적으로 말하면 우리가 곧 돌아오리라는 예감이 듭니다.

C : 부인들과 합하면 어떻겠습니까?

B : 좋습니다.

　　그렇게 하면 우리가 우리 서로의 아내와 인사를 나눌 수 있겠습니다.

　　……

D : 훌리아, 이분이 끌라렛 씨의 부인이신, 몽세라 여사입니다.

E : 우리 파티에 와 주셔서 정말 고맙습니다.

F : 그렇게 생각하시니 기쁩니다. 우리가 미리 서로 알지 못해 유감입니다.

E : 그렇게 하는 것이 좋았을 겁니다.

　　떼레사가 일전에 그걸 제안했었습니다만,

　　우리 아이와 함께 있기 위해 시간을 모두 이용하고 싶었답니다.

해설

⑦ **agradezco** : agradecer 동사의 직설법 현재 1인칭 단수.

⑧ **ha venido** : venir 동사의 직설법 현재 완료 3인칭 단수.

⑨ **nos hayamos conocido** : conocerse의 접속법 현재 완료 1인칭 복수.

⑩ **hubiera gustado** : gustar 동사의 접속법 과거 완료 3인칭 단수.

⑪ **sugirió** : sugerir 동사의 직설법 부정 과거 3인칭 단수.

⑫ **queríamos** : querer 동사의 직설법 불완료 과거 1인칭 복수.

F : Debe ser muy duro para Vds. el separar de él.

　　¿**Volverán**[13] para la boda de Teresita y Diego?

E : Nos **encantaría**[14] hacerlo, pero tendría que tocamos la lotería.

　　¡Son tantos gastos!

　　　. . . . .

A : ¿Dónde **te habías metido**[15], Marisol?

　　Te **he estado buscando**[16] para presentarte a mi hermano, Pepito.

G : **Perdonad. Había ido**[17] al cuarto de baño.

H : ¡Hola, Marisol! ¿Quieres bailar?

G : ¡Hola! No quiero bailar con esta música tan pasada de moda.

H : Estoy furioso con mi hermana por no habernos presentado

　　antes.

G : Yo no supe hasta anteayer que Teresa tenía un hermano.

H : **Habría podido**[18] llevarte a conocer sitios y lo **habríamos pasado**[19]

　　muy bien.

G : Lo dudo. Nunca me dejan salir con chicos.

H : Si me das tu dirección, te escribiré.

　　¿Querrás contestarme?

G : Intentaré hacerlo.

H : Y el año que viene, si tú no vienes a España, iría yo a verte a Chile.

G : ¿Lo dices en serio?

H : ¡Naturalmente!

해설

⑬ **volverán** : volver 동사의 미래 3인칭 복수.

⑭ **encantaría** : encantar 동사의 가능법 불완료 3인칭 단수.

⑮ **te habías metido** : meterse의 직설법 과거 완료 2인칭 단수.

F : 아드님과 헤어지는 것이 여러분들에게는 무척 힘드는 일임에 틀림없습니다.

떼레사와 디에고의 결혼식에 돌아오실 거죠?

E : 그렇게 했으면 싶습니다만 아마 우리에게 복권이라도 당첨되어야 할 겁니다.

비용이 지독히 많이 듭니다!

. . . .

A : 마리솔, 너 어디에 쳐박혀 있었니?

내 오빠 뻬뻬또를 너에게 소개하려고 너를 찾았어.

G : 죄송합니다(용서하십시오). 욕실에 갔었습니다.

H : 안녕, 마리솔! 춤추겠어?

G : 안녕, 이렇게 유행이 지나간 이런 음악으로는 춤추고 싶지 않아.

H : 미리 우리를 소개하지 않아 내 누이에게 화가 난다.

G : 떼레사한테 오빠가 있다는 걸 그저께까지 몰랐어.

H : 너를 이곳저곳 데리고 다닐 수 있었을 텐데.

그랬으면 우리들은 아주 잘 보냈을 거야.

G : 그렇지 않아. 식구들이 절대 내가 소년들과 나가게 두지 않아.

H : 네 주소를 주면, 너한테 편지할 게.

나한테 답장을 보낼 거지?

G : 그럴 생각이야.

H : 내년에 네가 스페인에 오지 않으면, 내가 칠레에 가려고 해.

G : 그 말 정말이야?

H : 물론이지!

해설

⑯ **he estado buscando** : buscar 동사의 현재 완료 진행 1인칭 단수.

⑰ **había ido** : ir 동사의 직설법 과거 완료 1인칭 단수.

⑱ **habría podido** : poder 동사의 가능법 완료 1인칭 단수.

⑲ **habríamos pasado** : pasar 동사의 가능법 완료 1인칭 복수.

멕시코 Chiapas, Chamula의 전통 의상

　　Chiapas는 멕시코 남부 지방에 있는 거의 남한 땅만큼 큰 주이다. 늘 외신에서, 정부에 대항해 싸우는 검은 복면을 한 민병대를 볼 수 있었던 곳이 바로 이곳이다. 멕시코의 원주민이 대부분인 주민들은 멕시코에서 독립하려는 세력이 생각보다 많은 곳으로 1994년부터 국가 자유 사빠띠스따군(Ejército Zapatista de Liberación Nacional)이라는 군대를 조직해 정부군과 오늘도 싸우고 있다. 이곳 원주민들은 수천년 전부터 식물에서 각종 염료를 추출해 오색영롱한 컬러 문화를 창출한 사람들이다. 멕시코에 있는 수를 헤아리기 어려울 정도의 부족에 따라 의상이 천차만별인데 필자가 멕시코에 가면 반드시 들려 며칠을 쉬는 San Cristóbal de las Casas 지역의 인디오들은 그 극치를 이루고 있다.(엽서)

65

시제(時制)의 일치

La secuencia de tiempos

주절	종속절
명령	접속법 현재
직설법 현재	접속법 현재
직설법 미래	접속법 현재 완료
직설법 현재 완료	접속법 불완료과거
직설법 부정 과거	
직설법 불완료 과거	접속법 불완료 과거
가능법	접속법 과거 완료
직설법 과거 완료	

Dígale a él que **venga**.	그에게 오라고 말해 주십시오.
Me alegro de que **vengas**.	네가 온다니 기쁘다.
Me alegro de que **hayas venido**.	네가 (방금) 왔다니 기쁘다.
Me alegro de que **vinieras**.	네가 왔다니 기쁘다.
Me alegré de que **hubieras venido**.	네가 왔다니 기뻤다.
Me alegraba de que **hubieras venido**.	네가 왔다니 기뻤다.
Luis me **pide** que lo **acompañe**.	루이스는 함께 가자고 나에게 요청한다.
Luis me **pedirá** que lo **acompañe**.	루이스는 함께 가자고 나에게 요청할 것이다.
Luis me **ha pedido** que lo **acompañe**.	루이스가 함께 가자고 나에게 요청했다.
Luis me **pediría** que lo **acompañara**.	루이스는 함께 가자고 나에게 요청했을 것이다.
Luisita me **pidió** que la **acompañara**.	루이시따는 함께 가자고 나에게 요청했다.
Luisita me **había pedido** que la **acompañara**.	루이시따는 함께 가자고 나에게 요청했다.

부 록

1. 동사 활용표
2. 단어편: 스페인어–한글

① 동사활용편

동 사 활 용 표 색 인

[표-1] 규칙 동사		[표-6] ···			[표-13] ···	
[표-2] ···		18 ····· rehusar		38 ········· ver	58 ········· morir	
1 ······ vencer		19 ······· pensar		39 ········· ser	59 ········· tener	
2 ······· zurcir		20 ······· perder		40 ··········· ir	60 ········· venir	
3 ········ coger		21 ······· cernir		[표-10] ···	61 ········· poner	
4 ······· exigir		22 ········· errar		41 ········· andar	62 ········· valer	
5 ··· extinguir		23 ····· adquirir		41 ········· estar	63 ········· salir	
6 ··· delinquir		[표-7] ···		[표-11] ···	64 ········· haber	
[표-3] ···		24 ······· contar		42 ········· pedir	65 ········· caber	
7 ········ sacar		25 ······· volver		43 ········· servir	66 ········· saber	
8 ········ pagar		26 ········· oler		44 ··········· reir	67 ········· poder	
9 ········ alzar		27 ····· desosar		45 ········· elegir	68 ········· querer	
10 ···· menguar		28 ······· agorar		46 ········· seguir	69 ········· hacer	
[표-4] ···		29 ········· jugar		47 ········· erguir	70 ········· decir	
11 ····· cambiar		[표-8] ···		48 ········ henchir	[표-14] ···	
12 ····· enviar		30 ········ nacer		49 ········· ceñir	71 ········· aducir	
13 ····· auxiliar		31 ········ crecer		50 ········· mullir	72 ········· traer	
14 ····· adecuar		32 ······· conocer		51 ········· tañer	73 ········· caer	
15 ······ actuar		33 ········· lucir		52 ········· muñir	74 ········· raer	
[표-5] ···		34 ········· placer		[표-12] ···	75 ········· roer	
16 ········ airar		35 ········· yacer		53 ········· sentir	76 ··········· oir	
16′ ····· ahincar		36 ········· asir		54 ··········· herir	77 ········· huir	
17 ········ aullar		[표-9] ···		55 ········ advertir	78 ········· leer	
18 ········ reunir		37 ··········· dar		56 ········· hervir		
				57 ········· dormir		

[표—1] 규칙 동사(Ⅰ) (부정법 · 직설법 · 가능법)

ar 동사	er 동사	ir 동사	조동사 haber
부정법			완료형
부정형			부정형 완료형
hablar	*comer*	*vivir*	haber +*p.p.*
현재분사			현재분사 완료형
habl*ando*	com*iendo*	viv*iendo*	habiendo +*p.p.*
과거분사			
habl*ado*	com*ido*	viv*ido*	×
직설법 · 현재			직설법 · 완료과거
habl*o*	com*o*	viv*o*	he
habl*as*	com*es*	viv*es*	has
habl*a*	com*e*	viv*e*	ha
habl*amos*	com*emos*	viv*imos*	hemos +*p.p.*
habl*áis*	com*éis*	viv*ís*	habéis
habl*an*	com*en*	viv*en*	han
직설법 · 불완료과거			직설법 · 대과거
habl*aba*	com*ía*	viv*ía*	había
habl*abas*	com*ías*	viv*ías*	habías
habl*aba*	com*ía*	viv*ía*	había
habl*ábamos*	com*íamos*	viv*íamos*	habíamos +*p.p.*
habl*abais*	com*íais*	viv*íais*	habíais
habl*aban*	com*ían*	viv*ían*	habían
직설법 · 부정과거			직설법 · 직전과거
habl*é*	com*í*	viv*í*	hube
habl*aste*	com*iste*	viv*iste*	hubiste
habl*ó*	com*ió*	viv*ió*	hubo
habl*amos*	com*imos*	viv*imos*	hubimos +*p.p.*
habl*asteis*	com*isteis*	viv*isteis*	hubisteis
habl*aron*	com*ieron*	viv*ieron*	hubieron
직설법 · 미래			직설법 · 완료미래
hablar*é*	comer*é*	vivir*é*	habré
hablar*ás*	comer*ás*	vivir*ás*	habrás
hablar*á*	comer*á*	vivir*á*	habrá
hablar*emos*	comer*emos*	vivir*emos*	habremos +*p.p.*
hablar*éis*	comer*éis*	vivir*éis*	habréis
hablar*án*	comer*án*	vivir*án*	habrán
가능법 · 불완료형			가능법 · 완료형
hablar*ía*	comer*ía*	vivir*ía*	habría
hablar*ías*	comer*ías*	vivir*ías*	habrías
hablar*ía*	comer*ía*	vivir*ía*	habría
hablar*íamos*	comer*íamos*	vivir*íamos*	habríamos +*p.p.*
hablar*íais*	comer*íais*	vivir*íais*	habríais
hablar*ían*	comer*ían*	vivir*ían*	habrían

[표-1] 규칙 동사(Ⅱ) (명령법·접속법)

ar 동사	**er** 동사	**ir** 동사	조동사 haber
명령법·명령형			완료형
×	×	×	
habl**a**	co**me**	viv**e**	
habl**e**	com**a**	viv**a**	
habl**emos**	com**amos**	viv**amos**	
habl**ad**	com**ed**	viv**id**	
habl**en**	com**an**	viv**an**	
접속법·현재			접·완료과거
habl**e**	com**a**	viv**a**	haya
habl**es**	com**as**	viv**a**	hayas
habl**e**	com**a**	viv**amos**	haya
habl**emos**	com**amos**	viv**áis**	hayamos
habl**éis**	com**áis**	viv**an**	hayáis
habl**en**	com**an**		hayan
접속법·과거 ra 형			접·대과거
habl**ara**	com**iera**	viv**iera**	hubiera
habl**aras**	com**ieras**	viv**ieras**	hubieras
habl**ara**	com**iera**	viv**iera**	hubiera
habl**áramos**	com**iéramos**	viv**iéramos**	hubiéramos
habl**arais**	com**ierais**	viv**ierais**	hubierais
habl**aran**	com**ieran**	viv**ieran**	hubieran
접속법·과거 se 형			접·대과거
habl**ase**	com**iese**	viv**iese**	hubiese
habl**ases**	com**ieses**	viv**ieses**	hubieses
habl**ase**	com**iese**	viv**iese**	hubiese
habl**ásemos**	com**iésemos**	viv**iésemos**	hubiésemos
habl**aseis**	com**ieseis**	viv**ieseis**	hubieseis
habl**asen**	com**iesen**	viv**iesen**	hubiesen
접속법·미래			접·완료미래
habl**are**	com**iere**	viv**iere**	hubiere
habl**ares**	com**ieres**	viv**ieres**	hubieres
habl**are**	com**iere**	viv**iere**	hubiere
habl**áremos**	com**iéremos**	viv**iéremos**	hubiéremos
habl**areis**	com**iereis**	viv**iereis**	hubiereis
habl**aren**	com**ieren**	viv**ieren**	hubieren
능동 분사			
-ante 형			
habl**ante**	com**iente**	viv**iente**	
-ador 형			
habl**ador, ra**	com**edor, ra**	viv**idor, ra**	

접속법·현재 / 접·완료과거, 접·대과거, 접·대과거, 접·완료미래 열에는 +*p.p.* 가 붙는다.

[표-2] 정서법(正書法)에 주의를 요하는 동사 (Ⅰ)
(-cer, -cir ; -ger, -gir ; -guir, -quir 의 동사)

부정법	직설법·현재	접속법·현재	명령형
vencer [1] G. venciendo P. vencido	*venzo* vences vence vencemos vencéis vencen	venza venzas venza venzamos venzáis venzan	× vence venza venzamos venced venzan
zurcir [2] G. zurciendo P. zurcido	*zurzo* zurces zurce zurcimos zurcís zurcen	zurza zurzas zurza zurzamos zurzáis zurzan	× zurce zurza zurzamos zurcid zurzan
coger [3] G. cogiendo P. cogido	*cojo* coges coge cogemos cogéis cogen	coja cojas coja cojamos cojáis cojan	× coge coja cojamos coged cojan
exigir [4] G. exigiendo P. exigido	*exijo* exiges exige exigimos exigís exigen	exija exijas exija exijamos exijáis exijan	× exige exija exijamos exigid exijan
extinguir [5] G. extinguiendo P. extinguido	*extingo* extingues extingue extinguimos extinguís extinguen	extinga extingas extinga extingamos extingáis extingan	× extingue extinga extingamos extinguid extingan
delinquir [6] G. delinquiendo P. delinquido	*delinco* delinques delinque delinquimos delinquís delinquen	delinca delincas celinca delincamos delincáis celincan	× delinque delinca delincamos delinquid delincan

㉘ -cer, -cir ; -ger, -gir ; -guir, -quir 로 끝나는 동사에서는 직설법 현재 제1인칭 단수와 접속법 현재의 전체 인칭에서 어간 끝의 자음의 원음 보존을 위해 바꾸어 쓸 필요가 있다 : c→z, g→j, gu→g, qu→c.

* [1] [2] : -cer, -cir 의 동사에서 활용 어미 모음 a, o 앞의 c를 z로 고쳐 쓴다.
* [3] [4] : -ger, -gir 의 동사에서 활용 어미 모음 a, o 앞의 g를 j로 고쳐 쓴다. [참조 : **elegir** [45]].
* [5] : -guir 의 동사에서 활용 어미 모음 a, o 앞의 u를 탈락시킨다. [참조 : **seguir** [46]].
* [6] : -quir 의 동사에서 활용 어미 모음 a, o 앞의 qu를 c로 고쳐 쓴다. [동류 : muquir, añuquir].

[표—3] 정서법에 주의를 요하는 동사 (Ⅱ)
(-car, -gar, -zar, -guar 의 동사)

부정법	직설법 · 부정과거	접속법 · 현재	명령형
sacar ⑦ G. sacando P. sacado	*saqué* sacaste sacó sacamos sacasteis sacaron	saque saques saque saquemos saquéis saquen	× saca saque saquemos sacad saquen
pagar ⑧ G. pagando P. pagado	*pagué* pagaste pagó pagamos pagasteis pagaron	pague pagues pague paguemos paguéis paguen	× paga pague paguemos pagad paguen
alzar ⑨ G. alzando P. alzado	*alcé* alzaste alzó alzamos alzasteis alzaron	alce alces alce alcemos alcéis alcen	× alza alce alcemos alzad alcen
menguar ⑩ G. menguando P. menguado	*mengüé* menguaste menguó menguamos menguasteis menguaron	mengüe mengües mengüe mengüemos mengüéis mengüen	× mengua mengüe mengüemos menguad mengüen

㊟ **-car, -gar, -zar, -guar** 로 끝나는 동사에서는 직설법 부정과거 제 1 인칭 단수와 접속법 현재의 전체 인칭에서, 원음 보존을 위해 철자를 고쳐 쓰거나 부호를 새로 붙이는데 주의를 한다 : c → qu, g → gu, z → c, gu → gü.

* ⑦ : **-car** 의 동사에서 활용 어미 모음 e 앞의 c 를 qu 로 바꾼다.
* ⑧ : **-gar** 의 동사에서 활용 어미 모음 e 앞의 g 를 gu 로 바꾼다.
* ⑨ : **-zar** 의 동사에서 활용 어미 모음 e 앞의 z 를 c 로 바꾼다.
* ⑩ : **-guar** 의 동사에서 활용 어미 모음 e 앞의 u 를 ü 로 바꾼다.

[표─4] 악센트에 주의를 요하는 동사 (I)
(-iar, -uar 의 동사)

부정법	직설법·현재	접속법·현재	명령형
cambiar ⑪ G. cambiando P. cambiado	cambio cambias cambia cambiamos cambiáis cambian	cambie cambies cambie cambiemos cambiéis cambien	× cambia cambie cambiemos cambiad cambien
enviar ⑫ G. enviando P. enviado	envío envías envía enviamos enviáis envían	envíe envíes envíe enviemos enviéis envíen	× envía envíe enviemos enviad envíen
auxiliar ⑬ G. auxiliando P. auxiliado	auxilio auxilias auxilia auxiliamos auxiliáis auxilian	auxilie auxilies auxilie auxiliemos auxiliéis auxilien	× auxilia auxilie auxiliemos auxiliad auxilien
	auxilío auxilías auxilía auxiliamos auxiliáis auxilían	auxilíe auxilíes auxilíe auxiliemos auxiliéis auxilíen	× auxilía auxilíe auxiliemos auxiliad auxilíen
adecuar ⑭ G. adecuando P. adecuado	adecuo adecuas adecua adecuamos adecuáis adecuan	adecue adecues adecue adecuemos adecuéis adecuen	× adecua adecue adecuemos adecuad adecuen
actuar ⑮ G. actuando P. actuado	actúo actúas actúa actuamos actuáis actúan	actúe actúes actúe actuemos actuéis actúen	× actúa actúe actuemos actuad actúen

㊟ **-iar, -uar** 의 동사에서는, 직설법과 접속법 현재형에서 약모음 i·u 가 활용 어미 모음과 이중·삼중 모음을 만드는 것과 분리되어 악센트 부호를 붙여야 할 두 가지가 있다.

✻ ⑪ : **-iar** 의 동사에서 cambiar 부류에서는 어간의 끝모음 i 와 활용 어미 모음이 이중·삼중 모음을 만들어 악센트 부호를 붙이지 않는다. 즉 이 부류는 규칙 동사이다. 관련된 명사나 형용사의 어미가 ia, io 인 것은 대체로 이런 종류의 동사로 생각하면 된다 : cambiar (*m.* cambio), estudiar (*m.* estudio).

✻ ⑫ : **-iar** 의 동사에서 enviar 부류에서는 어간의 끝모음 i 와 활용 어미 모음이 갈라지므로 악센트 부호가 있어야 한다. 관련된 명사나 형용사의 어미가 ía, ío 인 것은 대체로 이런 종류의 동사로 생각하면 된다 : enviar (*m.* envío), espiar (*f.* espía). [동류 : aliar, averiar, criar, enfriar, extraviar, fiar, fotografiar, guiar, liar, piar, porfiar, rociar, vaciar, vigiar 등].

[표—5] 악센트에 주의를 요하는 동사 (Ⅱ)
(-ai, -au, -eu 의 동사)

부정법	직설법 · 현재	접속법 · 현재	명령형
airar 16 G. airando P. airado	aíro aíras aíra airamos airáis aíran	aíre aíres aíre airemos airéis aíren	× aíra aíre airemos airad aíren
ahincar 16′ G. ahincando P. ahincado	ahínco ahíncas ahínca ahincamos ahincáis ahíncan	ahínque ahínques ahínque ahinquemos ahinquéis ahínquen	× ahínca ahínque ahinquemcs ahincad ahínquen
aullar 17 G. aullando P. aullado	aúllo aúllas aúlla aullamos aulláis aúllan	aúlle aúlles aúlle aullemos aulléis aúllen	× aúlla aúlle aullemos aullad aúllen
reunir 18 G. reuniendo P. reunido	reúno reúnes reúne reunimos reunís reúnen	reúna reúnas reúna reunamos reunáis reúnan	× reúne reúna reunamcs reunid reúnan
rehusar 18′ G. rehusando p. rehusado	rehúso rehúsas rehúsa rehusamos rehusáis rehúsan	rehúse rehúses rehúse rehusemos rehuséis rehúsen	× rehúsa rehúse rehusemos rehuséɪs rehúsen

그러나 다음 동사는 관련된 명사 · 형용사가 io, ia 이지만 활용형은 ía, ío 등이 된다 : ampliar (*adj.* amplio), ansiar (*f.* ansia), comentariar (*m.* comentario), contrariar (*adj.* contrario), gloriar (*f.* gloria), inventariar (*m.* inventario), variar (*adj.* vario) 등.

* **auxiliar** 13 : auxiliar 은 cambiar 식과 enviar 식의 두 가지가 있다고 하는데, 주로 cambiar 식이 쓰인다. [동류 : agriar, rumiar, vanagloriarse, vidriar 등].

* 14 : **-uar** 동사 가운데 -cuar, -guar 부류는 cambiar 와 같은 조건으로, u 가 활용 어기와 이중 · 삼중 모음을 만든다. [동류 : anticuar, apropincuarse, colicuar, licuar, oblicuar, promiscuar]. 그러나 evacuar 에서는 El enfermo no *evacúa* 용례를 볼 수 있다. -guar 에 대해서는 menguar 10 참조.

* 15 : **-uar** 동사 가운데서 -cuar, -guar 가 아닌 것은 어간의 끝모음 u 와 활용 어미 모음이 갈라지므로 u 에 악센트 부호를 붙인다 : atenuar, avaluar, censuar, conceptuar, continuar, efectuar, estatuar, evaluar, exceptuar, extenuar, graduar, habituar, individuar, insinuar, perpetuar, preceptuar, puntuar, situar, valuar 등.

* 16 — 18 : 부정형에서는 ai, au, eu 등의 어간 이중 모음이 활용형으로 될 때 약모음이 갈라지므로 i · e 에 악센트 부호를 붙여야 할 동사가 있다 : atraillar, aunar, embaular, desembaular, reuntar, aislar, aupar, embaucar 등.

[표-6] 어간 모음 변화 동사(Ⅰ)
(e·i → ie 의 동사)

부정법	직설법·현재	접속법·현재	명령형
pensar [19] G. pensando P. pensado	pienso piensas piensa pensamos pensáis piensan	piense pienses piense pensemos penséis piensen	× piensa piense pensemos pensad piensen
perder [20] G. perdiendo P. perdido	pierdo pierdes pierde perdemos perdéis pierden	pierda pierdas pierda perdamos perdáis pierdan	× pierde pierda perdamos perded pierdan
cernir [21] G. cerniendo P. cernido	cierno ciernes cierne cernimos cernís ciernen	cierna ciernas cierna cernamos cernáis ciernan	× cierne cierna cernamos cernid ciernan
errar [22] G. errando P. errado	yerro yerras yerra erramos erráis yerran	yerre yerres yerre erremos erréis yerren	× yerra yerre erremos errad yerren
adquirir [23] G. adquiriendo P. adquirido	adquiero adquieres adquiere adquirimos adquirís adquieren	adquiera adquieras adquiera adquiramos adquiráis adquieran	× adquiere adquiera adquiramos adquirid adquieran

또한 Academia 에서는 ahincar ; rehusar 와 같이 h 를 사이에 둔 약모음과 강모음이 이중 모음이 되지 않을 때도 악센트 부호를 붙이도록 권하고 있다 : buhar, ahilar, rehilar, sobrehilar, rehundir, ahumar, sahumar, cohibir, prohibir 등.

* [19] — [21] : 직설법과 접속법의 현재형으로, 어간 모음 e 가 악센트 생기는 곳에서 ie 로 갈라진다. [참조 : sentir [53] — hervir [56] ; tener [59], venir [60], querer [68]].

* **pensar** [19] : 이것과 같은 부류의 동사 중에서, (1) cegar, negar, plegar, estregar, segar, sosegar 등의 -gar 인 것은 pagar [8] 와 같은 정서법(正書法)에 주의한다. [직·부정과거·1·단수 : negué ; 접·현재 : niegue, niegues, niegue ; neguemos, neguéis, nieguen]. (2) comenzar, empezar, tropezar 등의 -zar 로 끝나는 것은 alzar [9] 와 같은 정서법에 주의한다. [직·부정과거·1·단수 : comencé ; 접·현재 : comience, comiences, comience ; comencemos, comencéis, comiencen]

* **errar** [22] : 어두(語頭)에서 ie 로 갈라지면 ye 로 쓴다 [참조 : erguir [47]].

* **adquirir** [23] : 위와 조건이 같은 데에서 i 가 ie 로 갈라진다. [동류 : inquirir, perquirir].

[표−7] 어간 모음 변화 동사(Ⅱ)
(o · u → ue 의 동사)

부정법	직설법 · 현재	접속법 · 현재	명령형
contar 24 G. contando P. contado	cuento cuentas cuenta contamos contáis cuentan	cuente cuentes cuente contemos contéis cuenten	× cuenta cuente contemos contad cuenten
volver 25 G. volviendo P. *vuelto*	vuelvo vuelves vuelve volvemos volvéis vuelven	vuelva vuelvas vuelva volvamos volváis vuelvan	× vuelve vuelva volvamos volved vuelvan
oler 26 G. oliendo P. olido	*huelo* *hueles* *huele* olemos oléis *huelen*	huela huelas huela olamos oláis huelan	× huele huela olamos oled huelan
desosar 27 G. desosando P. desosado	deshueso deshuesas deshuesa desosamos desosáis deshuesan	deshuese deshueses deshuese desosemos desoséis deshuesen	× deshuesa deshuese desosemos desosad deshuesen
agorar 28 G. agorando P. agorado	agüero agüeras agüera agoramos agoráis agüeran	agüere agüeres agüere agoremos agoréis agüeren	× agüera agüere agoremos agorad agüeren
jugar 29 G. jugando P. jugado	juego juegas juega jugamos jugáis juegan	juegue juegues juegue juguemos juguéis jueguen	× juega juegue juguemos jugad jueguen

* 24 — 25 : 직설법 · 접속법 현재에서 어간 모음 o 가 악센트가 있으면 ue 로 바뀐다. [참조 : dormir 57, morir 58, poder 67].

* **contar** 24 : 이것과 같은 부류의 동사 가운데서, (1) trocar, volcar 와 같이 -car 로 끝나는 것은 sacar 7 와 같은 정서법에 주의해야 한다. [직 · 부정과거 · 1 · 단수 : troqué ; 접 · 현재 : trueque, trueques, trueque, troquemos, troquéis, truequen].
(2) colgar, holgar, rogar, descolgar 등과 같이 -gar 로 끝나는 것은 pagar 8 와 같은 정서법에 주의한다. [직 · 부정과거 · 1 · 단 : colgué ; 접 · 현재 : cuelgue, cuelgues, cuelgue, colguemos, colguéis, cuelguen].
(3) almorzar, forzar, esforzar, reforzar 등과 같이 -zar 로 끝나는 것은 alzar 9 와 같은 정서법에 주

[표—8] 어간 자음 변화 동사 (I)
(c → zc, s → sg 의 동사)

부정법	직설법 · 현재	접속법 · 현재	명령형
nacer 30 G. naciendo P. nacido	*nazco* naces nace nacemos nacéis nacen	nazca nazcas nazca nazcamos nazcáis nazcan	× nace nazca nazcamos naced nazcan
crecer 31 G. creciendo P. crecido	*crezco* creces crece crecemos crecéis crecen	crezca crezcas crezca crezcamos crezcáis crezcan	× crece crezca crezcamos creced crezcan
conocer 32 G. conociendo P. conocido	*conozco* conoces conoce conocemos conocéis conocen	conozca conozcas conozca conozcamos conozcáis conozcan	× conoce conozca conozcamos conoced conozcan
lucir 33 G. luciendo P. lucido	*luzco* luces luce lucimos lucís lucen	luzca luzcas luzca luzcamos luzcáis luzcan	× luce luzca luzcamos lucid luzcan
placer 34 G. placiendo P. placido	*plazco* places place placemos placéis placen	plazca plazcas plazca plazcamos plazcáis plazcan	× place plazca plazcamos placed plazcan
		× × plegue, plega × × ×	

의한다. [직 · 부정과거 · 1 · 단수 : forcé ; 접 · 현재 : fuerce, fuerces, fuerce, forcemos, forcéis, fuercen].

* **volver** 25 : 이와 같은 부류의 동사 가운데서 cocer, escocer, recocer, torcer, destorcer, retorcer 와 같이 -cer 로 끝나는 것은 vencer 1 와 같은 정서법의 주의를 요한다. [직 · 현 · 1 · 단수 : cuezo ; 접 · 현재 : cueza, cuezas, cueza, cozamos, cozáis, cuezan].

* 26 — 27 : 어두에 ue 가 올 때는 hue- 로 쓰며, hueso 에서 온 동사 desosar 에서는 h 가 그대로 살아난다 (deshusar 이라는 부정형도 있다).

* **agorar** 28 : g 에 이어지는 ue 는 güe 로 하여 u 에 음가(音價)를 준다. [동류 : avergonzar, degollar, engorar, regoldar 등].

[표—8] 어간 자음 변화 동사 (Ⅱ)
(c → zc, s → sg 의 동사)

부정법	직설법·현재	접속법·현재	명령형
yacer 35 G. yaciendo P. yacido	*yazco*	yazca	×
	yaces	yazcas	yace
	yace	yazca	yazca
	yacemos	yazcamos	yazcamos
	yacéis	yazcáis	yaced
	yacen	yazcan	yazcan
	yazgo	yazga	×
		yazgas	yaz, yace
		yazga	yazga
		yazgamos	yazgamos
		yazgáis	yaced
		yazgan	yazgan
	yago	yaga	×
		yagas	yaz, yace
		yaga	yaga
		yagamos	yagamos
		yagáis	yaced
		yagan	yagan
asir 36 G. asiendo P. asido	*asgo*	asga	×
	ases	asgas	ase
	ase	asga	asga
	asimos	asgamos	asgamos
	asís	asgáis	asid
	asen	asgan	asgan

* **jugar** 29 : 이 동사만은 위와 조건이 동일한 위치에서 u 가 ue 로 갈라진다 ; 또한 pagar 8 와 같은 정서법상의 주의도 필요하다 : [직·부정과거·1·단 : jugué].

㊟ **-acer, -ecer, -ocer, -ucir** 로 끝나는 동사는 직설법 제1인칭 단수에서 어간 끝의 c 가 zc 로 된다. 이러한 동사에서는 접속법 현재의 모든 인칭에도 같은 모양으로 된다.

* **nacer** 30 : [동류 : renacer, pacer, repacer 등].

* **crecer** 31 : [동류 : ablandecer, abastecer, agradecer, aparecer, desvanecer, embellecer, empobrecer, ennegrecer, establecer, fallecer, favorecer, merecer, obedecer, ofrecer, oscurecer, padecer, patecer, perecer, permanecer, pertenecer 등].

* **conocer** 32 : [동류 : desconocer, preconocer, reconocer 등].

* **lucir** 33 : [동류 : deslucir, enlucir, relucir, traslucirse 등. 또한 -ucir 동사 가운데서 -ducir 동사는 aducir 71 참조].

* **placer** 34 : nacer 와 같으나, 접·현·3인칭 단수에서 특수한 두 가지 불규칙형을 가진다. 또한 직·부정과거·3인칭 단수에 plugo, 복수에 pluguieron 형 : 접속법 과거의 두 형과 미래는 단지 제3인칭 단수 뿐으로 : pluguiera, pluguiese, pluguiere 가 됨. [동류 : aplacer, complacer, desplacer 등].

* **yacer** 35 : 직·현·1·단수에 세 종류의 불규칙형이 있으며, 따라서 각각 접·현재 세 종류의 형이 이루어진다.

* **asir** 36 : 직·현·1·단수로 asgo 가 되며, 접·현재의 모든 인칭에 공통된다. [동류 : desasir].

[표-9] 단음절 동사

부정법	직·현재	접·현재	명령형	직·불완료과거
dar 37 G. dando P. dado	*doy* das da damos dais dan	*dé* des *dé* demos deis den	× da *dé* demos dad den	daba dabas daba dábamos dabais daban
ver 38 G. viendo P. *visto*	*veo* ves ve vemos veis ven	vea veas vea veamos veáis vean	× ve vea veamos ved vean	*veía* *veías* *veía* *veíamos* *veíais* *veían*
ser 39 G. siendo P. sido	*soy* *eres* *es* *somos* *sois* *son*	sea seas sea seamos seáis sean	× *sé* sea *seamos* sed sean	*era* *eras* *era* *éramos* *erais* *eran*
ir 40 G. *yendo* P. ido	*voy* vas va vamos vais van	vaya vayas vaya vayamos vayáis vayan	× *ve* vaya *vamos* id vayan	iba ibas iba íbamos ibais iban

㊟ : 단음절로 된 동사는 이 표에 든 네 동사 뿐이다. 직설법 불완료과거에서 불규칙한 것은 이 가운데 ver, ser, ir 의 셋 (dar 는 규칙) 뿐이다.

* **ver** 38 : ver 의 합성어 antever, entrever, prever, rever, trasver 등에서는 다음과 같이 악센트에 주의한다. [직·현재 : preveo, *prevés, prevé*, prevemos, *prevéis, prevén* ; 직·부정과거 : *preví*, previste, *previó*, previmos, previsteis, previeron ; 명령·2·단수 : prevé].

* **ir** 40 : 명령형에서 특수한 불규칙성을 볼 수 있으며 (ve, vamos) : 재귀동사 irse 가 될 때의 명령형은 다음과 같다 : vete, váyase : vámonos, idos, váyanse.

[표-10] 동사

부정법	직설법·현재	접속법·현재	명령형
andar 41 G. andando P. andado			
estar 41´ G. estando P. estado	*estoy* *estás* *está* estamos estáis *están*	*esté* *estés* *esté* *estemos* *estéis* *estén*	 está esté estemos estad estén

(dar, ver, ser, ir)

직설법 · 과거	접속법 · 과거 ra	접속법 · 과거 se	접속법 · 미래
di	diera	diese	diere
diste	dieras	dieses	dieres
dio	diera	diese	diere
dimos	diéramos	diésemos	diéremos
disteis	dierais	dieseis	diereis
dieron	dieran	diesen	dieren
vi	viera	viese	viere
viste	vieras	vieses	vieres
vio	viera	viese	viere
vimos	viéramos	viésemos	viéremos
visteis	vierais	vieseis	viereis
vieron	vieran	viesen	vieren
fui	fuera	fuese	fuere
fuiste	fueras	fueses	fueres
fue	fuera	fuese	fuere
fuimos	fuéramos	fuésemos	fuéremos
fuisteis	fuerais	fueseis	fuereis
fueron	fueran	fuesen	fueren
fui	fuera	fuese	fuere
fuiste	fueras	fueses	fueres
fue	fuera	fuese	fuere
fuimos	fuéramos	fuésemos	fuéremos
fuisteis	fuerais	fueseis	fuereis
fueron	fueran	fuesen	fueren

*** andar** 41 : 직 · 과거와 접 · 과거 · 미래에서 estar 와 같은 계통의 불규칙을 갖는다. [동류: desandar].

(andar, estar)

직설법 · 과거	접속법 · 과거 ra	접속법 · 과거 se	접속법 · 미래
anduve	anduviera	anduviese	anduviere
anduviste	anduvieras	anduvieses	anduvieres
anduvo	anduviera	anduviese	anduviere
anduvimos	anduviéramos	anduviésemos	anduviéremos
anduvisteis	anduvierais	anduvieseis	anduviereis
anduvieron	anduvieran	anduviesen	anduvieren
estuve	estuviera	estuviese	estuviere
estuviste	estuvieras	estuvieses	estuvieres
estuvo	estuviera	estuviese	estuviere
estuvimos	estuviéramos	estuviésemos	estuviéremos
estuvisteis	estuvierais	estuvieseis	estuviereis
estuvieron	estuvieran	estuviesen	estuvieren

*** estar** 41 : 현재형에서 악센트 부호에 주의. 직 · 과거와 접 · 과거 · 미래가 tener 59 와 같은 u·ieron 계의 불규칙형을 갖는다.

[표—11] 어간 모음 변화 동사 (Ⅲ)

부정법	직설법 · 현재	접속법 · 현재	명령형
pedir 42 G. *pidiendo* P. pedido	pido pides pide pedimos pedís piden	pida pidas pida pidamos pidáis pidan	× pide pida pidamos pedid pidan
servir 43 G. *sirviendo* P. servido	sirvo sirves sirve servimos servís sirven	sirva sirvas sirva sirvamos sirváis sirvan	× sirve sirva sirvamos servid sirvan
reir 44 G. *riendo* P. *reído*	río ríes ríe reímos reís ríen	ría rías ría riamos riais (riáis) rían	× ríe ría riamos reíd rían
elegir 45 G. *eligiendo* P. elegido	*elijo* eliges elige elegimos elegís eligen	elija elijas elija elijamos elijáis elijan	× elige elija elijamos elegid elijan
seguir 46 G. *siguiendo* P. seguido	*sigo* sigues sigue seguimos seguís siguen	siga sigas siga sigamos sigáis sigan	× sigue siga sigamos seguid sigan
erguir 47 G. *irguiendo* P. erguido	*irgo* irgues irgue erguimos erguís irguen	irga irgas irga irgamos irgáis irgan	× irgue irga irgamos erguid irgan

* 42 — 43 : **-ir** 동사 가운데서 pedir, servir 등과 같이 어간 모음 e 가 i 로 전환하는 것이 있다.
직·현재의 단수형 전체와 제3인칭의 복수형 ; 직·과거의 제3인칭의 단·복수 두 형 ; 접속법
전체와 현재 분사에서도 어간 모음은 i 로 바뀐다.
[동류 : *-ebir* (concebir) ; *-edir* (medir, comedir, descomedir, despedir, expedir, impedir 등) ; *-emir*
(gemir) ; *-etir* (competir, derretir, repetir) ; *-estir* (vestir, envestir, investir, revestir, embestir 등)의
어미를 가진 것이 많으며, rendir, servir (deservir)가 같은 부류이다].

* **reir** 44 : **-eir** 의 동사는 pedir (42) 와 같은 부류이나, 어간의 약모음과 활용 어미 모음의 분리
로 인한 악센트 부호에 주의한다 ; 부정형일 때는 부호를 붙이지 않아도 된다. [동류 : sonreir,
desleir, engreir, freir, refreir, sofreir 등].

(**e → i**의 동사)

직설법 · 과거	접속법 · 과거 ra	접속법 · 과거 se	접속법 · 미래
pedí	pidiera	pidiese	pidiere
pediste	pidieras	pidieses	pidieres
pidió	pidiera	pidiese	pidiere
pedimos	pidiéramos	pidiésemos	pidiéremos
pedisteis	piderais	pidieseis	pidiereis
pidieron	pidieran	pidiesen	pideren
serví	sirviera	sirviese	sirviere
serviste	sirvieras	sirvieses	sirvieres
sirvió	sirviera	sirviese	sirviere
servimos	sirviéramos	sirviésemos	sirviéremos
servisteis	sirvierais	sirvieseis	sirviereis
sirvieron	sirvieran	sirviesen	sirvieren
reí	riera	riese	riere
reíste	rieras	rieses	rieres
rio	riera	riese	riere
reímos	riéramos	riésemos	riéremos
reísteis	rierais	rieseis	riereis
rieron	rieran	riesen	rieren
elegí	eligiera	eligiese	eligiere
elegiste	eligieras	eligieses	eligieres
eligió	eligiera	eligiese	eligiere
elegimos	eligiéramos	eligiésemos	eligiéremos
elgisteis	eligierais	eligieseis	eligiereis
eligieron	eligieran	eligiesen	eligieren
seguí	siguiera	siguiese	siguiere
seguiste	siguieras	siguieses	siguieres
siguió	siguiera	siguiese	siguiere
seguimos	siguiéramos	siguiésemos	siguiéremos
seguisteis	siguierais	siguieseis	siguiereis
siguieron	siguieran	siguiesen	siguieren
erguí	irguiera	irguiese	irguiere
erguiste	irguieras	irguieses	irguieres
irguió	irguiera	irguiese	irguiere
erguimos	irguiéramos	irguiésemos	irguiéremos
erguisteis	irguierais	irguieseis	irguiereis
irguieron	irguieran	irguiesen	irguieren

* **elegir** 45 : pedir 42 와 같은 모음 전환이 있는 외에, exigir 4 와 같은 정서법에도 주의한다. [동류 : colegir, corregir, reelegir, regir 등].
* **seguir** 46 : pedir 42 와 같은 모음 전환이 있는 외에, extinguir 5 와 같은 정서법에도 주의한다. [동류 : conseguir, perseguir, proseguir 등].
* **erguir** 47 : 이 동사에는 seguir 46 와 같은 irgo 계통의 불규칙과 errar 22 와 같은 yergo 계통이 있는데, 후자의 경우에는 접속법 현재의 전체 인칭에서 ye- 로 되는 것을 특히 주의한다 (다음 페이지로 계속됨).

[표―11] 어간 모음 변화 동사 (Ⅲ)의 계속

부정법	직설법 · 현재	접속법 · 현재	명령형
	yergo	yerga	×
	yergues	yergas	yergue
	yergue	yerga	yerga
	erguimos	*yergamos*	yergamos
	erguís	*yergís*	erguid
	yerguen	yergan	yergan
henchir 48 G. *hinchendo* P. henchido	hincho hinches hinche henchimos henchís hinchen	hincha hinchas hincha hinchamos hincháis hinchan	× hinche hincha hinchamos henchid hinchan
ceñir 49 G. *ciñendo* P. ceñido	ciño ciñes ciñe ceñimos ceñís ciñen	ciña ciñas ciña ciñamos ciñáis ciñan	× ciñe ciña ciñamos ceñid ciñan
mullir 50 G. *mullendo* P. mullido			
tañer 51 G. *tañendo* P. tañido			
muñir 52 G. *muñendo* P. muñido.			

* 48 ― 52 : -chir, -ller, -llir, -ñer, -ñir 동사에서는 ch, ll, ñ 에 이어질 ie, io 의 i 가 탈락한다. 따라서 직·과거의 3인칭과 접·과거·미래와 현재 분사는 불규칙이 된다.

* **henchir** 48 : -chir 동사의 불규칙 이외에 pedir 42 와 같은 모음 전환(e → i)을 한다 ; 같은 부류로는 rehenchir. 단, [직·과거·3 : hinchió, hinchieron ; 접·과거·미래 : hinchiera, hinchiese, hinchiere 등을 주장하는 사람도 있다].

(부기 **-chir, -ller, -llir, -ñer, -ñir** 의 동사)

직설법·과거	접속법·과거 ra	접속법·과거 se	접속법·미래
henchí	hinchera	hinchese	hinchere
henchiste	hincheras	hincheses	hincheres
hinchó	hinchera	hinchese	hinchere
henchimos	hinchéramos	hinchésemos	hinchéremos
henchisteis	hincherais	hincheseis	hinchereis
hincheron	hincheran	hinchesen	hincheren
ceñí	ciñera	ciñese	ciñere
ceñiste	ciñeras	ciñeses	ciñeres
ciñó	ciñera	ciñese	ciñere
ceñimos	ciñéramos	ciñésemos	ciñéremos
ceñisteis	ciñerais	ciñeseis	ciñereis
ciñeron	ciñeran	ciñesen	ciñeren
mullí	mullera	mullese	mullere
mulliste	mulleras	mulleses	mulleres
mulló	mullera	mullese	mullere
mullimos	mulléramos	mullésemos	mulléremos
mullisteis	mullerais	mulleseis	mullereis
mulleron	mulleran	mullesen	mulleren
tañí	tañera	tañese	tañere
tañiste	tañeras	tañeses	tañeres
tañó	tañera	tañese	tañere
tañimos	tañéramos	tañésemos	tañéremos
tañisteis	tañerais	tañeseis	tañereis
tañerón	tañeran	tañesen	tañeren
muñí	muñerá	muñese	muñere
muñiste	muñeras	muñeses	muñeres
muñó	muñera	muñese	muñere
muñimos	muñéramos	muñésemos	muñéremos
muñisteis	muñerais	muñeseis	muñereis
muñeron	muñeran	muñesen	muñeren

* **ceñir** ⑭ : -ñir 동사의 불규칙 이외에 pedir (㊷)와 같은 모음 전환을 한다. [동류 : astreñir, constreñir, desceñir, estreñir, reñir, teñir, desteñir, reteñir 등].
* **mullir** ㊿ : -ller, -llir 동사 : empeller, bullir, engullir, escullir, rebullir, tullir 등.
* **tañer** ⑤ — ⑤ : -ñer, -ñir 동사 : atañer, astriñir, bruñir, gañir, gruñir, plañir, regañir.

[표—12] 어간 모음 변화 동사 (Ⅳ)

부정법	직설법·현재	접속법·현재	명령형
sentir 53	siento	sienta	×
	sientes	sientas	siente
G. *sintiendo*	siente	sienta	sienta
P. sentido	sentimos	*sintamos*	sintamos
	sentís	*sintáis*	sentid
	sienten	sientan	sientan
herir 54	hiero	hiera	×
	hieres	hieras	hiere
G. *hiriendo*	hiere	hiera	hiera
P. herido	herimos	*hiramos*	hiramos
	herís	*hiráis*	herid
	hieren	hieran	hieran
advertir 55	advierto	advierta	×
	adviertes	adviertas	advierte
G. *advirtiendo*	advierte	advierta	advierta
P. advertido	advertimos	*advirtamos*	advirtamos
	advertís	*advirtáis*	advertid
	advierten	adviertan	adviertan
hervir 56	hiervo	hierva	×
	hierves	hiervas	hierve
G. *hirviendo*	hierve	hierva	hierva
P. hervido	hervimos	*hirvamos*	hirvamos
	hervís	*hirváis*	hervid
	hierven	hiervan	hiervan
dormir 57	duermo	duerma	×
	duermes	duermas	duerme
G. *durmiendo*	duerme	duerma	duerma
P. dormido	dormimos	*durmamos*	durmamos
	dormís	*durmáis*	dormid
	duermen	duerman	duerman
morir 58	muero	muera	×
	mueres	mueras	muere
G. *muriendo*	muere	muera	muera
P. *muerto*	morimos	*muramos*	muramos
	morís	*muráis*	morid
	mueren	mueran	mueran

* 53 — 56 : -entir, -erir, -ertir 의 모든 동사와 -ervir 의 두 동사 (hervir, rehervir)의 경우는 현재형으로서 cernir 21 와 같이 어간 모음이 이중 모음화 (e → ie) 하는 외에, 접·현재의 1·2인칭 복수; 직·부정과거·3·단복수; 접·과거·미래; 현재 분사에서 어간 모음 e 가 i 로 된다.

* **sentir** 53 : -*entir* 동사 : asentir, consentir, disentir, presentir, mentir, desmentir, arrepentirse 등.

* **herir** 54 : -*erir* 동사 : adherir, malherir, zaherir, conferir, diferir, inferir, preferir, referir, digerir,

(e → ie · i ; o → ue · u 의 동사)

직설법 · 과거	접속법 · 과거 ra	접속법 · 과거 se	접속법 · 미래
sentí	sintiera	sintiese	sintiere
sentiste	sintieras	sintieses	sintieres
sintió	sintiera	sintiese	sintiere
sentimos	sintiéramos	sintiésemos	sintiéremos
sentisteis	sintierais	sintieseis	sintiereis
sintieron	sintieran	sintiesen	sintieren
herí	hiriera	hiriese	hiriere
heriste	hirieras	hirieses	hirieres
hirió	hiriera	hiriese	hiriere
herimos	hiriéramos	hiriésemos	hiriéremos
heristeis	hirierais	hirieseis	hiriereis
hirieron	hirieran	hiriesen	hirieren
advertí	advirtiera	advirtiese	advirtiere
advertiste	advirtieras	advirtieses	advirtieres
advirtió	advirtiera	advirtiese	advirtiere
advertimos	advirtiéramos	advirtiésemos	advirtiéremos
advertisteis	advirtierais	advirtieseis	advirtiereis
advirtieron	advirtieran	advirtiesen	advirtieren
herví	hirviera	hirviese	hirviere
herviste	hirvieras	hirvieses	hirvieres
hirvió	hirviera	hirviese	hirviere
hervimos	hirviéramos	hirviésemos	hirviéremos
hervisteis	hirvierais	hirvieseis	hirviereis
hirvieron	hirvieran	hirviesen	hirvieren
dormí	durmiera	durmiese	durmiere
dormiste	durmieras	durmieses	durmieres
durmió	durmiera	durmiese	durmiere
dormimos	durmiéramos	durmiésemos	durmiéremos
dormisteis	durmierais	durmieseis	durmiereis
durmieron	durmieran	durmiesen	durmieren
morí	muriera	muriese	muriere
moriste	murieras	murieses	murieres
murió	muriera	muriese	muriere
morimos	muriéramos	muriésemos	muriéremos
moristeis	murierais	murieseis	muriereis
murieron	murieran	muriesen	murieren

sugerir, requerir 등.

* **advertir** ⑤⑤ : *-ertir* 동사 : controvertir, convertir, divertir, invertir, pervertir, revertir 등.
* **dormir** ⑤⑦ : 어간 모음의 이중 모음화 (o → ue)가 있고, 또한 모음 전환 (o → u) 이 있다. [동류 : adormir].
* **morir** ⑤⑧ : dormir 와 같고 과거 분사도 불규칙. [동류 : entremorir, premorir].

[표—13] 미래형과 가능법에

부정법	직설법 · 현재	접속법 · 현재	명령형	직설법 · 미래
	tengo	tenga	×	tendré
	tienes	tengas	*ten*	tendrás
tener 59	tiene	tenga	tenga	tendrá
G. teniendo	tenemos	tengamos	tengamos	tendremos
P. tenido	tenéis	tengáis	tened	tendréis
	tienen	tengan	tengan	tendrán
	vengo	venga	×	vendré
	vienes	vengas	*ven*	vendrás
venir 60	viene	venga	venga	vendrá
G. *viniendo*	venimos	vengamos	vengamos	vendremos
P. venido	venís	vengáis	venid	vendréis
	vienen	vengan	vengan	vendrán
	pongo	ponga	×	pondré
	pones	pongas	*pon*	pondrás
poner 61	pone	ponga	ponga	pondrá
G. poniendo	ponemos	pongamos	pongamos	pondremos
P. *puesto*	ponéis	pongáis	poned	pondréis
	ponen	pongan	pongan	pondrán
	valgo	valga	×	valdré
	vales	valgas	*val,* vale	valdrás
valer 62	vale	valga	valga	valdrá
G. valiendo	valemos	valgamos	valgamos	valdremos
P. valido	valéis	valgáis	valed	valdréis
	valen	valgan	valgan	valdrán
	salgo	salga	×	saldré
	sales	salgas	*sal*	saldrás
salir 63	sale	salga	salga	saldrá
G. saliendo	salimos	salgamos	salgamos	saldremos
P. salido	salís	salgáis	salid	saldréis
	salen	salgan	salgan	saldrán
	he	haya	×	habré
	has	hayas	*he*	habrás
haber 64	ha, *hay*	haya	haya	habrá
G. habiendo	hemos	hayamos	hayamos	habremos
P. habido	habéis	hayáis	habed	habréis
	han	hayan	hayan	habrán

㊟ : [표—13]에 있는 12개의 동사는 직·미래형과 가능법이 불규칙으로서 (1) tener (59)—salir (63)에서는 어미 모음 e·i 대신 d가 들어가며, (2) haber (64)—querer (68)에서는 어미 모음 e·i 가 없어지고, (3) hacer (69)—decir (70)에서는 -ce- 또는 -ec- 가 탈락된다.

tener (59)—salir (63)와 hacer (69)—decir (70)에서는 직·현·1·단수형이 -go 가 되고, 따라서 접속법 현재는 모두 -ga 가 된다.

-aber 동사는 haber, caber, saber 의 세 동사도 직·현·1·단수형과 접·현재형 모두가 특수한 불규칙이다. 명령형 제 2인칭 단수형에서 불규칙한 동사의 대부분은 이 표와 단음절 동사의 표에 포함된다. 이러한 동사의 합성어인 tener 의 sostener, venir 의 intervenir, poner 의 componer 와 같은 2인칭 단수형에 있어서는 악센트 부호가 따라야 한다 : sostén, intervén, compón.

어간 변화가 있는 동사 (I)

가능법	직설법·과거	접속법·과거 ra	접속법·과거 se	접속법·미래
tendría	*tuve*	tuviera	tuviese	tuviere
tendrías	*tuviste*	tuvieras	tuvieses	tuvieres
tendría	*tuvo*	tuviera	tuviese	tuviere
tendríamos	*tuvimos*	tuviéramos	tuviésemos	tuviéremos
tendríais	*tuvisteis*	tuvierais	tuvieseis	tuviereis
tendrían	*tuvieron*	tuvieran	tuviesen	tuvieren
vendría	*vine*	viniera	viniese	viniere
vendrías	*viniste*	vinieras	vinieses	vinieres
vendría	*vino*	viniera	viniese	viniere
vendríamos	*vinimos*	viniéramos	viniésemos	viniéremos
vendríais	*vinisteis*	vinierais	vinieseis	viniereis
vendrían	*vinieron*	vinieran	viniesen	vinieren
pondría	*puse*	pusiera	pusiese	pusiere
pondrías	*pusiste*	pusieras	pusieses	pusieres
pondría	*puso*	pusiera	pusiese	pusiere
pondríamos	*pusimos*	pusiéramos	pusiésemos	pusiéremos
pondríais	*pusisteis*	pusierais	pusieseis	pusiereis
pondrían	*pusieron*	pusieran	pusiesen	pusieren
valdría				
valdrías				
valdría				
valdríamos				
valdríais				
valdrían				
saldría				
saldrías				
saldría				
saldríamos				
saldríais				
saldrían				
habría	*hube*	hubiera	hubiese	hubiere
habrías	*hubiste*	hubieras	hubieses	hubieres
habría	*hubo*	hubiera	hubiese	hubiere
habríamos	*hubimos*	hubiéramos	hubiésemos	hubiéremos
habríais	*hubisteis*	hubierais	hubieseis	hubiereis
habrían	*hubieron*	hubieran	hubiesen	hubieren

*** tener** 59 : [동류 : abstener, atener, contener, detener, entretener, mantener, manutener, obtener, retener, sostener 등].

*** venir** 60 : [동류 : advenir, avenir, convenir, entrevenir, intervenir, prevenir, provenir, sobrevenir 등].

*** poner** 61 : [동류 : anteponer, componer, deponer, descomponer, disponer, entreponer, exponer, imponer, oponer, posponer, predisponer, preponer, proponer, reponer, suponer 등].

*** valer** 62 : [동류 : equivaler, prevaler]. 이 합성어의 제 2인칭 단수 명령형은 규칙적으로 : equivale, prevale.

*** salir** 63 : [동류 : resalir, sobresalir].

*** haber** 64 : 직·현·3·단수형의 ha 는 조동사로나 조동사적으로, 또한 단인칭 동사로도 쓰이고 ; hay 는 단인칭 동사로만 쓰이는 형.

부정법	직설법·현재	접속법·현재	명령형	직설법·미래
caber 65 G. cabiendo P. cabido	*quepo* cabes cabe cabemos cabéis caben	quepa quepas quepa quepamos quepáis quepan	× cabe quepa quepamos cabed quepan	cabré cabrás cabrá cabremos cabréis cabrán
saber 66 G. sabiendo P. sabido	*sé* sabes sabe sabemos sabéis saben	sepa sepas sepa sepamos sepáis sepan	× sabe sepa sepamos sabed sepan	sabré sabrás sabrá sabremos sabréis sabrán
poder 67 G. *pudiendo* P. podido	puedo puedes puede podémos podéis pueden	pueda puedas pueda podamos podáis puedan	× puede pueda podamos poded puedan	podré podrás podrá podremos podréis podrán
querer 68 G. queriendo P. querido	quiero quieres quiere queremos queréis quieren	quiera quieras quiera queramos queráis quieran	× quiere quiera queramos quered quieran	querré querrás querrá querremos querréis querrán
hacer 69 G. haciendo P. *hecho*	*hago* haces hace hacemos hacéis hacen	haga hagas haga hagamos hagáis hagan	× *haz* haga hagamos haced hagan	haré harás hará haremos haréis harán
decir 70 G. *diciendo* P. *dicho*	*digo* dices dice decimos decís dicen	diga digas diga digamos digáis digan	× *di* diga digamos decid digan	diré dirás dirá diremos diréis dirán

* **saber** 66 : [동류 : resaber].

* **poder** 67 : 현재형으로 volver 25 와 같은 o → ue 의 이중 모음화가 있는 외에, 직·미래와 가능법에서 어미 모음 e 를 잃는다.

* **querer** 68 : 현재형에서 perder 20 처럼 e → ie 의 이중 모음화가 생겨서, 직·미래와 가능법에서 어미 모음 e 가 탈락한다. [동류 : bienquerer, malquerer, desquerer].

* **hacer** 69 : 현재형에서 c → g 의 불규칙이며 직·미래와 가능법에서 ce 가 탈락한다. 제 2인칭 단수 명령형에서는 어미를 탈락시키고 haz 가 된다. 그러나 hacer 와 같은 부류의 동사에서 satisfacer 의 2·단·명령은 satisface, satisfaz 의 두 형태가 된다. [동류 : contrahacer, deshacer, rehacer, rarefacer, satisfacer 등].

어간 변화가 있는 동사 (Ⅱ)

가능법	직설법·과거	접속법·과거 ra	접속법·과거 se	접속법·미래
cabría	cupe	cupiera	cupiese	cupiere
cabrías	cupiste	cupieras	cupieses	cupieres
cabría	cupo	cupiera	cupiese	cupiere
cabríamos	cupimos	cupiéramos	cupiésemos	cupiéremos
cabríais	cupisteis	cupierais	cupieseis	cupiereis
cabrían	cupieron	cupieran	cupiesen	cupieren
sabría	supe	supiera	supiese	supiere
sabrías	supiste	supieras	supieses	supieres
sabría	supo	supiera	supiese	supiere
sabríamos	supimos	supiéramos	supiésemos	supiéremos
sabríais	supisteis	supierais	supieseis	supiereis
sabrían	supieron	supieran	supiesen	supieren
podría	pude	pudiera	pudiese	pudiere
podrías	pudiste	pudieras	pudieses	pudieres
podría	pudo	pudiera	pudiese	pudiere
podríamos	pudimos	pudiéramos	pudiésemos	pudiéremos
podríais	pudisteis	pudierais	pudieseis	pudiereis
podrían	pudieron	pudieran	pudiesen	pudieren
querría	quise	quisiera	quisiese	quisiere
querrías	quisiste	quisieras	quisieses	quisieres
querría	quiso	quisiera	quisiese	quisiere
querríamos	quisimos	quisiéramos	quisiésemos	quisiéremos
querríais	quisisteis	quisierais	quisieseis	quisiereis
querrían	quisieron	quisieran	quisiesen	quisieren
haría	hice	hiciera	hiciese	hiciere
harías	hiciste	hicieras	hicieses	hicieres
haría	*hizo*	hiciera	hiciese	hiciere
haríamos	hicimos	hiciéramos	hiciésemos	hiciéremos
haríais	hicisteis	hicierais	hicieseis	hiciereis
harían	hicieron	hicieran	hiciesen	hicieren
diría	dije	dijera	dijese	dijere
dirías	dijiste	dijeras	dijeses	dijeres
diría	dijo	dijera	dijese	dijere
diríamos	dijimos	dijéramos	dijésemos	dijéremos
diríais	dijisteis	dijerais	dijeseis	dijereis
dirían	dijeron	dijeran	dijesen	dijeren

*** decir** 70 : hacer 와 같은 불규칙이다. [동류 : bendecir, maldecir, antedecir, contradecir, desde-
cir, predecir 등].
이러한 합성어의 2·단·명령은 전체가 규칙적이어서 bendecir 은 bendice, maldecir 은 maldice
이다.
bendecir 와 maldecir 에 있어 직·미래와 가능법은 규칙이어서 : bendeciré, maldeciré …; ben-
deciría, maldeciría …가 된다. 과거 분사도 규칙이어서 bendecido, maldecido 이다 (bendito,
maldito 의 형은 형용사로만 쓰인다).

부정법	직설법 · 현재	접속법 · 현재	명령형
aducir 71 G. aduciendo P. aducido	*aduzco* aduces aduce aducimos aducís aducen	aduzca aduzcas aduzca aduzcamos aduzcáis aduzcan	× aduce aduzca aduzcamos aducid aduzcan
traer 72 G. *trayendo* P. *traído*	*traigo* traes trae traemos traéis traen	traiga traigas traiga traigamos traigáis traigan	× trae traiga traigamos traed traigan
caer 73 G. *cayendo* P. *caído*	*caigo* caes cae caemos caéis caen	caiga caigas caiga caigamos caigáis caigan	× cae caiga caigamos caed caigan
raer 74 G. *rayendo* P. *raído*	*raigo* raes rae raemos raéis raen	raiga raigas raiga raigamos raigáis raigan	× rae raiga raigamos raed raigan
	rago	raya rayas raya rayamos rayáis rayan	× rae raya rayamos raed rayan
roer 75 G. *royendo* P. *roído*	*roigo* roes roe roemos roéis roen	roiga roigas roiga roigamos roigáis roigan	× roe roiga roigamos roed roigan
	royo	roya royas roya royamos royáis royan	× roe roya royamos roed royan

*　71 : **-ducir** 동사는 모두 lucir 33 와 같은 어간 변화를 하며 직·과거와 접·과거·미래가 -jeron 계통의 불규칙이다. [동류 : conducir, deducir, inducir, introducir, producir, reducir, reproducir, seducir, traducir 등].

(-ducir 의 동사 ; -aer, -oer 의 동사)

직설법·과거	접속법·과거 ra	접속법·과거 se	접속법·미래
aduje	adujera	adujese	adujere
adujiste	adujeras	adujeses	adujeres
adujo	adujera	adujese	adujere
adujimos	adujéramos	adujésemos	adujéremos
adujisteis	adujerais	adujeseis	adujereis
adujeron	adujeran	adujesen	adujeren
traje	trajera	trajese	trajere
trajiste	trajeras	trajeses	trajeres
trajo	trajera	trajese	trajere
trajimos	trajéramos	trajésemos	trajéremos
trajisteis	trajerais	trajeseis	trajereis
trajeron	trajeran	trajesen	trajeren
caí	cayera	cayese	cayere
caíste	cayeras	cayeses	cayeres
cayó	cayera	cayese	cayere
caímos	cayéramos	cayésemos	cayéremos
caísteis	cayerais	cayeseis	cayereis
cayeron	cayeran	cayesen	cayeren
raí	rayera	rayese	rayere
raíste	rayeras	rayeses	rayeres
rayó	rayera	rayese	rayere
raímos	rayéramos	rayésemos	rayéremos
raísteis	rayerais	rayeseis	rayereis
rayeron	rayeran	rayesen	rayeren
roí	royera	royese	royere
roíste	royeras	royeses	royeres
royó	royera	royese	royere
roímos	royéramos	royésemos	royéremos
roísteis	royerais	royeseis	royereis
royeron	royeran	royesen	royeren

＊ traer ⑫ : **-aer** 동사의 직·현·1·단수와 접·현재에서 어간의 끝이 ig 가 되고, traer 와 동류
는 직·과거와 접·과거·미래가 decir 나 aducir 와 같은 -jeron 계통이다. [동류 : abstraer,
atraer, contraer, detraer, distraer, extraer, retraer, sustraer 등].

[표-14] 그 밖의 불규칙 동사 (Ⅱ)

부정법	직설법·현재	접속법·현재	명령형
oir 76 G. *oyendo* P. *oído*	*oigo* *oyes* *oye* oímos oís *oyen*	oiga oigas oiga oigamos oigáis oigan	× oye oiga oigamos oíd oigan
huir 77 G. *huyendo* P. *huido*	*huyo* *huyes* *huye* huimos huis *huyen*	huya huyas huya huyamos huyáis huyan	× huye huya huyamos huid huyan
leer 78 G. *leyendo* P. *leído*	leo lees lee leemos leéis leen	lea leas lea leamos leáis lean	× lee lea leamos leed lean

＊ **caer** 73 : caer 와 그 합성어는 ig 의 어간 변화를 하면서 동시에 직·과거와 접·과거·미래에서 leer (78)와 같은 정서법에 주의를 요한다. [동류 : decaer, descaer, recaer].

＊ **raer** 74 : caer 처럼 ig 계열의 불규칙과 huir 처럼 y 가 들어가는 두 형태를 가진다.

＊ **roer** 75 : leer 78 와 같은 규칙 활용, 직·현재·1·단수 roo ; 접·현재 roa, roas 등. 이외에 oir 76 와 같은 계열의 불규칙 roigo ; roiga, roigas, …와, huir 77 와 같은 유형인 royo 계통의 세 형태가 있다. [동류 : corroer].

＊ **oir** 76 : oir 와 그 합성어는 현재형으로 -aer 72 의 ig 계통의 불규칙과 -uir 77 의 어간에 y 가 들어가는 불규칙이 혼합되어 있다. 부정형 oir 에는 악센트가 필요치 않으나, 직·현·과거의 oímos, oís, oísteis 등 과거 분사 oído 에는 악센트 부호를 붙여야 한다. [동류 : desoir, entreoir, trasoir].

＊ 77 : -uir 의 동사에는 모두 huir 와 같이 현재형의 어간 끝에 y 를 넣는 활용형이 있는데, 직·과거와 접·과거·미래와 현재 분사에서 ie, io 로 될 곳이 ye, yo 가 된다. 또한 huir 의 직·현·2·복수, 직·과거·1·단수는 huis, hui 로도 괜찮으나, 2음절 이상인 construir 등의 같은 자리에서는 construís, construí 와 같이 i 에 악센트가 붙는다. [동류 : afluir, argüir, atribuir, concluir, confluir, constituir, construir, contribuir, derruir, destituir, destruir, disminuir, distribuir, excluir, fluir, incluir, influir, instruir, obstruir, recluir, reconstruir, restituir, retribuir, sustituir 등, 이 가운데서 argüir 의 직·현재의 활용형은 다음과 같다 : arguyo, arguyes, arguye ; argüimos, argüís, arguyen 등과 같이 crema 에 주의한다].

＊ **leer** 78 : -eer 동사는 현재형에서는 er 동사의 규칙성을 가지나, 직·과거의 1인칭과 2인칭에서 약모음 분립의 악센트 부호를 i 에 붙인다 ; 접·과거·미래와 현재 분사에서 y 로 쓰는 불규칙성에 주의한다. [동류 : releer, creer, poseer, desposeer, proveer, malcreer].

(-oir, -uir, -eer 의 동사)

직설법 · 과거	접속법 · 과거 ra	접속법 · 과거 se	접속법 · 미라
oí	oyera	oyese	oyere
oíste	oyeras	oyeses	oyeres
oyó	oyera	oyese	oyere
oímos	oyéramos	oyésemos	oyéremos
oísteis	oyerais	oyeseis	oyereis
oyeron	oyeran	oyesen	oyeren
hui	huyera	huyese	huyere
huiste	huyeras	huyeses	huyeres
huyó	huyera	huyese	huyere
huimos	huyéramos	huyésemos	huyéremos
huisteis	huyerais	huyeseis	huyereis
huyeron	huyeran	huyesen	huyeren
leí	leyera	leyese	leyere
leíste	leyeras	leyeses	leyeres
leyó	leyera	leyese	leyere
leímos	leyéramos	leyésemos	leyéremos
leísteis	leyerais	leyeseis	leyereis
leyeron	leyeran	leyesen	leyeren

감	interjección 감탄사
남	sustantivo masculino 남성 명사
남 여	sustantivo masculino y femenino 남성 및 여성 명사
대	pronombre 대명사
복	sustantivo plural 복수 명사
부	adverbio 부사
여	sustantivo femenino 여성 명사
자	verbo intransitivo 자동사
전	preposición 전치사
접	conjugación 접속사
타	verbo transitivo 타동사
형	adjetivo 형용사
((재귀))	verbo reflexivo 재귀 동사
inf.	infinitivo 동사 원형
subj.	subjuntivo 접속법

A

a [전] …에게, 로, 으로, 를, 을; 에
  a las dos de la tarde 오후 두 시에
abajo [부] 아래로, 아래에
abanico [남] 부채
abogado, da [남][여] 변호사
  hacerse abogado 변호사가 되다
abrazar [타] 껴안다, 포옹하다
abrazo [남] 포옹
  [남][복] [편지 끝에 쓰는] 불비(不備)
abrigo [남] 오바
  abrigo de invierno 겨울 오바
abril [남] 4월
abrir [타] 열다
abrocharse ((재귀)) (자기 옷의) 단추를 잠그다,
  매다
  abrocharse el cinturón de seguridad 안전 벨트
  를 매다
absolutamente [부] 절대로, 전혀
absoluto [형] 절대의, 절대적인
  en absoluto 절대로
abuelita [여] 할머니, 할매.
abuelo, la [남][여] 할아버지, 할머니
  [남][복] 조부모님
abundar [자] (이) 많이 있다, 흔하다
acabar [자][타] 끝나다, 끝내다.
  acabar de+inf. 방금 …했다
acantilado [남] 벼랑, 절벽, 단애
acaso [부] 아마
accidente [남] 사고(事故)
acento [남] 악센트
aceptar [동] 받아들이다
acera [여] 보도, 인도(人道)
acercar [동] 가까이하다
acero [남] 강철
acompañar [타] 따르다, 동반하다, 동행하다, 데리
  고 가다
aconsejar [타] 권고하다, 조언하다, 충고하다
acordar [타] 정하다, 결정하다
acordarse ((재귀)) 상기하다
acostar [타] 눕히다
acostarse ((재귀)) 눕다, 잠자리에 들다
acostumbrado, da [형] 익숙해진
  estar acostumbrado a …에 익숙해져 있다
actor [남] 남자 배우
actriz [여] 여자 배우

acuerdo [남] 동의;(의견의) 일치;협정
  de acuerdo 일치하여, 동의하여
  estar de acuerdo 동의하다, 일치하다
adelante [부] 앞에, 앞으로
  [감] 들어오세요!
además [부] 더욱이, 그밖에, 그 외에.
  además de … 이외에
adiós [감] 안녕!, 안녕히 계세요!, 안녕히 가세요!
adónde [부] 어디로, 어디에
adorar [타] 열애하다
adornar [타] 장식하다, 꾸미다.
adquirir [타] 얻다, 입수하다
aduana [여] 세관
aduanero, ra [남][여] 세관원.
adversidad [여] 역경, 불행
advertir [타] 알리다, 주의하다, 알아내다
aéreo, a [형] 공중의, 항공의
aeropuerto [남] 공항
afeitarse ((재귀)) 자신의 수염을 깎다, 면도하다
afuera [부] 밖에, 밖으로, 바깥에서
  [여][복] 교외
  en las afueras de la ciudad 도시의 교외에서
agosto [남] 8월
agradable [형] 기분 좋은, 즐거운, 유쾌한
agradecer [타] 감사하다
agua [여] 물
ahí [부] 그곳에, 거기에
ahora [부] 지금
ahorita [부] 지금 곧, 당장
aire [남] 공기
álbum [남] 사진첩, 앨범
alegrar [타] 기쁘게 하다
  alegrarse de+inf. …해서 기쁘다
alegre [형] 기쁜, 즐거운
alegremente [부] 즐겁게, 기쁘게
alemán, na [형] 독일의. [남][여] 독일 사람.
  [남] 독일어
Alemania [여] 독일
alfabeto [남] 알파벳
algo [대] 어떤 것, 무엇인가. [부] 약간, 다소
alguien [대] 누구, 어떤 사람, 누구인가
algún [형] 어떤 (alguno의 o 탈락형)
alguno, na [형] 어떤. [대] 누군가, 어떤 것
alimento [남] 식품, 음식
  alimento sano 건강 식품
almorzar [자] 점심을 먹다
almuerzo [남] 점심
alojamiento [남] 숙박

alojar 탄 숙박시키다
alojarse ((재귀)) 숙박하다, 묵다
alpinismo 남 등산
alquilar 탄 세내다
　alquilar un apartamento 아파트를 세내다
altavoz 남 확성기
alto, ta 형 높은; 키가 큰
altura 여 높이
　una altura de mil metros 높이 천 미터
alumno, na 남 여 생도, 학생
alzar 탄 올리다, 높이다
allá 부 저쪽으로, 저리
allí 부 저곳에, 저기;(멀리 떨어져 보이지 않는)
　그곳
ama 여 여자 주인
　ama de llaves 가정부
amable 형 친절한
　Muy amable 정말 친절하십니다/정말 고맙습
　니다
amablemente 부 친철하게
amanecer 자 날이 새다
amar 탄 사랑하다, 좋아하다
amarillo, lla 형 노란
ambición 여 야망
ambos, bas 대 양쪽 모두, 양자(兩者)
　형 양쪽의, 쌍방의
ambulancia 여 앰블런스, 구급차
América 여 아메리카, 아메리카 대륙
　América Central 중앙 아메리카
　América del Norte 북아메리카
　América del Sur 남아메리카
americano, na 형 아메리카의. 남 여 아메리카 사
람
amigo, ga 형 친한. 남 여 친구
amo 남 남자 주인
amor 남 사랑, 애정
amplio, plia 형 넓은, 광범한
ancho, cha 형 넓은
andar 자 걷다
anoche 부 어젯밤
anochecer 통 날이 저물다, 날이 어두워지다
ante 전 …의 앞에
anteayer 전 그저께
anteojos 남 복 안경
antes 부 앞에, 전에
　antes de … 전에, …하기 전에
　antes (de) que … 전에
antiguo, gua 형 낡은, 오래된

antiguo barrio 오래된 지역
año 남 해, 연; 나이
　año pasado 작년
　año próximo 내년
　año que viene 내년
　tener … años (de edad) … 살이다, 나이가 …
　이다
　¿Cuántos años tienes? 너 몇 살이니?
aparato 남 기구, 기기, 기계, 비행기
aparte 부 따로, 나누어; 별도로
　aparte de … 이외에는
apenas 부 거의 … 아니다; 간신히, 겨우
aperitivo 남 아페리티프 (식전 술)
apetecer 탄 탐내다
apetito 남 식욕
　Buen apetito 많이 드십시오
aprender 통 배우다
aprisa 부 급히
aprovechar 탄 이용하다
　Que aproveche 많이 드십시오.
aquel, lla 형 저
aquél, lla 대 저것, 저사람; 전자
aquello 대 저것
aquí 부 여기
árabe 형 아라비아의. 남 여 아라비아 사람. 남
　아랍어
arañazo 남 긁힌 데, 할퀸 데
árbol 남 나무
Argentina ((나라)) 아르헨티나
argentino, na 형 아르헨티나의. 남 여 아르헨티나
　사람
aristocrático, ca 형 귀족의
arquitecto, ta 남 여 건축가
arquitectura 여 건축
arreglar 탄 정리하다; 수리하다, 수선하다
arreglarse ((재귀)) 정리하다, 정돈하다
arrepentirse ((재귀)) 후회하다
arriba 부 위로, 위에, 윗층에
arroz 남 쌀, 쌀밥, 벼.
arte 남 (여) 예술
artículo 남 항목, 기사, 물품
artista 남 여 예술가
asear 탄 깨끗이 하다, 청소하다
asearse ((재귀)) 몸단장하다.
aseo 남 청소; 몸단장; 화장실
　cuarto de aseo 화장실 (딸린 방)
así 부 그렇게, 그처럼
asiento 남 자리, 좌석

asistir 困 참석하다, 출석하다
atar 타 묶다, 매다
ataviar 타 장식하다
ataviarse ((재귀)) 장식되다
atención 여 주의, 관심
aterrizaje 남 착륙
aterrizar 困 착륙하다
aún 부 아직
ausencia 여 부재(不在)
autobús 남 버스
automóvil 남 자동차
automovilístico, ca 형 자동차의
autor, ra 남여 작가
auxilio 남 원조, 구원
avellana 여 개암
avenida 여 가로수길, 가로, …가(街)
aventurarse ((재귀)) 모험을 하다
averiguar 타 조사하다
avión 남 비행기
avisar 타 알리다, 보고하다
aviso 남 알림, 통보, 보고
ayer 부 어제
ayuda 여 도움, 협력, 조력
ayudar 타 돕다, 도와 주다
ayudarse ((재귀)) 스스로 돕다, 서로 돕다
azúcar 남 설탕
azul 형 푸른

B

bachillerato 남 고등과, 중고등 학교;학사 학위
bailar 困 춤추다
baile 남 춤, 발레
bajo, ja 형 낮은;키가 작은. 전 아래
balcón 남 발코니
bambú 남 대나무
banco 남 은행; 벤치
bandera 여 기(旗)
bañar 타 목욕시키다
bañarse ((재귀)) 목욕하다
bañera 여 욕조
baño 남 목욕;목욕물;목욕탕
barato, ta 형 값이 싼
   Lo barato sale caro 싼 것이 비지떡
barbaridad 여 많은 양
   ¡Qué barbaridad! 지독하군요!

barca 여 소형 배
Barcelona ((지명)) 바르셀로나 ((스페인의 제2도
   시))
barco 남 배, 선박
   en barco 배로, 배를 타고, 선박 편으르
barra 여 막대기, 몽둥이
   dos barras de pan 빵 두 개
barrera 여 울타리, 바리케이트
barrio 남 구역, 지역, 촌
   antiguo barrio 오래된 지역, 구 시가지
bastante 형 충분한, 상당한
   부 충분히, 상당히, 매우, 무척
bastar 통 충분하다
baúl 남 트렁크
beber 困타 마시다
bebida 여 음료,마실 것
biblioteca 여 도서관
bicicleta 여 자전거
bidé 남 비데 (국부 세척용)
bien 부 잘
bienvenida 여 환영
bienvenido, da 형 환영합니다, 잘 오셨습니다
   Bienvenido a Corea 방한을 환영합니다
   Bienvenidos a bordo 탑승을 환영합니다
billete 남 표; 지폐
bikini 남 비키니
biquini 남 비키니
boca 여 입
bocacalle 여 거리 입구
bocadillo 남 샌드위치(sandwich)
   bacadillo de calamar 오징어 샌드위치
bocado 남 한 입, 한 모금
   de un bocado 한 입에
boda 여 결혼, 결혼식
boina 여 베레모
   boina negra 검은 베레모
bolera 여 볼링장
Bolivia ((국명)) 볼리비아
boliviano, na 형 볼리비아의.
   남여 볼리비아 사람
bolo 남 볼링
bolso 남 핸드백
   bolso de paja 밀짚 핸드백
bomba 여 폭탄; 펌프; [부사적으로] 굉장히, 매
   우, 아주
   ¡Lo pasé bomba! 나는 아주 잘 브냈다!
bombón 남 봉봉 과자
bondad 여 친절; 상냥함

tener la bondad de+inf. …하여 주시다
Tenga la bondad de sentarse 앉아 주십시오
Tengan la bondad de abrocharse los
cinturones de seguridad 안전 벨트를 매 주십
시오
bonito, ta 형 아름다운, 사랑스러운
bordo 남 현측(舷側)
  a bordo 비행기 안에, 기내에
borrico 남 당나귀
bota 여 장화; (가죽) 술부대, 술자루
botella 여 병(瓶)
brasa 여 숯불 구이.
  a la brasa 숯불구이로
Brasil ((나라)) 브라질
brasileño, ña 형 브라질의. 남 여 브라질 사람
breve 형 간단한; 잠시의, 잠깐 동안의
  en breve 이내, 곧
buen 형 좋은, 착한, 선한 (bueno가 남성 단수 명
사 앞에서 o 탈락형)
bueno, na 형 좋은, 착한, 선한
buey 남 (거세한) 황소
burro 남 ((동물)) 당나귀
buscar 타 찾다, 구하다, 마중 가다

C

caballero 남 신사; 기사(騎士)
 señoras y caballeros 신사 숙녀 여러분
caballo 남 말(馬)
cabello 남 머리카락, 머리털
caber 자 들어갈 수 있다, 여유가 있다
cabeza 여 머리
  cabeza de ratón 생쥐의 머리
cada 형 각각의, 낱낱의
  cada año 해마다, 매년
  cada día 날마다, 매일
  cada semana 주마다, 매주
  cada uno 각자, 저마다
caer 자 떨어지다, 넘어지다
caerse ((재귀)) 넘어지다, 떨어지다
café 남 커피; 카페
  café con leche 밀크 커피
  café solo 블랙 커피
cafetería 여 카페테리아
caja 여 상자
cajón 남 서랍

calamar 남 오징어
calefacción 여 난방 장치
  calefacción central 중앙 난방 장치
calidad 여 품질
caliente 형 뜨거운
  agua caliente 뜨거운 물
callar 자 침묵을 지키다, 입을 다물다, 잠자코 있
다.
callarse ((재귀)) 입을 다물다, 잠자코 있다
  Cállate 너 입 닥쳐라
  Callaos 너희들 입 닥치지 못해.
calle 여 거리
calor 남 열; 더위
  color rosa 장밋빛
  hace calor 날씨가 덥다
  tener calor 몸이 덥다
cama 여 침대
cámara 여 카메라
camarero, ra 남 여 종업원
cambiar 동 바꾸다, 교환하다; 환전하다
cambio 남 교환; 환전; 잔돈, 거스름돈
cameraman 남 카메라맨, 사진사
camino 남 길
camión 남 화물 자동차, 트럭
camioneta 여 소형 화물 자동차, 소형 트럭
camisa 여 와이셔츠
camiseta 여 속셔츠
campo 남 들, 들판; 시골
  campo de recreo 운동장
canapé 남 겹 비스킷, 빵
canción 여 노래
  cantar una canción 노래를 부르다
candidato, ta 남 여 입후보자.
candidato presidencial [a Presidente]
대통령 입후보자
candidatura 여 입후보
cansado, da 형 피곤한, 지친
  estar cansado 피곤하다, 지쳐 있다
cansar 타 피곤하게 하다
cansarse ((재귀)) 피곤해지다
cantar 자타 노래하다
caña 여 갈대; 낚싯대; 사탕수수
  caña de azúcar 사탕수수
capital 남 자본. 여 수도(首都), 서울
capitalista 남 여 자본가
capitán 남 선장, 기장(機長); 대장
cara 여 얼굴
carácter 남 성격, 성질

caramba 〔감〕 제기랄!, 빌어먹을!, 맙소사!, 저런!
caramelo 〔남〕 캐러멜
carne 〔여〕 고기
  carne de vaca 쇠고기
  carne de cerdo 돼지고기
carnicería 〔여〕 정육점
caro, ra 〔형〕 값비싼
carrera 〔여〕 경력; 과정; 궤도
carretera 〔여〕 도로
carta 〔여〕 편지
cartera 〔여〕 지갑, 서류 가방, 학생용 가방
casa 〔여〕 집
casado, da 〔형〕 결혼한, 기혼의
  〔남〕〔여〕 기혼자
casar 〔타〕 결혼시키다
casarse ((재귀)) 결혼하다
casi 〔부〕 거의, 하마터면
caso 〔남〕 경우, 사례; 문제
  en caso de que …할 경우에는
castaño, ña 〔형〕 밤색의
catalán, lana 〔형〕 까딸루냐(Cataluña)의
  〔남〕〔여〕 까딸루냐 사람
catálogo 〔남〕 목록, 카탈로그
catedral 〔여〕 성당, 교회
católico, ca 〔남〕〔여〕 천주교 신자
causa 〔여〕 원인, 이유
caviar 〔남〕 캐비아 (철갑상어 알젓).
cebolla 〔여〕 양파
celebrar 〔타〕 개최하다, 행하다
cena 〔여〕 저녁밥, 만찬
  la Última Cena 최후의 만찬
cenar 〔자〕 저녁밥을 먹다
central 〔형〕 중앙의. 〔여〕 본점, 본사
centro 〔남〕 중앙, 중심지
cepa 〔여〕 가문, 조상, 선조
  pura cepa 순수한 가문
cerca 〔부〕 가까이
  cerca de … 가까이
cercano, na 〔형〕 가까운
ceremonioso, sa 〔형〕 격식을 차린; 근엄한
cerrar 〔타〕 닫다
  cerrar la puerta 문을 닫다
cerrado, da 〔형〕 닫힌, 닫혀진
cerveza 〔여〕 맥주
champán 〔남〕 샴페인
chaparrón 〔남〕 폭우(暴雨)
chaqueta 〔여〕 (양복의) 저고리, 웃옷, 자켓
charlar 〔자〕 이야기하다, 잡담하다

cheque 〔남〕 수표
  cheque de viajero 여행자 수표
chico, ca 〔남〕〔여〕 소년, 소녀. 〔형〕 작은, 어린
chile 〔남〕 ((식물)) 고추
Chile ((국명)) 칠레
chileno, na 〔형〕 칠레의. 〔남〕〔여〕 칠레 사람
China ((국명)) 중국
chino, na 〔형〕 중국의. 〔남〕〔여〕 중국 사람. 〔남〕 중국어
chocar 〔자〕 부딪치다
chocolate 〔남〕 초콜릿, 초콜릿 차
chófer 〔남〕 운전 기사
chorizo 〔남〕 순대, 소시지
churro 〔남〕 추로 (튀김 꽈배기의 일종)
cielo 〔남〕 하늘
  cielo tan azul 대단히 푸른 하늘
cien 〔형〕 100의 (명사 앞에서 -to 탈락형)
  cien libros 책 백 권
  cien casas 집 백 채
ciento 〔남〕 백, 100. 〔형〕 100의, 100번째의
cierto, ta 〔형〕 확실한; 어떤
cigarrillo 〔남〕 궐련
cigarro 〔남〕 여송연
cinco 〔남〕 5, 다섯. 〔형〕 5의, 다섯의; 다섯 번째의
cincuenta 〔남〕 50, 쉰. 〔형〕 50의; 쉰 번째의
cine 〔남〕 영화; 영화관
cinema 〔남〕 영화; 영화관
cintura 〔여〕 허리
cinturón 〔남〕 혁대, 띠, 벨트
  cinturón de seguridad 안전 벨트, 안전 띠
cita 〔여〕 약속, 데이트.
ciudad 〔여〕 도시, 시.
claro, ra 〔형〕 밝은; 맑은, 개인; 명백한
clase 〔여〕 종류; 등급; 학급; 교실
clásico, ca 〔형〕 고전의, 고전적인
clavete 〔남〕 작은 못
clavo 〔남〕 못
clima 〔남〕 기후
club 〔남〕 클럽
cocer 〔동〕 삶다, 요리하다
coche 〔남〕 자동차
cochinillo 〔남〕 새끼 돼지
  cochinillo asado con ensalada 샐러드 곁들인
  구운 새끼 돼지
cocina 〔여〕 부엌, 주방; 요리; 조리대
  cocina de gas 가스 레인지
  cocina eléctrica 전기 레인지
coger 〔타〕 잡다, 붙잡다
cola 〔여〕 꼬리; 열, 줄

cola de león 사자의 꼬리
Hay una cola muy larga 무척 긴 줄이 서 있다
colegio 남 (사립) 학교
colgar 타 걸다; 수화기를 놓다
coliflor 여 꽃양배추
colocar 타 놓다
colocar el tenedor 포크를 놓다
Colombia ((국명)) 콜롬비아
colombiano, na 형 콜롬비아의. 남 여 콜롬비아
사람
color 남 색, 빛
comedor 남 식당; 식당방
comenzar 타 시작하다(empezar)
comer 자타 먹다
como 접 …처럼; …만큼; …때문에
como si 마치 …처럼
cómo 부 어떻게
cómodo, da 형 편리한, 편한
compañero, ra 남 여 동료
compañero de armas 군 동료
compañero de clase 급우
compañero de escuela 교우
compra 여 매입, 구입
ir de compras 장보러 가다, 쇼핑 가다
salir de compras 장보러 가다, 쇼핑 가다
comprar 타 사다, 구입하다
comprender 타 이해하다
comprensivo, va 형 이해심이 있는
con 전 …과 함께, …을 가지고; …을 친, …을 탄
concierto 남 연주회, 콘서트
concluir 타 끝내다, 마치다
conducir 자타 운전하다
conocer 타 알다
conocido, da 형 알려진. 남 여 친지, 지인(知人)
consentir 타 동의하다, 승낙하다
conservar 타 보유하다, 보존하다
consistir 자 기초[기반]를 두다; 이루어지다
constante 형 불변의, 견실한
construcción 여 건축, 건설
construir 타 건축하다, 건설하다
consultar 타 상의하다; 진찰을 받다; (사전을) 찾
다
contar 타 세다; 계산하다; 말하다
contento, ta 형 만족한
contestar 자타 대답하다, 회답하다
continuar 타 계속하다
continuar+「현재 분사」: 계속해서 …하다
continuar andando 계속해서 걷다

contra 전 …에 대하여, …에 반대하여
en contra de …에 반(대)해서
contrario 형 반대의
convenir 자타 협정하다; 적당하다
Conviene que+subj. …이 적당하다
conversación 여 회화, 회담
copa 여 잔
una copa de vino 포도주 한 잔
unas copas de manzanillas 만사니야 두세 잔
copia 여 사본, 복사
copiar 타 복사하다
corazón 남 마음, 심장
corbata 여 넥타이
coronel 남 대령
correctamente 부 정확히
correcto, ta 형 정확한
correo 남 우편, 우편물, 우체국
correr 자 달리다
corrida 여 달리기; 경주; 투우 경기
corriente 형 당좌의
cuenta corriente 당좌 예금, 당좌 계정
cortaplumas 남 주머니칼
cortar 타 자르다, 재단하다
cortina 여 커튼
corto, ta 형 짧은
cosa 여 물건; 것
¿Alguna cosa para beber? 마실 것은 어떤 것으
로 하시겠습니까?
Costa Rica ((국명)) 코스타리카
costar 자 비용이 들다; 값이 …이다; 힘이 들다
costarricense 형 코스타리카의. 남 여 코스타리카
사람
costero, ra 형 해안의
pueblo costero 해안 마을
costumbre 여 습관, 버릇
cotización 여 시세, 환시세
crecer 자타 자라다, 성장하다, 증가하다
creer 타 믿다, 생각하다
crepúsculo 남 황혼, 황혼 무렵
cuaderno 남 공책
cuadro 남 그림
cual 대 …하는. 접 …처럼, … 같이.
형 …과 같은
cuál 대 어떤 것, 어느 것. 형 어느, 어떤
cualquiera 대 어떠한 …라도; 누구든지. 형 어떠
한 …라도
cuando 접 …할 때
cuándo 부 언제

cuanto, ta 형 …하는, …하는 모든
  unos cuantos, unas cuantas 약간의
  대 …하는 모든 것
cuarenta 남 40, 마흔. 형 40의, 40번째의
cuarto, ta 형 넷째의, 네 번째의
  남 방; 15분; 사분의 일
  cuarto de baño 목욕실, 욕실; 화장실
  cuarto de aseo 화장실
cuatro 남 4, 넷. 형 4의, 네 번째의
cuatrocientos, tas 남 400. 형 400의, 400번째의
Cuba ((국명)) 쿠바
cuba libre 남 쿠바 리브레 (칵테일 이름)
cubano, na 형 쿠바의. 남 여 쿠바 사람
cubierto 남 수저 한 벌 (수저, 포크, 나이프));
  (식당 등의) 정식
cubrir 타 덮다
cuchara 여 숟가락, 수저
cucharón 남 주걱, 국자
cuchillo 남 칼, 식칼
cuello 남 목
  atado al cuello 목에 감고[묶고]
cuenta 여 계산, 계산서; 계정, 계좌
  cuenta corriente 당좌 계정, 당좌 예금
cuero 남 가죽
  tresillo de cuero 가죽 응접 세트
cuestión 여 문제
cueva 여 동굴
  cueva prehistórica 선사 시대의 동굴
cuidado 남 주의, 조심
cuidadosamente 부 조심해서
cultivar 타 경작하다
cumpleaños 남 생일
  ¡Feliz cumpleaños! 생일을 축하합니다
cumplir 타 이행하다, 채우다
cuñado, da 남 여 매형, 형부, 매제; 형수, 처형,
  처남
cuota 여 분담금, 회비
cura 여 치료. 남 사제, 신부
curar 타 치료하다
curriculum vitae 남 이력서
curso 남 과정, 코스
cuyo, ya 형 그것의, 그의, 그녀의

D

D. don 돈

Dª. doña 도냐
dama 여 귀부인
daño 남 손해, 손상, 상처
  hacer daño 아프게 하다, 상처를 주다
dar 타 주다
de 전 …의, …로부터, …에서
debajo 부 아래에, 아래로
  debajo de …의 아래에
deber 자타 빚지다
  deber+inf. …해야 한다, …임에 틀림없다
  deber de+inf. …임에 틀림없다
debido, da 형 규정 대로의, 반드시 그러야 할
  debido a … 때문에
decidir 타 결정하다
décimo, ma 형 열째의, 열 번째의
  남 열 번째, 열째
decir 자타 말하다; 명령하다
decisión 여 결정
declaración 여 언명, 선언; 신고, 신고서
declarar 타 언명하다, 선언하다
dedicarse ((재귀)) 전념하다; 종사하다, 헌신하다
  dedicarse a pescar 낚시에 몰두하다[전념하다]
dedo 남 손가락, 발가락
definitivamente 부 결정적으로, 종국적으로
dejar 타 두다, 남기다, 맡기다
  dejar+inf. …하게 하다
  dejar de+inf. …하기를 멈추다, 그만두다
  dejar que …하게 하다, …하게 만들다
  no dejar de+inf. 반드시 …하다
delante 부 앞에; 먼저
  delante de …의 앞에
delgado, da 형 여윈, 마른; 가는
delicia 여 쾌감; 환희, 기쁨
delicioso, sa 형 맛있는; 감미로운; 흐뭇한, 즐거
  운
demasiado 형 지나친. 부 너무, 지나치게
  beber demasiado 과음하다
  comer demasiado 과식하다
dentadura 여 치아, 치열(齒列)
dentista 남 여 치과 의사
dentro 부 안으로, 안에
  dentro de …의 안에, 속에; … 무렵; … 있으면
  dentro de unos minutos 몇 분 있으면, 이삼 분
  내에
departamento 남 (백화점의) 부; (기차의) 칸
  departamento de abrigos 오바부
depender 자 의하다, 의존하다
dependiente 남 여 점원

derecha 여 오른쪽
　a la derecha 오른쪽으로, 오른쪽에
derecho, cha 형 오른쪽의. 남 권리. 부 똑바로,
　반듯이.
　Siga derecho 똑바로 가세요
desastre 감 재앙, 재난.
desatarse ((재귀)) 폭우가 쏟아지다
desayunar 자 아침밥을 먹다
desayuno 남 아침밥
descansar 자 쉬다, 휴식하다
descanso 남 휴식, 쉼
descomponer 타 부수다, 분해하다
desconsolado, da 형 침통한, 비통한; 달랠 길 없
　는, 위안할 길 없는
descriptible 형 묘사[서술]할 수 있는, 말로 표현
　할 수 있는.
desde 전 …부터, …에서
desdicha 여 불행, 불운, 비운
desear 타 원하다, 바라다
deseo 남 바람, 소망, 소원
desgracia 여 불행, 불운
despacho 남 사무실, 사무소
despacio 부 천천히
　Hable despacio 천천히 말씀해 주십시오
despedida 여 이별, 작별, 전송, 환송
　fiesta de despedida 송별 파티
despedir 타 해고하다; 전송하다
despedirse ((재귀)) 작별하다, 이별하다
despegar 자 이륙하다
despertar 타 깨우다, 눈을 뜨게 하다
despertarse ((재귀)) 눈을 뜨다, 깨어나다, 자다
despreocupado, da 형 걱정이 없는, 마음에 걸리
　는 것이 없는
después 부 뒤에, 후에
　después de …한 뒤에, …한 후에
　después (de) que …한 후에
　después de eso 그 다음에는
destinatario, ria 남 여 받는 사람
destruir 타 부수다, 파괴하다
determinar 타 결정하다
detrás 부 뒤에
detrás de …의 뒤에
deuda 여 빚, 채무
día 남 날, 하루, 낮
diccionario 남 사전
　diccionario español 스페인어 사전
dicho, cha 형 decir(말하다) 동사의 과거 분사
diciembre 남 12월

diecinueve 남 19, 열아홉. 형 19의, 19번째의
dieciocho 남 18, 열여덟. 형 18의, 18번째의
dieciséis 남 16, 열여섯. 형 16의, 16번째의
diecisiete 남 17, 열일곱. 형 17의, 17번째의
diente 남 이(齒)
　diente perfecto 완전한 이
diez 남 10, 열. 형 10의, 10번째의
difícil 형 어려운
difícilmente 부 어렵게, 간신히
dificultad 여 곤란, 어려움
　con dificultad 어렵게, 간신히
diligente 형 부지런한, 근면한
dinero 남 돈
Dios 남 (유일)신(神), 하느님, 하나님
dios 남 신(神), 잡신
diosa 여 여신(女神)
dirección 여 주소; 방향
director, ta 남 여 사장, 이사, 지점장, 국장, 청장,
　처장
dirigirse ((재귀)) 향하다, 향해 가다
　dirigirse al aparato 탑승하다
disco 남 원반, 레코드; (전화의) 다이얼; 디스켓,
　플로피 디스크
discoteca 여 디스코텍
disculpa 여 변명, 핑개
　dar disculpas 변명하다, 핑개를 대다
discutir 타 토론하다, 토의하다, 언쟁하다
disfrutar 자 향유하다, 즐기다
　disfrutar de las vacaciones 휴가를 즐기다
disolverse ((재귀)) 녹다
dispuesto, ta 형 준비가 된
　estar dispuesto a+inf. …할 준비가 되어 있다
divertir 타 즐겁게 하다
divertirse ((재귀)) 즐기다
doble 형 두 배의, 이중의. 남 두 배
doctor, ra 남 여 박사; 의사
dólar 남 달러
dominar 타 통제하다, 억제하다
domingo 남 일요일
don 남 돈 (남자 이름 앞의 경칭)
donde 부 [관계 부사] …하는 (곳)
dónde 부 어디(에)
doña 여 도냐 (결혼한 부인 이름 앞의 경칭)
dormir 자 자다
dormirse ((재귀)) 잠들다
dormitorio 남 침실
dos 남 2, 둘. 형 2의; 둘째의, 두 번째의
doscientos, tas 형 200의; 200번째의

남 200, 이백
drama 남 연극, 드라마
ducha 여 샤워 (시설)
duda 여 의심
dudar 동 의심하다
dulce 형 (맛이) 단. 남 과자
duodécimo, ma 형 열두 번째의. 남 열둘째, 열두 번째
duración 여 기간
　　duración de dos horas 두 시간(의 기간)
durante 부 … 동안, …중
durar 자 계속되다, 오래 가다
duro, ra 형 단단한, 딱딱한, 굳은; 생경한

E

e 접 와, 과, 그리고
echar 타 던지다, 넣다, 치다
　　echar de menos 서운하다, 보고 싶다
　　echarse a+inf. …하기 시작하다
económicas 여 복 경제학.
económico, ca 형 경제의, 경제적
Ecuador ((국명)) 에콰도르
ecuatoriano, na 형 에콰도르의. 남 여 에콰도르 사람
edad 여 나이, 연령; 시대
　　¿Qué edad tienes? 너 나이가 몇이니?
edificio 남 건물
efectivamente 부 실제로, 사실; 효과적으로
efecto 남 결과, 결론; 효과; 사실
　　en efecto 실제로, 사실상
eficiente 형 효과적인
ejemplo 남 모범, 예
　　por ejemplo 예를 들면
ejercer 타 행하다, 수행하다
ejercicio 남 연습, 연습 문제
el 관 정관사 남성 단수형
él 대 그, 그이, 그 사람
eléctrico, ca 형 전기의
elegante 형 우아한
elegir 타 고르다, 선택하다
ella 대 그녀, 그 여자
El Salvador ((국명)) 엘살바도르
emoción 여 감동, 흥분, 감격
empastar 타 (이를) 충전하다
empobrecer 타 가난하게 하다

en 전 …에, … 안에, …의 위에
encantado, da 형 무척 즐거운, 황홀한, 매료된
　　Encantado, da 처음 뵙겠습니다
encantador, ra 형 매력적인
　　chica encantadora 매력적인 아가씨
encantar 타 매혹시키다; 무척 좋(아하)다
encendedor 남 라이터
encender 자 타 (불을) 켜다, 불을 붙이다
　　encender la luz 전등을 켜다
encerrar 타 가두다
encerrarse ((재귀)) 가두어지다
encima 부 위에
　　encima de …의 위에
encontrar 타 발견하다; 만나다
enero 남 1월
enfermar 타 병에 걸리게 하다; 맥을 못추게 하다 자 병들다, 병에 걸리다, 앓다
enfermo, ma 형 아픈. 남 여 환자, 병자
enjuagar 타 헹구다
enjuagarse ((재귀)) (자신의 몸의 일부를) 헹구다
　　enjuagarse la boca 입을 헹구다
enriquecer 타 풍부하게 하다, 부자가 되게 하다
ensalada 여 샐러드
enseñar 타 가르치다; 보이다, 표시하다
ensordecedor, ra 형 귀청이 터질 듯한, 지독한
entender 타 이해하다
entonces 부 그때, 그 당시. 남 당시
entrar 자 들어가다, 들어오다
entre 전 사이에
entregar 타 인도하다, 건네다
entrevistar 타 회견하다, 인터뷰하다
entristecerse ((재귀)) 슬퍼하다, 괴로워하다, 낙담하다
entusiasmar 타 열광시키다, 감격시키다
entusiasta 남 여 광, 열광자, 광신자
enviar 타 보내다
equipaje 남 수화물, 짐
equipo 남 팀
equivocarse ((재귀)) 실수하다, 틀리다
errar 타 잘못하다, 틀리다
escala 여 착륙지
escapar 자 도망치다, 피하다
escarlata 형 진홍색의
　　pañuelo escarlata 진홍색 스카프
escoger 타 고르다
escribir 자 타 쓰다, 편지를 하다
escuchar 타 듣다, 청취하다
ese, sa 형 그, 그러한

E

ése, sa 대 그것
eso 대 그것(중성 지대 대명사). a eso de … 경에.
  por eso 그래서, 그러므로
espalda 여 등, 배후
España ((국명)) 서반아, 에스빠냐, 스페인
español, la 형 서반아의, 에스빠냐의, 스페인의
  남 여 서반아 사람, 에스빠냐 사람, 스페인 사람
  남 서반아어, 에스빠냐어, 스페인어
esparcir 타 흩뿌리다, 끼얹다
especial 형 특별한
especialmente 부 특별히, 특히
espectador 남 구경꾼
espejo 남 거울
esperanza 여 희망
esperar 타 기다리다; 바라다, 희망하다
  Espera un momento 잠깐만 기다려라
  Espere un momento 잠깐만 기다리세요
espléndido, da 형 눈부신, 화려한, 찬란한; 훌륭
  한, 멋진
esposa 여 아내
esposo 남 남편
esquina 여 길모퉁이
  hacer esquina 길모퉁이를 이루다
estación 여 역, 정거장
Estados Unidos de América 남 복 미국, 아메리카
  합중국
estadounidense 형 미국의, 남 여 미국인
estante 남 선반, 찬장, 책장
estar 자 있다, 이다
este, ta 형 이
éste, ta 대 이것
esto 대 이것 (중성 지시 대명사)
estrecho, cha 형 좁은
estudiante 남 여 학생
estudiar 타 공부하다, 연구하다
estupendo, da 형 굉장한, 대단한, 훌륭한
estúpido, da 형 뚱딴지같은, 어리석은
euro 남 에우로, 유로, 유로화
Europa 여 유럽
europeo, a 형 유럽의. 남 여 유럽 사람
exactamente 부 정확히
exacto, ta 형 정확한
examen 남 시험; 검사; 진찰
excelente 형 훌륭한, 뛰어난, 우수한
excepción 여 예외
  No hay regla sin excepción 예외 없는 규칙은
  없다

excepto 전 제외하고
excesivo, va 형 지나친, 과도한
excursión 여 소풍, 관광 여행
exigir 타 요구하다, 요청하다
existir 자 존재하다, 있다
éxito 남 성공. tener éxito 성공하다
experiencia 여 경험
explicar 타 설명하다, 해설하다
exportación 여 수출
exportar 타 수출하다
expresar 타 표현하다, 나타내다
expresión 여 표현; 표정
extra 형 여분의
extracción 여 뽑아내기, 빼기, 적출, 추출
extraer 타 뽑다, 빼다
extranjero, ra 형 외국의. 남 여 외국 사람.
  남 외국
extrañar 자타 이상하게 생각하다
extraño, ña 형 이상한, 괴상한, 기묘한

F

fábrica 여 공장
fabricar 타 제조하다, 만들다
fácil 형 쉬운, 용이한
facilidad 여 용이함, 쉬움
fácilmente 부 쉽게(con facíidad)
facultad 여 단과 대학
faja 여 띠, 허리띠
falta 여 부족, 결여, 결핍
  sin falta 틀림없이, 꼭
faltar 자타 부족하다; 필요하다
fama 여 평판, 명성(reputación)
familia 여 가족
famoso, sa 형 유명한
favor 남 호의
  hacer el favor de+inf. …해 주시다
  por favor 제발, 부디
febrero 남 2월
fecha 여 날짜
felicitar 타 축하하다
feliz 형 행복한
felizmente 부 행복하게
feria 여 박람회, 전람회; 시장; (연례) 축제
fértil 형 비옥한
festejo 남 잔치, 축하연

fiel 형 충실한

fielmente 부 충실히

fiesta 여 파티, 축제, 축제일

figura 여 모습, 생김새, 외모, 모양

filosofía 여 철학

fin 남 끝; 목적
  Buen fin de semana 주말을 잘 보내십시오

final 남 끝

fingir 타 빙자하다, 꾸미다, 짐짓 꾸미다

firma 여 서명

firmar 자타 서명하다

flor 여 꽃

florería 여 꽃집, 꽃가게

florero, ra 남여 꽃장수, 꽃집 주인

forma 여 형태, 형식

foto 여 사진

fotografía 여 사진

frac 남 예복, 연미복

Francia ((국명)) 프랑스

francés, sa 형 프랑스의. 남여 프랑스 사람.
  남 프랑스어

fresa 여 딸기

fresco, ca 형 시원한, 서늘한; 신선한, 싱싱한
  pescado fresco 신선한 생선
  남 시원함

frío, a 형 찬, 추운.
  agua fría 찬 물, 냉수
  남 추위
  Hace frío 날씨가 춥다

frito, ta 형 튀긴

fruta 여 과일

frutería 여 과일 가게

frutero, ra 남여 과일장수

fuente 여 분수, 샘, 우물

fuera 부 바깥에, 밖에
  fuera de …의 밖에

fuerte 형 강한, 힘찬

fuertemente 부 강하게, 힘차게

fuerza 여 힘; 군, 병력

fumador, ra 남여 흡연자

fumar 자 흡연하다
  No fumar 금연
  No fumen 금연

funcionar 자 작용하다, 작동하다
  La ducha no funciona bien 샤워가 잘 되지 않
  는다

funcionario, ria 남여 공무원

furioso, sa 형 격노한, 화를 낸

estar furioso 화를 내다

fútbol 남 축구

gafas 여복 안경(anteojos)
  gafas de sol 선글래스

gana 여 의욕
  tener gana(s) de+inf. …하고 싶다

ganar 자타 이기다, 돈을 벌다, 얻다

gasolina 여 가솔린, 휘발유

gastar 타 낭비하다, 소모하다, 쓰다

gasto 남 소비, 낭비

gato, ta 남여 고양이

generación 여 세대

general 형 일반적인

generalmente 부 일반적으로, 대개

gente 여 사람들

gigante 남 거인

ginebra 여 진, 두송주(杜松酒)

gitano, na 남여 집시
  traje de gitana 집시 여인의 옷

golpe 남 구타, 타격

golpear 타 때리다, 구타하다

goma 여 고무

gordo, da 형 뚱뚱한, 살찐, 비만한

gozar 자타 즐기다; 소유하다

gracia 여 은혜, 우아함, 기품

gracias 여복 감사; 감사합니다
  muchas gracias 대단히 감사합니다
  muchísimas gracias 정말 고맙습니다
  mil gracias 대단히 감사합니다
  un millón de gracias 정말 고맙습니다.

gran 형 큰, 위대한 (단수 명사 앞에서 -de 탈락
  형)

grande 형 큰, 위대한

granja 여 농장(農場)

granjero, ra 남여 농장주

gris 형 회색의. 남 회색
  color gris 회색
  vestido gris 회색 드레스

gritar 동 외치다

grupo 남 그룹, 동아리, 무리

guante 남 장갑

guapo, pa 형 잘생긴, 미남의, 기녀의, 미인의

guardar 타 지키다, 보존하다

Guatemala ((국명)) 과테말라
guatemalteco, ca 형 과테말라의. 남 여 과테말라
　사람
guerra 여 전쟁
　en guerra 전시(戰時)에
guerrilla 여 게릴라, 게릴라전, 유격전
guía 여 안내, 안내서
　남 여 안내자, 지도자
güisqui 남 위스키
gusto 남 즐거움, 기쁨; 맛, 미각; 기호, 취미
　con mucho gusto 기꺼이
　Mucho gusto 처음 뵙겠습니다

habano 남 아바노 (쿠바의 여송연)
haber 자 있다; (사건이) 일어나다
habitación 여 방(cuarto)
habitante 남 주민, 거주자
habitar 자 살다, 거주하다
hablador, ra 형 말이 많은, 입이 가벼운
hablar 타 말하다
hace 날씨가 …하다; …되었다; … 전에
　desde hace … 전부터
　Hace calor 날씨가 덥다
　Hace frío 날씨가 춥다
　Hace sol 볕이 난다
　Hace un año que te veo 너를 만난지 1년 됐다.
hacer 타 하다, 만들다
hacha 여 도끼
hacia 전 … 쪽으로; … 무렵, 경에
hambre 여 공복, 굶주림
　tener hambre 배고프다, 시장하다
hamburguesa 여 햄버거
harina 여 가루, 밀가루
hasta 전 까지, 조차도
　hasta que …까지
hay 자 있다
　hay que+inf. …해야 한다
hecho, cha 형 만들어진, 만든
　Hecho en Corea 한국제
henchir 타 부풀게 하다, 채워 넣다
hermano, na 남 여 형제, 자매, 형, 동생, 오빠, 누
　이, 언니
hermoso, sa 형 아름다운
héroe 남 영웅

heroína 여 여걸
hielo 남 얼음
hierba 여 풀(草)
hierro 남 철, 쇠
hijo, ja 남 여 아들, 딸
hijos 남 복 아들들, 자식들
historia 여 역사
hoja 여 잎
holgazán, na 형 게으른, 나태한
hombre 남 남자; 어른; 사람
Honduras ((국명)) 온두라스
hondureño, ña 형 온두라스의. 남 여 온두라스
　사람
hora 여 시, 시간
horrible 형 무시무시한, 소름끼치는, 무서운
hospital 남 병원
hospitalizado, da 형 입원한
　estar hospitalizado 입원해 있다
hospitalizar 타 입원시키다
hospitalizarse ((재귀)) (병원에) 입원하다
hotel 남 호텔
hoy 부 오늘
huele oler(냄새 나다) 동사의 직설법 현재 3인칭
　단수형
hueso 남 뼈; (복숭아 등 견과류의 단단한) 씨
huevo 남 알, 달걀, 계란
　una docena de huevos 달걀 한 다스 [12개]
huir 자 도망치다, 도주하다
humo 동 연기(煙氣)
huraño, ña 형 비사교적인
hurtar 타 훔치다, 사취하다

idea 여 생각, 관념, 이상
idioma 남 언어
iglesia 여 교회
ignorar 자 타 모르다
igual 형 같은, 동등한
　dar igual 똑같다
igualmente 부 같게, 동등하게
imaginar 타 상상하다, 생각하다
imitación 여 모방, 모조; 모조품
impedir 타 방해하다, 막다
importación 여 수입
importancia 여 중요성

importante 〔형〕 중요한
importar 〔자타〕 수입하다; 중요하다; 관계가 있다
    No importa 상관없습니다; 천만에요
imposible 〔형〕 불가능한
imprenta 〔여〕 인쇄
impresionante 〔형〕 인상적인, 감동적인
impresionar 〔타〕 감동시키다, 감동을 주다
impreso 〔남〕 인쇄물
imprimir 〔타〕 인쇄하다
inactivo, va 〔형〕 활동이 없는, 움직이지 않은
incierto, ta 〔형〕 확실하지 않은, 불확실한
incisión 〔여〕 찢어진 곳
incluir 〔타〕 포함하다
incluso 〔부〕 포함해서
    incluso tú 너를 포함해서
inconsciente 〔형〕 무의식의, 의식이 없는
increíble 〔형〕 믿을 수 없는
indescriptible 〔형〕 말로 표현할 수 없는, 서술[묘
    사]할 수 없는.
India 〔여〕 ((국명)) 인도
indicar 〔타〕 지시하다, 가르키다
indiferencia 〔여〕 무관심, 냉담
indio, dia 〔형〕 인도의
    〔남〕〔여〕 인도 사람; 인디언; 인디오
indispensable 〔형〕 필요 불가결한
industrial 〔형〕 산업의, 공업의
infeliz 〔형〕 불행한
infernal 〔형〕 지옥의; 무시무시한; 지독한
    ruido infernal 지독한 소음
infinitivo 〔남〕 부정형, 동사 원형
información 〔여〕 알림, 통지, 조회; 안내, 안내소
informar 〔타〕 알리다, 보고하다
ingeniero, ra 〔남〕〔여〕 기술자, 기사, 엔지니어
Inglaterra ((국명)) 영국
inglés, sa 〔형〕 영국의
    〔남〕〔여〕 영국 사람
    〔남〕 영어
inmortal 〔형〕 불멸의; 불사의
inquirir 〔타〕 조사하다, 캐다, 심문하다
insistir 〔타〕 고집하다, 주장하다
inspiración 〔여〕 영감, 감흥
instalación 〔여〕 시설
instante 〔남〕 순간
inteligente 〔형〕 영리한, 현명한
interés 〔남〕 관심, 흥미
interesante 〔형〕 재미있는
internacional 〔형〕 국제의, 국제적인
    aeropuerto internacional 국제 공항

interpretar 〔타〕 통역하다
intérprete 〔남〕〔여〕 통역자, 해설자
intranquilo, la 〔형〕 불안한, 걱정스러운
introducir 〔타〕 넣다, 인도하다, 끌어들이다
invierno 〔남〕 겨울
invitación 〔여〕 초대, 초청, 초대장, 초청장
invitar 〔타〕 초대하다
inyección 〔여〕 주사
    poner una inyección 주사를 놓다
ir 〔자〕 가다
irse ((재귀)) 가버리다, 떠나다, 출발하다
    ir a+inf. …하려고 하다; …하러 가다
    vamos a+inf. …합시다; 우리는 …하려고 한다;
    우리는 …하러 간다
isla 〔여〕 섬
isleta 〔여〕 작은 섬
Italia ((국명)) 이탈리아
italiano, na 〔형〕 이탈리아의. 〔남〕〔여〕 이탈리아 사람
    〔남〕 이태리어
izquierdo, da 〔형〕 왼쪽의. 〔여〕 왼쪽
    a la izquierda 왼쪽으로, 왼쪽에

J

jabón 〔남〕 비누
jamás 〔부〕 결코 …이 아니다(nunca)
Japón 〔남〕 ((국명)) 일본
japonés, sa 〔형〕 일본의. 〔남〕〔여〕 일본 사람. 〔남〕 일본
    어
jardín 〔남〕 정원
jefe, fa 〔남〕 우두머리, 대장, 장(長); 과장, 부장, 사
    장
jerez 〔남〕 헤레스(헤레스산 포도주)
jornada 〔여〕 일정; 여정; (1일의) 노동, 노동 시간
joven 〔형〕 젊은. 〔남〕〔여〕 젊은이, 청년
joya 〔여〕 보석(piedra preciosa)
joyería 〔여〕 보석상
joyero, ra 〔남〕〔여〕 보석상 주인; 보석 가공 기술자;
    보석 장수
judía 〔여〕 강낭콩
juego 〔남〕 놀이, 경기
jueves 〔남〕 목요일
jugar 〔자〕 놀다, 경기하다, 도박하다
    jugar al tenis 테니스를 치다
juguete 〔남〕 장난감
julio 〔남〕 7월
junio 〔남〕 6월

junto 부 함께
  junto a … 옆에
juventud 여 청춘, 젊은 시절
jurar 타 맹세하다, 선서하다
juzgar 타 판단하다

kilo 남 킬로
kilogramo 남 킬로그램
kilómetro 남 킬로미터

la 관 정관사 여성 단수형.
  대 그녀를, 당신을, 그것을
labio 남 입술
lado 남 옆, 측면.
  al lado de …의 옆에
ladrador, ra 형 (개가) 짖는.
  Perro ladrador, poco mordedor. 짖는 개는 물지
  않는다.
ladrar 자 (개가) 짖다
ladrón, na 남여 도둑
lago 남 호수
langosta 여 ((동물)) 가재
lápiz 남 연필 (복 lápices)
largo, ga 형 긴, 오랜
lástima 여 슬픔
lavabo 남 세면대, 세면소
lavar 타 씻다, 빨래하다.
lavarse ((재귀)) (자신의 몸을) 씻다
le 대 그에게, 그녀에게, 당신에게; 그를, 당신을
lección 여 학과, 수업
leche 여 우유, 젖
lechuga 여 상추
lectura 여 독서, 강독, 독해
leer 자타 읽다, 독서하다
lejano, na 형 먼
lejos 부 멀리
  lejos de …에서 멀리
lengua 여 혀; 언어
lentamente 부 느리게, 천천히
lento, ta 형 느린

león 남 사자
les 대 그들에게, 그녀들에게, 당신들에게
levantar 동 일으키다
  levantarse 일어나다
ley 여 법, 법률
libertad 여 자유
libre 형 자유로운, 한가한; 비어 있는
  estar libre 한가하다, 시간이 있다
  verse libre 자유로워지다
librería 여 서점, 책방
libro 남 책
licencia 여 인가, 허가, 면허; 허가서, 면허장
licenciatura 여 학사 과정, 학사 학위
licor 남 술, 주류.
ligero, ra 형 가벼운
limpiar 타 청소하다, 깨끗이 하다
limpio, pia 형 깨끗한
lindo, da 형 아름다운(hermoso)
línea 여 줄, 선, 열
lista 여 명단, 표
listo, ta 형 준비된, 영리한
  estar listo 준비되다
literatura 여 문학
llamada 여 호출, 부름; 전화
  hacer una llamada 전화하다
  Hay una llamada para ti 너한테 전화다
llamar 타 부르다
llamarse ((재귀)) 이름이 …이다
  llamar por teléfono 전화하다
llave 여 열쇠
llegada 여 도착
llegar 자 도착하다, 닿다
lleno, na 형 가득찬
llevar 타 가지고 가다, 데리고 가다; 시간을 보내
  다; 몸에 붙이다; 생활하다, 지내다
llorar 자 울다
llover 자 비가 내리다
lluvia 여 비
lo 관 정관사의 중성형
  대 그를, 당신을, 그것을
lotería 여 복권
  tocar la lotería 복권이 당첨되다
luego 접 그래서, 그 때문에. 부 나중에
  desde luego 물론
  Hasta luego 나중에 만납시다
lugar 남 장소
  en lugar de … 대신에
  en primer lugar 첫째(로)

lujo 🄝 사치, 호화스러움
  de lujo 사치스런, 호화스런, 고급의
  autobús de lujo 직행 버스
  hotel de lujo 고급 호텔
lujoso, sa 🄗 사치스런, 호화스런
lumbre 🄔 불(fuego)
luna 🄔 달
lunes 🄝 월요일 (🄫 los lunes)
luz 🄔 빛, 불빛; 전등, 등불
  encender la luz 전등을 끄다

madera 🄔 목재
  madera de roble 떡갈나무 재목
madre 🄔 어머니
Madrid ((지명)) 마드리드 ((스페인의 수도))
madrina 🄔 대모(代母)
madrugada 🄔 새벽
  Son las tres de la madrugada 새벽 3시.
madrugar 🄙 일찍 일어나다
maduro, ra 🄗 익은
maestro, tra 🄝🄔 선생, 교사; 스승; 명인, 명장
magnífico, ca 🄗 화려한, 호화로운; 좋습니다
maleta 🄔 여행 가방
mal 🄫 나쁘게. 🄗 나쁜 (남성 단수 명사 앞에서
  -o 탈락형)
Málaga ((지명)) 말라가 (스페인의 도시)
maleta 🄔 여행 가방
maletín 🄝 작은 여행 가방
malo, la 🄗 나쁜
mamá 🄔 엄마
mamar 🄙 젖을 빨다
mandar 🄓 보내다; 명령하다
manera 🄔 방법
manga 🄔 소매
mango 🄝 ((과실)) 망고
mano 🄔 손
mantel 🄝 식탁보
mantenerse ((재귀)) 움직이지 않고 있다, 그대로
  있다
  Manténganse en su asiento 자리에 그대로 계십
  시오
mantequilla 🄔 버터
manzana 🄔 ((과실)) 사과
manzanilla 🄔 ((식물)) 카밀레; 카밀레 차(茶)

maña 🄔 솜씨, 술책, 꾀
mañana 🄔 아침, 오전
  de la mañana 오전(의)
  por la mañana 오전에, 아침에
  🄫 내일
  Hasta mañana 내일 만납시다
  mañana por la mañana 내일 아침[오전]에
  mañana por la noche 내일 밤에
  mañana por la tarde 내일 오후에
mapa 🄝 지도(地圖)
máquina 🄔 기계
  máquina de escribir 🄔 타자기
mar 🄝(🄔) 바다
marcharse ((재귀)) 떠나다, 가버리다
mareado, da 🄗 멀미한
  estar mareado 멀미하다
marearse 🄙 멀미하다
marido 🄝 남편
  marido y mujer 부부
marisco 🄝 조개, 연체 동물, 패류
  🄝🄫 해산물
martes 🄝 화요일
marzo 🄝 3월
mas 🄕 그러나
más 🄫 더, 더 많이. 🄗 더 많은
matador 🄝 마타도르 (주 투우사)
matar 🄓 죽이다
matemáticas 🄔🄫 수학
matrimonio 🄝 결혼
mayo 🄝 5월
mayonesa 🄔 마요네즈
mayor 🄗 더 큰, 연상의; 가장 큰, 가장 연장의
  talla mayor 가장 큰 사이즈
mecanografiar 🄙🄓 타자를 치다
media 🄔 스타킹
mediado, da 🄗 절반 가량이 된
  a mediados de …의 중순에
medianoche 🄔 자정, 밤 12시
medicina 🄔 약, 의학
médico, ca 🄝🄔 의사
medio, dia 🄗 반의, 절반의
  media hora 반시간
  🄝 수단, 방법; 반, 절반
  medio de vida 생활[생계] 수단
mediodía 🄝 정오
medir 🄓 재다
Méjico ((국명)) 멕시코
mejicano, na 🄗 멕시코의. 🄝🄔 멕시코 사람

mejor 형 더 좋은. 부 더 잘
melocotón 남 복숭아
melón 남 멜론, 참외
memoria 여 기억, 추억
　aprender de memoria 암기하다, 외우다
mencionar 타 언급하다
menester 남 필요
　Es menester que …이 필요하다
menor 형 더 작은; 더 어린, 연하의
menos 부 더 적게; (시간의) 전(前). 형 더 적은
　echar de menos 서운하다, 보고 싶다
mentir 자 거짓말하다
mentira 여 거짓말
mentiroso, sa 형 거짓말을 잘 하는
　남 여 거짓말쟁이
menudo, da 형 하찮은, 가는, 작은
　a menudo 빈번히
mercado 남 시장
merecer 자 가치가 있다
merienda 여 간식, 사이참, 새참; 가벼운 식사
mérito 남 장점; 공적, 공로
mermelada 여 잼
mes 남 달
mesa 여 책상, 탁자, 밥상
mesita 여 작은 탁자
　mesita de noche 침대 맡 야간 탁자
metro 남 미터; 지하철
　estación de metro 지하철역
miedo 남 두려움, 걱정
　tener miedo de …을 무서워하다
miembro 남 일원, 회원
mientras 접 …하는 동안
　mientras que …하는 동안
miércoles 남 수요일 (복 los miércoles)
mil 남 천, 1,000. 형 천의, 1,000의
　Mil gracias 대단히 고맙습니다
millón 남 백만
　Un millón de gracias 정말 고맙습니다
minuto 남 분(分)
mirar 타 바라보다
　mirar la televisión 텔레비전을 보다
　mirarse en el [al] espejo 거울을 보다
mismo, ma 형 같은, 바로 그
　lo mismo 똑같은 것[말]
　대 자신
　a sí mismo 자기 자신
　a mí mismo/misma 나 자신
　부 당장, 곧

ahora mismo 지금 당장, 지금 곧
mitad 여 반(半)
moda 여 유행(流行)
　estar pasado de moda 유행이 지나가다
modelo 남 모델, 원형, 본.
[형용사적으로] 모범의, 모범적인
　un chico modelo 모범 소년
　남 여 모델
moderno, na 형 근대의
modo 남 방법
　de modo especial 특히
　de todos modos 좌우지간, 여하튼, 하여간에
mohina 여 원망, 원한, 노여움; 불쾌; 우수, 우울
molestar 타 괴롭히다, 폐를 끼치다
momento 남 순간, 잠깐
　Espere un momento 잠깐만 기다리십시오
moneda 여 동전, 화폐
monstruo 남 괴물
montaña 여 산; 산악, 산악 지방
monte 남 산
monumento 남 기념물, 기념비
morder 타 물다, 깨물다, 물어뜯다
morir 자 죽다
mostrar 타 보이다, 나타내다
motor 남 엔진, 모터
mover 타 움직이게 하다, 움직이다.
moverse ((재귀)) 움직이다
móvil 남 휴대 전화, 휴대폰
　teléfono móvil 이동 전화, 휴대 전화
mozo 남 청년, 젊은이; 종업원; 짐꾼
muchacho, cha 남 여 소년, 소녀
muchedumbre 여 군중; 다수, 많음
mucho, cha 형 많은, 다량의. 부 많이
mueble 남 가구
　mueble bonito 예쁜 가구
muela 여 어금니
muerte 여 죽음, 사망
muerto, ta 형 죽은
　más muerto que vivo (너무 놀라) 살아 있는 사
람 같지 않게
mujer 여 여자; 아내
mullir 타 푹신푹신하게 하다
mundo 남 세계
　todo el mundo 전세계; 모든 사람
muñeca 여 인형
música 여 음악
museo 남 박물관, 미술관
muy 부 매우, 무척, 굉장히

N

nacer 困 낳다, 태어나다
nación 여 국가, 나라
nacional 형 국가의, 나라의, 국립의
nacionalidad 여 국적
nada 대 아무것도 … 아니다
　De nada 천만에.
nadar 困 헤엄치다, 수영하다
nadie 대 아무도 …아니다
naranja 여 귤, 오렌지
　남 오렌지색, 등색(橙色)
naranjada 여 오렌지 주스
naranjo 남 ((식물)) 오렌지나무, 귤나무
nata 여 크림
natación 여 수영
natural 형 자연의
naturaleza 여 자연
naturalmente 부 자연히
navarro, rra 남여 나바라(Navarra) 사람
necesario, ria 형 필요한
necesidad 여 필요
　no hay necesidad 필요없다
necesitar 타 필요로 하다
negar 타 부정하다, 부인하다; 거절하다, 거부하다
negocio 남 사업, 장사
　hablar de negocio 사업에 대해 이야기하다
negro, gra 형 검은. 남 검정, 검정빛
nervio 남 신경
nevar 困 눈이 내리다
Nicaragua ((국명)) 니카라과
nicaragüense 형 니카라과의. 남여 니카라과
　사람
niebla 여 안개
nieto, ta 남여 손자, 손녀
nieve 여 눈(雪)
ningún 형 어떤 (…도 아니다)
ninguno, na 형 어떤 (…도 아니다)
niñez 여 어린 시절, 유년기
niño, ña 남여 남자아이, 여자아이
noche 여 밤, 야간
　de la noche 밤(의)
　por la noche 밤에, 야간에
nombre 남 이름; 명사
normal 형 정상적인
　curso normal 정상적인 코스

noticia 여 소식, 뉴스
noticiero 남 (신문의) 기사, 통신
novecientos, tas 형 900의; 900번째의
　남 900
novedad 여 새로운 것, 이상한 일
　sin novedad 무사히, 이상없이
novela 여 소설
novelista 남여 소설가
noveno, na 형 아홉 번째의
　남 아홉째, 아홉 번째; 9분의 1
noventa 형 90의; 90번째의
　남 90, 아흔
noviembre 남 11월
novio, via 남여 연인, 약혼자, 신랑, 신부
nublado, da 형 구름 낀
nuera 여 며느리
nueve 형 9의; 아홉 번째의
　남 9, 아홉
nuevo, va 형 새로운
　de nuevo 다시, 또
número 남 수, 숫자, 번호
nunca 부 결코 …이 아니다(jamás)

O

o 접 혹은, 또는; 그렇지 않으면
obedecer 자타 복종하다, 순종하다, 말을 잘 듣다
objetivo 남 목적
objeto 남 물건, 물품, 상품; 목적
obra 여 일, 작품
obscuro, ra 형 어두운, 암울한
obstáculo 남 장애, 고장
obtener 타 얻다, 획득하다
octavo, va 형 여덟째의. 남 여덟째
octubre 남 10월
ocupación 여 직업
ocupado, da 형 바쁜, 분주한
ocupar 타 차지하다, 점하다
ocurrir 困 (사건이) 발생하다, 일어나다
ocurrirse ((재귀)) 갑자기 생각이 떠오르다, 언뜻
　생각하다
　¿Qué te ocurre? 너 무슨 일이냐?
　¿Qué le ocurre? 당신은 무슨 일입니까?
ochenta 형 80의; 80번째의. 남 80, 여든
ocho 형 8의; 여덟 번째의. 남 8, 여덟
ochocientos, tas 형 800의; 800번째의. 남 800

ocupado, da 형 바쁜, 분주한
ocuparse ((재귀)) 종사하다
　ocuparse de la casa 가사에 종사하다
oficial 형 공적인, 공식적인, 정식의
　cotizaciones oficiales 공식 환시세
oficialmente 부 공식적으로
oficina 여 사무실, 사무소
ofrecer 타 제공하다
oído 남 귀, 청각
　tener dolor de oídos 귀가 아프다
oír 자타 듣다, 들리다
ojo 남 눈(目)
oler 자 냄새가 나다
oliva 여 올리브 (열매).
olivar 남 올리브 숲[밭]
olivo 남 ((식물)) 올리브
olor 남 냄새
olvidar 자타 잊다
olvidarse ((재귀)) (깜박) 잊어버리다
　No me olvides 날 잊지 마라
opinión 여 의견
oportunidad 여 기회
oración 여 문장
orden 남 순서, 정도, 질서
　여 명령, 지시, 주문
ordenador 남 컴퓨터.
ordenar 타 정리하다, 정돈하다; 명령하다
oreja 여 귀
organizar 타 조직하다, 구성하다, 만들다
organizarse ((재귀)) 조직되다, 구성되다, 만들어
　지다
orgullo 남 긍지, 자존심; 자만, 거만
orgulloso, sa 형 자랑스러운, 긍지가 대단한
　sentirse orgulloso 긍지를 느끼다, 자랑스레 생
　각하다
origen 남 발단; 시작; 근원; 출생지, 원산지
original 형 시작의; 독창적인, 기발한
　남 원본; 원문, 원서
oro 남 금, 황금
oscuro, ra 형 어두운, 암울한
otoño 남 가을
otro, tra 형 다른, 별개의
oso 남 ((동물)) 곰
oveja 여 ((동물)) 양
　oveja negra 말썽꾸러기

pacer 자 풀을 먹다, 풀을 먹이다
padre 남 아버지. 복 부모(父母)
pagar 타 지불하다
pago 남 지불, 보답, 회보
país 남 나라, 국가
paja 여 밀짚, 보릿짚, 짚
pájaro 남 ((조류)) 새; 망상(妄想)
　tener tantos pájaros en su cabeza
　머릿속에 많은 망상을 가지다
palpitar 동 (가슴이) 뛰다, 맥박 치다
pamplonica 형 빰쁠로나(Pamplona)의
　mozo pamplonica 빰쁠로나 청년
　남 여 빰쁠로나 사람
pan 남 빵
panadería 여 빵집
Panamá ((국명)) 파나마
panameño, ña 형 파나마의. 남 여 파나마 사람
paño 남 천, 옷감(tela)
pañuelo 남 손수건; 스카프
papa 여 [중남미에서] 감자
papá 남 아빠
paquete 남 소포, 소화물; (담배의) 갑
par 남 한 쌍, 한 벌, 둘
　un par de años 2년
　un par de días 2일
　un par de horas 두 시간
　un par de zapatos 구두 한 켤레
para 전 …을 위하여, …의 앞으로; …을 향하여;
　…에 비해
　para que …하도록
parada 여 정류소
paraguas 남 우산
Paraguay 남 ((국명)) 파라과이
paraguayo, ya 형 파라과이의. 남 여 파라과이
　사람
parar 자타 멈추다
parasol 남 파라솔, 양산
parecer 자 생각하다, 보이다, 같다
parecerse ((재귀)) 닮다
pared 여 벽, 담
pariente 남 친척
parque 남 공원
　parque nacional 국립 공원
parte 여 부분; 장소
　mayor parte de 대부분의

por una parte 한 편으로(는)
 por otra parte 다른 한 편으로(는)
partido 남 시합; 정당, 당파
partir 자타 출발하다; 나누다
pasado 형 지난간, 과거의. 남 과거
 pasado mañana 모레
 estar pasado de moda 유행이 지나가다
pasajero, ra 남 여 승객
pasaporte 남 여권
pasar 타 지나가다, 통과하다; 들어가다
pasear 자 산책하다
 pasear por el parque 공원을 산책하다
pasearse ((재귀)) 산책하다
paseo 남 산책; 산책길
 dar un paseo 산책하다
pasillo 남 복도
pastel 남 케이크
patata 여 감자
 patatas fritas 감자 튀김, 튀긴 감자
patinar 자 스케이트를 타다
pavo 남 ((조류)) 칠면조
 pavo real 공작
paz 여 평화
 en paz 평화시에
peinar 타 (머리를) 빗기다, 머리를 빗어 주다
peinarse ((재귀)) 자신의 머리를 빗다
peine 남 빗
pedir 타 요구하다, 요청하다, 부탁하다; 주문하다
película 여 필름; 영화
peligro 남 위험
peligroso, sa 형 위험한
pelo 남 머리카락, 머리털
peluquería 여 이발소; 미장원(salón de belleza)
peluquero, ra 남 여 이발사; 미용사
pena 여 벌, 고통, 슬픔, 번민
 valer la pena (de)+inf. …할 가치가 있다
pendiente 남 귀걸이
 여 비탈, 경사
pensar 타 생각하다
pensión 여 펜션; 연금
penúltimo, ma 형 끝에서 두 번째의
peor 형 더 나쁜. 부 더 나쁘게
pequeño, ña 형 작은, 어린
pera 여 ((과실)) 배
perder 자타 잃다, 손해보다, 지다
perderse ((재귀)) 길을 잃다
perdón 남 용서, 사면; 용서하십시오, 죄송합니다
perdonar 동 용서하다, 사면하다

Perdone 죄송합니다
perezoso, sa 형 게으른, 나태한.
perezosón, ona 형 남 여 게을러 빠진 (사람)
perfectamente 부 완전히
perfecto, ta 형 완전한
periódico 남 신문
periodista 남 여 신문 기자
perla 여 진주
permiso 남 허가, 허락; 허가장
permitir 동 허가하다, 허락하다
pero 접 그러나
perro 남 ((동물)) 개
 perro pastor 양 지키는 개
persona 여 사람; 인칭
personal 형 사람의, 개인의
personalmente 부 직접, 손수
pertenecer 자 속하다
 pertenecer a una sociedad de sardanistas 사르
 다나 연구자 클럽에 속하다
Perú 남 ((국명)) 페루
peruano, na 형 페루의. 남 여 페루 사람
pesado, da 형 무거운
pesar 자 무게를 달다; 무겁다
 a pesar de …에도 불구하고
pesca 여 낚시질; 어업
pescadería 여 생선 가게
pescado 남 생선
pescador 남 어부
pescar 자타 낚시질하다, 고기를 잡다
peso 남 무게; [화폐 단위] 페소
pez 남 물고기. 여 송진, 타르, 역청, 아스팔트
pianista 남 여 피아니스트, 피아노 연주가
piano 남 피아노
picante 형 매운
picar 타 쏘다, 찌르다
pico 남 (새의) 부리, 주둥이; (시간에서) 약간
pie 남 (신체의) 발
pierna 여 (신체의) 다리
pijama 남 파자마, 잠옷
piloto 남 파일럿, 조종사
pintar 자타 칠하다, 그림을 그리다
pintoresco, ca 형 그림 같은
 este pintoresco pueblo costero 이 그림 같은 해
 안 마을
pintura 여 그림, 회화; 페인트
piña 여 파인애플
pipa 여 파이프
pisar 자타 밟다, 짓밟다

P

piscina 여 수영장, 풀, 풀장
piso 남 층; 아파트
pizarra 여 흑판, 칠판
plan 남 계획, 안(案), 플랜
plátano 남 바나나
plato 여 접시; 요리
playa 여 해변, 바닷가
plaza 여 광장; 장, 시장
plazuela 여 소광장
pluma 여 깃; 펜
pobre 형 가난한; 가련한, 불쌍한
pobrecito, ta 형 [pobre의 축소사] 가련한, 불쌍한
pobreza 여 가난
poco, ca 형 적은
　　부 조금, 별로 … 없다
　　poco a poco 조금씩 조금씩
　　un poco de 약간의
poder 형 할 수 있다, 해도 되다
poema 남 시(詩)
poesía 여 시(詩)
poeta 남 여 시인
poetisa 여 여류 시인
poner 타 놓다, 넣다; 입히다
ponerse ((재귀)) 입다, 신다, 쓰다, 끼다; 몸에 붙
　　이다
　　ponerse el sol 해가 지다
　　ponerse a+inf. …하기 시작하다
popular 형 인기 있는, 유행의
por 전 때문에, 으로, 위해서
porque 접 … 때문에, 이므로
portátil 형 휴대용의
portezuela 여 승강구
portugués, sa 형 포르투갈의. 남 여 포르투갈 사람
　　남 포르투갈어
poseer 타 소유하다
posible 형 가능한, 할 수 있는
postal 여 엽서; 우편 엽서
　　tarjeta postal 우편 엽서
postre 남 디저트, 후식
prácticamente 부 실제로
practicar 타 연습하다, 수업하다, 실행하다
preceder 타 앞서다, 앞에 놓이다
precio 남 값, 가격
precioso, sa 형 예쁜, 아름다운
preferir 타 좋아하다, 택하다
pregunta 여 질문
　　hacer una pregunta 질문하다
preguntar 타 질문하다, 묻다

preguntarse ((재귀)) 자문하다
preguntón, na 형 꼬치꼬치 물어보는, 질문을 잘
　　하는
prehistórico, ca 형 선사 시대의
preocupar 타 걱정시키다
preocuparse ((재귀)) 걱정하다
　　No se preocupe 걱정하지 마십시오
　　No te preocupes 걱정하지 마라
preparación 여 준비
preparar 타 준비하다, 예습하다
preparativo 남 준비
presentación 여 소개
presentar 타 소개하다; 입후보하다.
presentarse ((재귀)) 자신을 소개하다
　　Permítame presentarme a mí mismo 제 자신을
　　소개하겠습니다
presente 형 있는, 출석한
presentimiento 남 예감, 조짐
presidenta 여 총재, 의장, 주재자; 대통령; 대통
　　령의 부인, 주재자의 아내
presidente 남 여 대통령, 총재, 의장, 주재자
prestado, da 형 빌린
　　pedir prestado 빌리다
prestar 타 빌려 주다
prevenir 타 준비하다; 조심하다; 예방하다
primavera 여 봄
primer 형 첫째의. (primero가 남성 단수 명사 앞
　　에서 o 탈락)
primero, ra 형 첫째의. 부 첫째로, 우선, 최초로.
　　남 첫째
primo, ma 남 여 사촌
principal 형 주요한, 주된
principio 남 시작, 기원
　　a principios de …의 초순에
　　en principio 처음에
prisa 여 서두름, 조급함.
　　darse prisa 서두르다, 급하다.
　　haber prisa 급하다.
　　tener prisa 서두르다, 급하다.
probable 형 있을 법한, 가능성 있는, 그럴싸한
probablemente 부 아마, 아마도, 필경
problema 남 문제
producción 여 생산
producir 타 생산하다
producto 남 생산물, 제품, 제작물
profesión 여 (전문) 직업
profesor, ra 남 여 선생, 교수
prohibir 타 금하다

prometer 타 약속하다
prometido, da 남 여 약혼자
pronto 부 재빨리, 속히
  tan pronto como …하자마자
  Hasta pronto 이른 시일 안에 만나자
propina 여 팁
propio, pia 형 자신의
provechoso, sa 형 유익한, 유용한
provincia 여 주, 지방
próximo, ma 형 다음의(que viene)
provecho 남 이용
  Buen provecho 많이 드십시오
pueblecito 남 작은 마을
pueblo 남 마을; 읍
  pueblo costero 해안 마을
puente 남 다리, 교량
  poner un puente (이를) 걸다
puerta 여 문
puerto 남 항구
pues 접 왜냐하면, …하기 때문에; 그래서
puesta 여 천체가 지는 것.
  puesta del sol 석양
puesto 남 장소, 위치; 지위; 노점
punto 남 점, 구두점
  en punto 정각
  estar a punto de+inf. 막 …하려 하다, …할 찰
  나이다
  punto de vista 관점, 견지
puntual 형 시간을 엄수하는
  Sé puntual 시간을 엄수해라.
puro, ra 형 순수한, 순종의
  oro puro 순금

Q

que 대 [관계 대명사] …하는
  접 …라고, …하는 것, …하는 일을
  a fin de que …하도록
  a menos que …하지 않으면
  a no ser que …하지 않으면
  con tal (de) que …하는 조건으로, …하면
  en caso de que …할 경우에
  para que …하도록
  sin que … 함이 없이
qué 형 무슨, 어떤. 대 무엇. 부 굉장히, 매우
  No hay de qué 천만에요

quedar 자 남다, 있다, 체류하다; 되다
quedarse ((재귀)) 남다, 남아 있다, 있다, 뒤쳐지다
querer 타 원하다, 바라다; 좋아하다, 사랑하다
  querer+inf. …하고 싶다, 하기를 원하다
  Querer es poder 정신일도 하사불성(精神一到
  何事不成)
queso 남 치즈
quien 대 [관계 대명사] …하는 (사람)
quién 대 누구
  a quién 누구를, 누구에게
  de quién 누구의
quienquiera 대 누구이건
química 여 화학
quinientos, tas 형 500의; 500번째의. 남 500
quinto, ta 형 다섯째의. 남 다섯째, 5분의 1
quiosco 남 신문 판매대, 매점
quitar 타 빼앗다; 벗기다
quitarse ((재귀)) 벗다
quizá 부 아마, 아마도, 필경
quizás 부 아마, 아마도, 필경

R

ración 여 1인분(의 식사)
radio 여 라디오
  남 반경, 라듐
raro, ra 형 드문, 귀한, 진기한
rata 여 쥐
ratito 남 잠깐 (rato의 축소사)
rato 남 잠시, 잠깐, 짧은 시간
ratón 남 생쥐; ((컴퓨터)) 마우스
  cabeza de ratón 생쥐의 머리
razón 여 이유, 까닭
  por razones de trabajo 일을 핑개로[이유로]
  tener razón 옳다, 타당하다, 일리가 있다
realidad 여 현실, 사실, 진실, 실제
  en realidad 실제로, 사실
rebajar 자타 가격을 인하하다, 할인하다
recado 남 전언, 짧은 편지, 쪽지
rechinar 자타 삐걱거리다, 삐걱삐걱 소리내다,
  털털거리다
reciente 형 최근의
recitar 타 읊다, 낭송하다
recoger 타 줍다, 모으다, 거두다
recomendación 여 권장, 추천, 의뢰
reconocer 타 권하다, 추천하다

recordar 囲 기억하다, 생각해 내다
recorrer 囲 쏘다니다, 돌아다니다
recuerdo 囲 회상, 추억; 기념품, 선물. 복 안부
　Recuerdos a su familia 가족에게 안부 전해 주
　세요
redacción 囲 편집, 편집부
redondo, da 囲 둥근, 원형의
referir 囲 언급하다, 말하다, 이야기하다
reflexivo, va 囲 재귀의
　verbo reflexivo 재귀 동사
regalar 囲 선물하다(obsequiar)
regalo 囲 선물(obsequio)
región 囲 지방
registro 囲 검사, 등기, 대장, 등기부
regla 囲 규칙, 법칙; 자
regresar 囲 되돌아가다, 되돌아오다
rehacer 囲 다시 만들다, 수선하다, 고치다
reina 囲 여왕; 왕비
reír 囲 웃다
relación 囲 관계, 관련
relajante 囲 긴장이 풀린, 마음이 편안한
relámpago 囲 번개, 번갯불
rellenar 囲 채우다
reloj 囲 시계
relojería 囲 시계포
relojero, ra 囲 시계 장수, 시계포 주인
rellenar 囲 가득 채우다, 채워 넣다, 끼워넣다
remedio 囲 대책, 방법, 조치, 치료
remitente 囲 보내는 사람
remitir 囲 보내다(enviar, mandar)
reñir 囲 말다툼하다, 언쟁하다, 다투다
reñirse ((재귀)) 서로 다투다
repartir 囲 분배하다
repetir 囲 반복하다, 되풀이하다
repollo 囲 배추
reportaje 囲 신문 기사
reservar 囲 예약하다
resfriado, da 囲 감기 걸린. 囲 감기
respectivo, va 囲 각자의, 저마다의
　respectivas esposas 각자의 아내들
respetar 囲 존경하다, 존중하다
responder 囲 대답하다, 답하다
respuesta 囲 대답, 답; 회답
restaurante 囲 식당
　restaurante coreano 한국 식당
　restaurante chino 중국 식당
　restaurante español 스페인 식당
　restaurante japonés 일본 식당

restricción 囲 제한, 구속, 속박
resultado 囲 결과
resultar 囲 결과가 …이 되다, …로 되다
reunión 囲 모임, 회의
reunirse ((재귀)) 모이다, 결합하다
revista 囲 잡지; 검사, 정밀 조사
　revista semanal 주간 잡지
　revista mensual 월간 잡지
rey 囲 왕
rico, ca 囲 부유한; 맛있는. 囲囲 부자
riesgo 囲 위험
río 囲 강(江)
riqueza 囲 부, 풍부함, 풍성함
robar 囲 훔치다
roble 囲 떡갈나무
roer 囲 갉다, 쏠다
rogar 囲 기원하다, 간청하다
rojo, ja 囲 붉은
romper 囲 부수다, 쪼개다, 찢다
romperse ((재귀)) 부서지다, 쪼개지다, 찢어지
　다; 부러뜨리다, 부수다
ropa 囲 옷, 의류
rosa 囲 장미, 장미꽃, 장미화
　rosa blanca 백장미
　rosa negra 흑장미
　rosa roja 붉은 장미
roto, ta 囲 부서진, 깨진, 쪼개진
rubí 囲 루비, 홍옥
rubio, bia 囲 금발의
　chica rubia 금발 머리 아가씨
ruido 囲 소음.
　hacer ruido 소란을 피우다, 소리를 지르다
Rusia ((국명)) 러시아
ruso, sa 囲 러시아의. 囲囲 러시아 사람. 囲 러시
　아 어

S

sábado 囲 토요일
saber 囲囲 알다, 알고 있다
　saber+inf. …하는 법을 알다, …할 줄 알다
　saber a …의 맛이 나다
sabiduría 囲 지식
sabio, bia 囲 영리한, 현명한, 박식한
sabor 囲 맛

sabroso, sa 〔형〕 맛있는
sacar 〔타〕 꺼내다, 뽑다; 사다
  sacar el billete 표를 사다
saco 〔남〕 자루; 웃옷, 저고리
sake 〔남〕 청주, 정종
sala 〔여〕 방
salir 〔자〕 나가다, 나오다, 출발하다
  salir de …에서 나가다[나오다], …를 출발하다
  [떠나다]
  salir para …로[향해서] 출발하다[떠나다]
salmón 〔남〕 ((어류)) 연어
  salmón ahumado 훈제 연어
salón 〔남〕 응접실; 홀, 살롱
salón-comedor 〔남〕 응접실 겸 식당
salvadoreño, ña 〔형〕 엘살바도르의. 〔남〕〔여〕 엘살바
  도르 사람
sano, na 〔형〕 건전한, 건강한
  alimento sano 건강 식품
santo, ta 〔형〕 성(聖), 성스러운. 〔남〕〔여〕 성인
sardana 〔여〕 사르다나 ((까딸루냐 지방의 춤의 하
  나))
sardanista 〔남〕〔여〕 sardana 연구자[연구가]
sé 〔동〕 나는 안다; …되어라
  Sé bien 나는 잘 안다.
  Sé bueno 착한 사람이 되어라
secretario, ria 〔남〕〔여〕 비서, 비서관
secreto 〔남〕 비밀
  guardar el secreto 비밀을 지키다
sed 〔여〕 갈증, 목마름
  tener sed 목마르다, 갈증이 나다
seda 〔여〕 비단, 실크
seguida 〔여〕 연속, 계속
  en seguida 즉시, 즉각, 당장
seguir 〔타〕 따르다, 추종하다, 뒤따라 가다; 더듬어
  가다
  Siga bien 잘 가십시오, 조심해 가십시오
  Siga derecho 똑바로 가십시오
según 〔전〕 …에 의하면
segundo, da 〔형〕 둘째의, 제이의, 두 번째의
  〔남〕 둘째, 두 번째
  〔부〕 둘째로
seguramente 〔부〕 안전하게, 틀림없이
seguridad 〔여〕 안전
seguro, ra 〔형〕 안전한, 확고한, 확실한
  〔남〕 보험
seis 〔형〕 6의; 여섯째의. 〔남〕 6, 여섯
seiscientos, tas 〔형〕 600의; 600번째의
  〔남〕 600

sello 〔남〕 우표
semana 〔여〕 주(週)
  Buen fin de semana 주말을 잘 보내십시오
semejante 〔형〕 비슷한, 닮은
sensación 〔여〕 감정, 느낌.
sensato, ta 〔형〕 분별[사려] 있는
sensible 〔형〕 분별 있는, 양식이 있는, 현명한
sentado, da 〔형〕 앉은, 앉아 있는
sentar 〔자〕〔타〕 앉히다; 어울리다
  sentar la cabeza 분별을 찾다
sentarse ((재귀)) 앉다
  Sentaos 너희들 앉아라
  No os sentéis 너희들 앉지 마라
  Sentémonos 우리 앉읍시다
  No nos sentemos 우리 앉지 맙시다
  Siéntate (너) 앉아라
  No te sientes 너 앉지 마라
  Siéntese (당신) 앉으십시오
  No se siente (당신) 앉지 마세요
  Siéntense (여러분) 앉으십시오
  No se sienten (여러분) 앉지 마세요
  No te sienta bien 너한테 잘 어울리지 않는다
sentir 〔자〕〔타〕 느끼다, 미안해 하다, 유감이다
  Lo siento 미안합니다
  Lo siento mucho 대단히 미안합니다, 참 안됐습
  니다
  ¡Cuánto lo siento! 정말 안됐군요!
sentirse ((재귀)) 느끼다, 유감으로 생각하다
señor 〔남〕 씨, 분, 귀하, 님; 선생
señora 〔여〕 부인, 여사
señorita 〔여〕 아가씨, 양, 미스
separar 〔타〕 나누다
separarse ((재귀)) 헤어지다, 이별하다
septiembre 〔남〕 9월
séptimo, ma 〔형〕 일곱째의. 〔남〕 일곱째
ser 〔자〕 이다; 있다, 존재하다.
serio, ria 〔형〕 진지한; 고지식한; 심각한.
servicio 〔남〕 봉사, 서비스.
servidor, ra 〔남〕〔여〕 하인, 봉사자, 급사.
servilleta 〔여〕 냅킨
servir 〔자〕〔타〕 섬기다, 봉사하다, 거들다.
  servirse+inf. …해 주시다.
sesenta 〔형〕 60의; 60번째의.
  〔남〕 60, 예순.
setecientos, tas 〔형〕 700의; 700번째의.
  〔남〕 700.
setenta 〔형〕 70의, 70번째의.
  〔남〕 70, 일흔.

S

sevillano, na 남 여 세비야 사람
sexo 남 성(性).
sexto, ta 형 여섯째의, 여섯 번째의.
　남 여섯째, 6분의 1.
si 접 만일 …이라면.
sí 부 예. 대 자기 자신, 그것 자체.
siempre 부 늘, 항상, 언제나.
　para siempre 영원히.
　siempre que …할 때는 언제나.
siete 형 7의; 일곱째의.
　남 7, 일곱.
siglo 남 세기, 백년, 오랫동안
significar 타 의미하다, 뜻하다
siguiente 형 다음의
silencio 남 침묵
　en silencio 말없이.
silla 여 의자
sillón 남 안락의자
símbolo 남 상징
simpático, ca 형 상냥스런, 호감이 가는
sin 전 … 없는; … 없이
　sin que+subj. …하지 않고, …함이 없이
sincero, ra 형 성실한, 진지한
sino 접 (…이 아니고) …이다
　no A sino B A가 아니고 B다
siquiera 부 하다못해.
　ni siquiera …조차 … 아니다
sistema 남 조직, 기구, 계통, 제도, 시스템
sitio 남 장소; 포위
so 전 … 아래
sobre 전 …의 위에; …에 관해서
　남 봉투
　sobre todo 특히, 더욱이
sobrino, na 남 여 조카, 생질, 질녀
sociedad 여 사회; 회, 모임, 협회, 클럽, 학회; 회사
socio, cia 남 여 조합원, 출자 사원; 회원
socorro 남 구조, 구제
　Casa de Socorro 응급 구제소
sofá 남 소파
sol 남 태양, 해
　tomar el sol 일광욕하다
solamente 부 오직, 단지, 뿐(sólo)
soldado, da 남 여 병사, 군인
solo, la 형 단일의, 오직 하나의, 외톨의
sólo 부 오직, 단지, 뿐
solsticio 남 동지, 하지
soltero, ra 남 여 미혼, 독신자
　형 미혼의, 독신의

solterón, na 남 여 노총각, 노처녀
sombra 여 그늘, 그림자
sombrerería 여 모자 가게
sombrero 남 모자
son 남 소리
sonar 자 울리다
sonecico 남 작은 소리
sonreír 자 미소 짓다, 방긋 웃다
sonrisa 여 미소.
soñar 자 꿈꾸다
soplar 자 바람이 불다
soplón, na 남 여 고자쟁이
soportar 타 참다
sorprender 타 놀라게 하다
sorprenderse ((재귀)) 놀라다
sorpresa 여 놀라움
sortija 여 (문양이 있는) 반지
subdirector, ra 남 여 부사장, 부공장장
subir 자타 오르다, 올리다
suelo 남 지면, 땅바닥, 방바닥, 마루
suelto 남 잔돈
sueño 남 졸음, 수면, 꿈, 몽상
　tener sueño 졸리다
suerte 여 운, 행운
　tener suerte 운이 있다
　Buena suerte 잘 다녀오십시오, 안녕히 가십시오
　Mucha suerte 운이 좋으시군요
sufrir 동 괴로워하다, 고민하다; (괴로움을) 당하다
sugerir 동 제안하다; 암시하다
súper 남 고급 기름, 슈퍼
superfluo, flua 형 쓸데없는, 헛된
　gasto superfluo 쓸데없는 낭비
supermercado 남 슈퍼마켓
supersticioso, sa 형 미신의, 미신적인
suponer 타 추측하다, 가정하다, 상상하다
supuesto, ta 형 가정의, 가상의
　por supuesto 물론(입니다).

tabaco 남 ((식물)) 담배
tal 형 그러한, 그와 같은
　부 그렇게, 그런 식으로
　¿Qué tal? 어떻게 지내느냐?
talla 여 크기, 사이즈; 신장(身長)
tamaño 남 크기, 사이즈

tamaño grande 큰 사이즈, 대(大)

tamaño mediano 중간 사이즈, 중(中)

tamaño pequeño 작은 사이즈, 소(小)

también 📮 역시, …도

tampoco 📮 역시 …이 아니다

tango 🔳 탱고

tanto 🔳 (카드의) 점수, 득점

tañer 자타 (악기를) 켜다, 울리다(tocar)

taquilla 🔳 표 파는 곳, 매표소

taquillero, ra 🔳🔳 표 파는 사람, 매표원

tardar 🔳 시간이 걸리다, 늦어지다

　tardar en+inf. …하는데 시간이 걸리다

tarde 📮 늦게. 🔳 오후

　de la tarde 오후(의)

　por la tarde 오후에

tarea 🔳 일(trabajo)

tarjeta 🔳 카드, 엽서, 명함

　tarjeta de teléfono 전화 카드

　tarjeta de visita 명함

tarro 🔳 깡통

　un tarro de mermelada 잼 한 통

taxi 🔳 택시

taxista 🔳🔳 택시 기사

taza 🔳 잔

　una taza de café 커피 한 잔

té 🔳 차, 홍차

teatro 🔳 극장, 연극(drama)

　ir al teatro 오페라 구경 가다

techo 🔳 천장(天障)

telefonear 🔳 전화를 걸다, 전화하다

teléfono 🔳 전화

　llamar por teléfono 전화하다, 전화를 걸다

telegrama 🔳 전보

televisión 🔳 텔레비전

televisor 🔳 텔레비전 세트

tema 🔳 테마, 주제

temer 🔳 두려워하다, 걱정하다

temporada 🔳 계절, 시기

　temporada alta 성수기

　temporada baja 비수기

　temporada de lluvias 우기

temprano 🔳 이른. 📮 일찍

tender 자타 넓히다, 내뻗다

tenedor 🔳 포크

tener 🔳 가지다, 가지고 있다

　tener que+inf. …해야 한다, 하지 않으면 안 된다

tenis 🔳 테니스, 정구

tercer 🔳 셋째의 (남성 단수 명사 앞에서 -o 탈락형)

tercero, ra 🔳 셋째의, 세 번째의
　🔳 셋째; 3분의 1, 제삼자

terminal 🔳 터미널

terminar 🔳 끝내다(acabar). 🔳 끝나다.

terminarse ((재귀)) 끝나다, 끝내다

terraza 🔳 테라스

terreno 🔳 땅, 흙

textil 🔳 직물의, 방직의

　fábrica textil 직물 공장, 방직 공장

texto 🔳 본문(本文)

tiempo 🔳 때, 시간; 날씨, 일기

　a tiempo 제시간에

　El tiempo es oro 시간은 돈이다

tienda 🔳 천막; 가게, 상점

tierra 🔳 땅, 흙, 뭍, 육지, 지구

tijeras 🔳🔳 가위

timbre 🔳 초인종; 수입 인지

tinta 🔳 잉크

tinto 🔳 적포도주(vino tinto)

tío, a 🔳🔳 삼촌, 숙모; 아저씨, 아주머니

típico, ca 🔳 특이한, 특색 있는, 특유의

　típica bota 특이한 가죽 술자루

tocadiscos 🔳 레코드플레이어

tocar 자타 닿다, 만지다; (악기를) 연주하다

　tocar el piano 피아노를 연주하다

todavía 📮 아직

todo, da 🔳 모든. 🔳 모두, 모든 것[일].

　sobre todo 더욱이, 특히

toledano, na 🔳🔳 톨레도 사람

tomar 🔳 잡다, 붙잡다, 먹다, 마시다, 취하다; (탈 것을) 타다

　tomar el sol 일광욕하다

　tomar tierra en …에 착륙하다

tomate 🔳 토마토

tontería 🔳 어리석은 일, 바보 짓

tonto, ta 🔳 어리석은, 멍청한, 바보 같은

torcer 🔳 굽다, 구부리다, 비틀다, 굽어지다, 돌다

torear 🔳 투우하다

tormenta 🔳 폭풍우

toro 🔳 황소. 🔳 투우.

　corrida de toros 투우 (경기)

　plaza de toros 투우장

torre 🔳 탑

trabajar 자타 일하다, 근무하다

trabajo 🔳 일, 노동; 일터, 직장

tradición 🔳 전설, 전통

T

tradicional 형 전설의, 전통적인
traducir 동 번역하다
traer 타 가져오다, 데려오다
tráfico 남 교통, 교통량
trago 남 한 모금, 한 입
　de un trago 단숨에
traje 남 옷, 의복, 복장
　traje de baño 해수욕복
tranquilo, la 형 고요한
transatlántico 남 대서양 항로선.
transferencia 여 대체(對替)
transferir 타 대체(對替)하다
tranvía 남 전차
tras 전 …의 뒤에
tratar 타 취급하다, 대우하다
　tratar de+inf. …하려고 애쓰다
　tratar de+「명사」: …을 대하다, 다루다
trece 형 13의; 13번째의. 남 13, 열셋
treinta 형 30의, 30번째의. 남 30, 서른
tren 남 기차, 열차
tres 형 3의; 셋째의, 세 번째의. 남 3, 셋
trescientos, tas 형 300의; 300번째의
　남 300, 삼백
tresillo 남 응접 세트
triunfo 남 승리, 개선
triste 형 슬픈; 쓸쓸한
tristeza 여 슬픔
tronar 자 천둥이 치다
tronco 남 몸통, 몸체, 동체
　dormir como un tronco 곤히 자다
trucha 여 ((어류)) 송어
trueno 남 천둥
tumbar 타 쓰러뜨리다, 넘어뜨리다
tumbarse ((재귀)) 드러눕다
turismo 남 관광
turista 남 여 관광객. 형 관광의
tutear 타 말을 놓다, 친하게 지내다

último, ma 형 마지막의, 최후의
　por último 마지막으로
un, una 관 하나의, 어떤
undécimo, ma 형 열한째의
　남 열한째; 11분의 1
único, ca 형 유일한

unión 여 연합
unirse ((재귀)) 합하다
universidad 여 대학교
universitario, ria 형 대학교의
　ciudad universitaria 대학촌
　남 여 대학생
uno 형 하나의. 남 1, 하나
uña 여 손톱
urgente 형 급한, 화급을 다투는
Uruguay ((국명)) 우루과이
uruguayo, ya 형 우루과이의.
　남 여 우루과이 사람
usar 타 사용하다
uso 남 사용
utilizar 타 이용하다, 활용하다
uva 여 포도

vaca 여 암소. carne de vaca 쇠고기
vacaciones 여 복 휴가, 방학
　vacaciones de invierno 겨울 휴가, 겨울 방학
　vacaciones de verano 여름 휴가, 여름 방학
valer 자 가치가 있다, 가격이 …이다
valor 남 가치, 가격, 값; 용기
valle 남 골짜기
vario, ria 형 다양한; 몇 개의, 여러 가지의
　varias noches 여러 날 밤
vasco, ca 형 바스크의. 남 여 바스크 사람
vaso 남 잔, 컵
　un vaso de agua 물 한 잔
vecino, na 남 여 이웃 사람
veinte 형 20의; 20번째의. 남 20, 스물
veinticinco 형 25의; 25번째의. 남 25, 스물다섯
veinticuatro 형 24의; 24번째의. 남 24, 스물넷
veintidós 형 22의; 22번째의. 남 22, 스물둘
veintinueve 형 29의; 29번째의. 남 29, 스물아홉
veintiocho 형 28의; 28번째의. 남 28, 스물여덟
veintiséis 형 26의; 26번째의. 남 26, 스물여섯
veintisiete 형 27의; 27번째의. 남 27, 스물일곱
veintitrés 형 23의; 23번째의. 남 23, 스물셋
velocidad 여 속도, 속력
vencer 타 이기다, 승리하다; 무찌르다; 극복하다
vender 타 팔다
venozolano, na 형 베네수엘라의. 남 여 베네수엘
　라 사람

Venezuela ((나라)) 베네수엘라
venir 자 오다
ventana 여 창문
ventanilla 여 창구; (열차 등의) 창, 창문
ver 타 보다, 만나다
  verse ((재귀)) 보이다
verano 남 여름
veras 여복 진실, 진심.
  de veras 진심으로, 진정으로, 실로
verbo 남 동사
  verbo reflexivo 재귀 동사
verdad 여 사실, 진실
verdaderamente 부 진짜로, 진실로
verde 형 녹색의. 남 녹색
verdura 여 야채, 채소
vergüenza 여 수치, 부끄러움.
  tener vergüenza 수치스럽다, 부끄럽다
vestíbulo 남 현관
vestido 남 드레스
  vestido violeta 보랏빛 드레스
vestir 타 옷을 입히다.
vestirse ((재귀)) 옷을 입다
vez 여 배, 번
  a veces 가끔, 이따금.
  de una vez 단숨에, 빨리, 한번에.
  de vez en cuando 때때로.
  otra vez 다시, 또 한번.
  tal vez 아마(quizás)
viajar 자 여행하다
  viajar por Europa 유럽을 여행하다
viaje 남 여행
  ¡Buen viaje! 잘 가세요, 안녕히 가세요, 잘 다녀
  오세요
viajero, ra 남 여 여행가, 여행자
viejo, ja 형 낡은, 헌; 늙은. 남 여 노인, 노파
viento 남 바람
viernes 남 금요일
vino 남 술, 포도주
  vino blanco 백포도주
  vino tinto 적포도주
violeta 형 보랏빛의, 보라색의
  color violeta 보랏빛, 보라색
  vestido violeta 보랏빛 드레스
visa 여 사증, 비자
visado 남 사증, 비자(중남미)
visita 여 방문
visitante 남 여 방문객, 방문자

visitar 타 방문하다, 문병하다
vista 여 시각, 시력; 외견; 전망
  punto de vista 견지, 관점
vistazo 남 힐끗 보기
  echar un vistazo 힐끗 보다, 잠깐 보다
viudo, da 남 여 홀아비, 과부, 미망인
vivir 자 살다, 생활하다
vivo 형 살아 있는, 생명이 있는
volante 남 핸들, 운전대
volar 자타 나르다, 날다, 비행하다
voluntad 여 의지, 의욕
volver 자 돌아가다, 돌아오다
  volver a+inf. 다시 …하다
voz 여 목소리
  en voz alta 큰 소리로
  en voz baja 작은 소리로
vuelo 남 비행(飛行).
vuelta 여 거스름돈; 회전, 귀환.
  dar una vuelta 한바퀴 돌다.

Y

y 접 와, 과, 그리고; 그러면
ya 부 이미, 벌써
  Ya es hora 벌써 시간이 다 됐다
yendo ir 동사의 현재 분사.

Z

zapatería 여 양화점; 구두 수선소
zapatero, ra 남 여 양화점 주인, 구두 수선공
zapato 남 구두
zarzuela 여 ((요리)) 사르수엘라
  zarzuela de mariscos 해산물 요리
zinc 남 아연, 양철
zumbar 자 (귀가) 울리다, 멍하다
  Me zumban mucho los oídos 귀가 많이 울린
  다.
zumo 남 즙, 주스(jugo)
zurcir 타 꿰매다, 깁다

문예림 스페인어 도서목록 Tel (02) 499-1281~2 / Fax (02) 499-1283

	도서명	정가
1	4주완성 독학 스페인어 첫걸음	8,000
2	꿩먹고 알먹는 스페인어 첫걸음	13,000
3	교양 스페인어	15,000
4	노래로 배우는 스페인어	9,500
5	실용 서반아어 회화	5,000
6	여행필수 스페인어 회화	7,000
7	영어대조 스페인어 회화	7,000
8	영어대조 스페인어 회화(Set)	17,000
9	서한사전(개정판)	27,000
10	스페인어 능력시험 (초급)	20,000
10	서한·한서 합본 사전	25,000
11	서한 입문 사전	25,000
13	스페인어 테마 사전	28,000
14	스페인어 한국어 사전	15,000
15	한국어 스페인어 사전	25,000